权威·前沿·原创

皮书系列为
"十二五""十三五""十四五"时期国家重点出版物出版专项规划项目

BLUE BOOK

智 库 成 果 出 版 与 传 播 平 台

民族发展蓝皮书
BLUE BOOK OF ETHNIC-AFFAIRS

中国民族发展报告
（2024）
民族地区乡村振兴和经济现代化

ANNUAL REPORT ON THE DEVELOPMENT OF
ETHNIC IN CHINA (2024)

组织编写／中国社会科学院民族学与人类学研究所
　　　　　中国社会科学院铸牢中华民族共同体意识研究基地

主　　编／王延中
副 主 编／赵天晓　徐文华　丁　赛　王　锋

社会科学文献出版社
SOCIAL SCIENCES ACADEMIC PRESS (CHINA)

图书在版编目(CIP)数据

中国民族发展报告.2024:民族地区乡村振兴和经济现代化/王延中主编;赵天晓等副主编.--北京:社会科学文献出版社,2024.9
(民族发展蓝皮书)
ISBN 978-7-5228-3751-2

Ⅰ.①中… Ⅱ.①王…②赵… Ⅲ.①民族发展-研究报告-中国-2024②民族地区-区域经济发展-研究报告-中国-2024 Ⅳ.①D633.1

中国国家版本馆CIP数据核字(2024)第111441号

民族发展蓝皮书
中国民族发展报告(2024)
——民族地区乡村振兴和经济现代化

组织编写 / 中国社会科学院民族学与人类学研究所
中国社会科学院铸牢中华民族共同体意识研究基地
主　　编 / 王延中
副 主 编 / 赵天晓　徐文华　丁　赛　王　锋

出 版 人 / 冀祥德
责任编辑 / 周志静　孙美子
责任印制 / 王京美

出　　版 / 社会科学文献出版社·人文分社（010）59367215
地址：北京市北三环中路甲29号院华龙大厦　邮编：100029
网址：www.ssap.com.cn
发　　行 / 社会科学文献出版社（010）59367028
印　　装 / 天津千鹤文化传播有限公司
规　　格 / 开本：787mm×1092mm　1/16
印张：19.5　字数：292千字
版　　次 / 2024年9月第1版　2024年9月第1次印刷
书　　号 / ISBN 978-7-5228-3751-2
定　　价 / 178.00元

读者服务电话：4008918866

版权所有 翻印必究

民族发展蓝皮书编辑委员会

主　任　王延中

副主任　赵天晓　徐文华　丁　赛　王　锋

委　员（按姓氏笔画排列）

　　　　　王　耀　龙从军　刘　泓　孙伯君　孙　嫱
　　　　　李云兵　何星亮　张小敏　张继焦　陈国庆
　　　　　陈建樾　周少青　庞　涛　姚　宇　贾　益
　　　　　黄成龙　彭丰文　蒋　尉　舒　瑜　曾少聪

主要编撰者简介

王延中 北京大学社会学博士，中国社会科学院民族学与人类学研究所所长、研究员，中国社会科学院大学社会与民族学院副院长、教授，中国社会科学院铸牢中华民族共同体意识研究基地首席专家。《民族研究》主编，兼任中国民族理论学会会长、中国民族学学会荣誉会长、中华民族共同体研究会副会长、中国人类学民族学研究会副会长、中华民族团结进步协会副会长。目前主要从事民族理论与民族政策、民族地区发展、劳动社会保障等问题研究，主持"21世纪初中国少数民族地区经济社会发展综合调查""民族团结云南经验"等重大项目和中国社会科学院西藏智库办公室工作，享受国务院政府特殊津贴，获得全国文化名家暨"四个一批"人才等荣誉称号。

赵天晓 中国社会科学院民族学与人类学研究所党委书记、副所长，中国社会科学院铸牢中华民族共同体意识研究基地主任。主要研究方向为经济学。在《民族研究》《光明日报》《中国社会科学报》《中国民族报》等发表理论文章多篇，代表作有《新时代党的中华民族历史观及其重大意义》等。主持"中华民族传统文化创造性转化创新性发展研究""增强中华民族凝聚力和中华文化影响力研究""铸牢中华民族共同体意识视角下各民族交往交流交融典型案例调查研究"等课题。

徐文华 中国社会科学院民族学与人类学研究所副所长，博士。2015

年5月至2022年8月，作为援藏干部到西藏社会科学院工作。发表理论学术文章数十篇。先后参与"马克思主义若干重大问题研究""改革开放30年思想史"等中国社会科学院重大课题研究，以及"习近平新时代中国特色社会主义思想在西藏的成功实践""西藏地方与祖国关系史""淡化宗教消极影响"等涉藏重大课题研究。

丁 赛 中国社会科学院民族学与人类学研究所副所长、研究员，中国社会科学院大学文学院教授，兼任西南民族研究学会副会长、世界民族学会常务副会长、中华民族共同体研究会秘书长。研究专长为西部民族地区经济发展、少数民族劳动力流动、收入分配等。在《中国社会科学》、《经济研究》、《民族研究》、《经济学（季刊）》、The China Quarterly、China Economic Review、Review of Income and Wealth、Feminist Economics、The Review of Black Political Economy、Review of Disability Studies：An International Journal 等中外文学术期刊发表论文40余篇，出版专著两部。主持并参与了多项国家社科基金重点及一般项目、中国社会科学院创新工程项目。享受国务院政府特殊津贴。

王 锋 中国社会科学院民族学与人类学研究所纪委书记、副所长、研究员，《民族语文》主编。兼任国家语委科研规划领导小组成员、中国社会科学院中国少数民族语言研究中心理事长、中国语言学会副会长、中国民族语言学会会长、中国民族古文字研究会副会长等。主要研究方向为民族语言学、文化语言学和民族文字文献，代表作有《从汉字到汉字系文字——汉字文化圈文字研究》《白语语法标注文本》等。

摘　要

党的二十大报告指出，"从现在起，中国共产党的中心任务就是团结带领全国各族人民全面建成社会主义现代化强国、实现第二个百年奋斗目标，以中国式现代化全面推进中华民族伟大复兴"。中国式现代化，是中国共产党领导的社会主义现代化，既有各国现代化的共同特征，也有基于自己国情的中国特色。"发展"是中国共产党执政兴国的第一要务，也是解决民族地区所有问题的关键。民族地区的现代化建设体现在经济建设、政治建设、文化建设、社会建设、生态文明建设等各个领域。民族地区的经济现代化作为现代化的主要特征之一，虽然不是现代化的终极目的，但对实现社会、文化、教育等现代化的综合目标至关重要。铸牢中华民族共同体意识是新时代党的民族工作的主线，也是民族地区各项工作的主线。民族地区经济现代化是中华民族共同体的经济基础，也体现为共同的现代化。

"十四五"是民族地区把握新发展阶段、贯彻新发展理念、构建新发展格局、推进现代化进程的关键时期。2020~2022年，民族八省区农业现代化取得的成效主要体现为实施保障粮食安全工程，建设高标准农田，统筹推进粮食产业链、价值链、供应链建设；积极推动特色农牧业高质量发展，打造现代绿色农业产业集群；加快农业科技创新和成果转化，不断提升农机装备现代化水平。民族八省区大力推进工业现代化进程，推进工业产业向基础高级化，产业链现代化，产业高端化、绿色化、集约化方向发展，取得的成效包括：民族地区加强能源基地建设，形成以清洁能源为主的综合能源体系；民族地区推进建设数字基础设施，加快工业领域数字产业化和产业数字化；

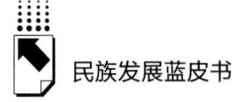

民族地区发挥比较优势承接产业转移，重点发展新材料产业和高端制造业。民族地区升级发展现代服务业的成效则体现为民族地区生产性服务业增容扩量，加快推动服务业同制造业深度融合；民族地区加快生活性服务业品质化多样化升级。

民族地区在推进经济现代化的进程中不仅要尽快缓解省区层面的总体结构性、体制性、周期性问题的制约，完成艰巨繁重的改革发展稳定任务；还要面对制造业层次偏低，特色优势发挥不够，科技、教育、人才对产业发展支撑力不足，市场主体不强，市场化运作水平不高等发展短板，以及部分行业和企业仍存在的经营困难，产业投资不足，经济保持稳定增长的难度加大；部分地方债务风险等级仍然较高，财政收支矛盾突出等系列问题。就其对策建议而言，主要包括强化培育市场主体；推动形成特色优势现代产业体系；积极主动融入"一带一路"建设，通过强化开放平台培育发展开放型经济；缓解民族地区发展不平衡、不充分问题；健全绿色低碳发展政策制度体系，全面推动经济社会绿色低碳发展。

本书的地区报告和专题报告对民族八省区相关地区的经济现代化成效、经验，以及问题与挑战进行了细致分析，为加快推进民族地区高质量发展提供了重要参考。

关键词： 乡村振兴　经济现代化　农业现代化　服务业现代化　工业化　共同富裕

目 录

Ⅰ 总报告

B.1 民族地区乡村振兴和经济现代化 …………………… 丁 赛 / 001

Ⅱ 地区报告

B.2 乡村振兴背景下青海省农牧业高质量发展的
成效与未来展望 …………………… 魏 珍 杜青华 / 027
B.3 宁夏加快建设乡村振兴样板区推进农业农村现代化
…………………………………… 李文庆 师东晖 / 039
B.4 西藏乡村产业振兴促进经济现代化的成效与经验 …… 宁亚芳 / 058
B.5 云南乡村振兴战略和农业农村现代化的进展与成效
…………………………………………… 宋 媛 谭 政 / 083
B.6 内蒙古乡村振兴战略和农牧业现代化的进展及成效 …… 张 敏 / 135
B.7 贵州大数据的最新发展与经验总结 …………… 周真刚 等 / 146

Ⅲ 专题报告

B.8 民族地区生态文明建设政策与实践 ………………… 蒋 尉 / 165

B.9 民族地区飞地经济的发展现状、问题与对策
　　　　　　　　　　　　　　　　　　曹大明　张　玉 / 202
B.10 民族地区巩固脱贫攻坚成果和乡村振兴的进展与成效
　　　　　　　　　　　　刘小珉　张　迪　王　路　吴　睢 / 220
B.11 民族地区文旅产业助推乡村振兴与现代化发展：问题与建议
　　　　　　　　　　　　　　　　　　　　　　　丰晓旭 / 264

参考文献 ………………………………………………………… / 279

Abstract ………………………………………………………… / 283
Contents ………………………………………………………… / 286

皮书数据库阅读使用指南

总报告

B.1 民族地区乡村振兴和经济现代化

丁 赛*

摘 要： 民族地区的现代化是中国式现代化道路的重要组成部分，也是夯实中华民族共同体经济基础的过程。民族地区的经济现代化作为现代化的主要特征之一，虽然不是现代化的终极目的，但对实现民族地区社会、文化、教育等现代化的综合目标至关重要。本报告从民族地区全面实施乡村振兴推进农业现代化、结合民族地区比较优势因地制宜加快推进工业现代化和升级发展现代服务业三方面分析民族地区在2021~2023年推进经济现代化的重点举措和现实成效。最后从五个方面阐释了民族地区推进经济现代化的着力点，即强化培育市场主体；推动形成特色优势现代产业体系；积极主动融入"一带一路"建设，通过强化开放平台培育发展开放型经济；缓解民族地区发展不平衡、不充分问题；健全绿色低碳发展政策制度体系，全面推动经济社会绿色低碳发展。

关键词： 经济现代化 农业现代化 服务业现代化 工业化

---

* 丁赛，中国社会科学院民族学与人类学研究所副所长、研究员。

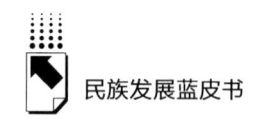

党的二十大报告指出，"从现在起，中国共产党的中心任务就是团结带领全国各族人民全面建成社会主义现代化强国、实现第二个百年奋斗目标，以中国式现代化全面推进中华民族伟大复兴"。中国式现代化，是中国共产党领导的社会主义现代化，既有各国现代化的共同特征，更有基于自己国情的中国特色。"发展"是中国共产党执政兴国的第一要务，也是解决民族地区所有问题的关键。民族地区的现代化建设体现在经济建设、政治建设、文化建设、社会建设、生态文明建设等各个领域。民族地区的经济现代化作为现代化的主要特征之一，虽然不是现代化的终极目的，但对实现社会、文化、教育等现代化的综合目标至关重要。铸牢中华民族共同体意识是新时代党的民族工作的主线，也是民族地区各项工作的主线。民族地区的经济建设、政治建设、文化建设、社会建设、生态文明建设和党的建设等，都要紧紧围绕、毫不偏离这条主线。[①] 因此，民族地区经济现代化是中华民族共同体的经济基础，也体现为共同的现代化。

一 民族地区全面实施乡村振兴推进农业现代化

"十四五"是民族地区立足新发展阶段、贯彻新发展理念、构建新发展格局、推进现代化进程的关键时期。2021年，民族八省区中的内蒙古和宁夏城镇人口比例分别高于全国64.72%的城镇人口比例3.5个百分点和1.3个百分点，广西、贵州、云南、西藏、青海和新疆的城镇化率都低于全国平均水平。从三次产业比例看，民族八省区的广西、新疆、云南、贵州、内蒙古、青海位于全国第一产业占比排序的前十，八个省区都高于全国7.3%的第一产业比例。[②] 因而，民族八省区在推进现代化的进程中，重点突出农业

---

① 《习近平在内蒙古考察时强调：把握战略定位坚持绿色发展　奋力书写中国式现代化的内蒙古新篇章》，中国政府网，http：//www.qstheory.cn/yaowen/2023-06/08/c_1129679390.htm。
② 中华人民共和国国家统计局：《中国统计年鉴2022年》，国家统计局网站，http：//www.stats.gov.cn/sj/ndsj/2022/indexch.htm。

农村优先发展，全面推进乡村振兴，加快农业农村现代化步伐。

2020~2022年，民族地区扎实巩固拓展脱贫攻坚成果，全面推进乡村振兴。"产业兴旺、生态宜居、乡风文明、治理有效、生活富裕"是党的十九大报告提出的实施乡村振兴战略的总要求。2022年，民族地区按照国家乡村振兴局提出的"三个转向"要求，[1] 深入实施"五大振兴"行动，聚焦农业促发展，加快农业现代化步伐。

（一）实施保障粮食安全工程，建设高标准农田，统筹推进粮食产业链、价值链、供应链建设

2021~2022年，根据国家"十四五"规划要求，民族地区全面落实《国务院办公厅关于切实加强高标准农田建设提升国家粮食安全保障能力的意见》（国办发〔2019〕50号）精神，实施最严格的耕地保护制度，推进国家粮食安全保障工程，保持粮食播种面积和产量稳定，防止耕地"非粮化"。民族八省区将高标准农田建设列为重点项目及为民办实事工程，并将高标准农田建设任务列入地方政府年度目标责任综合考核、粮食安全责任制考核和耕地保护目标责任制考核内容，进一步压实各地区责任，提高地方政府对高标准农田建设工作的重视程度。

2021年，内蒙古新增高标准农田460万亩，粮食生产"十八连丰"，畜牧业生产"十七连稳"[2]。2022年，内蒙古各地开展高标准农田建设"土地平整大会战"，完成全区新建400万亩高标准农田建设任务。[3] 2022年，广西全面推行耕地保护田长制，新建高标准农田240万亩，发放实际种粮农民

---

[1] "三个转向"，即把工作对象转向所有农民，把工作任务转向推进乡村"五大振兴"，把工作举措转向促进发展。

[2] 内蒙古自治区发展和改革委员会：《内蒙古自治区政府工作报告（2023年）》，内蒙古自治区人民政府网站，https://www.nmg.gov.cn/zwgk/zfggbg/zzq/202301/t20230118_2216682.html。

[3] 李昊：《内蒙古全方位推进高标准农田建设提升粮食产能》，《农民日报》2023年1月8日，第1版。

一次性补贴10亿元。① 2022年,西藏青稞良种推广突破200万亩,高标准农田达390万亩。② 2021年,贵州建成高标准农田268万亩,粮食生产超额完成国家下达任务,产量达1094.86万吨、增长3.5%;2022年,建成高标准农田260万亩,粮食单产增长1.8%、位居全国第五,完成粮食种植面积4183.1万亩、总产量1114.6万吨,③ 均超额完成国家下达任务。④ 2020年,云南建成高标准农田2453万亩,占云南省耕地面积的30.31%;计划2021~2025年新建1500万亩,累计建成3953万亩,改造提升550万亩。⑤ 截至2022年底,宁夏回族自治区已建成高标准农田970万亩,超过全区耕地面积的一半。宁夏通过建设高标准农田,实现了保水、保土率比过去的田地增加了30%,配合节水灌溉设施,进一步节约了水资源。⑥ 2022年,新疆建成高标准农田715.38万亩,超出国家任务71.38万亩。粮食种植面积3650.85万亩、超出国家下达任务199.45万亩,粮食总产1813.5万吨、比2021年增加77.7万吨,占全国增量的五分之一,为保障国家粮食安全做出了新贡献。⑦

与此同时,民族八省区加大农业水利设施建设力度,提高农业良种化水平,加强种质资源保护和利用,加强种子库建设,有序推进生物育种产业化应用;健全动物防疫和农作物病虫害防治体系。⑧ 加强粮食储备应急管理,

---

① 广西壮族自治区发展和改革委员会:《广西壮族自治区政府工作报告(2023年)》,广西壮族自治区人民政府网站,http://www.gxzf.gov.cn/zfgb/2023nzfgb/。
② 西藏自治区发展和改革委员会:《西藏自治区政府工作报告(2023年)》,西藏自治区人民政府网站,http://www.xizang.gov.cn/zwgk/xxfb/zfgzbg/202305/t20230529_357878.html。
③ 贵州省发展和改革委员会:《贵州省政府工作报告(2023年)》,贵州省人民政府网站,https://www.guizhou.gov.cn/home/tt/202301/t20230128_78016672.html。
④ 贵州省发展和改革委员会:《贵州省政府工作报告(2022年)》,贵州省人民政府网站,https://www.guizhou.gov.cn/zwgk/zfgzbg/gzsgzbg/202202/t20220207_72464166.html。
⑤ 云南省农业农村厅:《云南省高标准农田建设规划(2021—2030年)》,云南省农业农村厅网站,https://nync.yn.gov.cn/html/2022/guihuaxinxi_0530/387367.html。
⑥ 孙奕、吴强、马思嘉:《宁夏西海固:高标准农田建设奏响丰收曲》,《经济参考报》2023年3月15日,第1版。
⑦ 新疆维吾尔自治区发展和改革委员会:《新疆维吾尔自治区政府工作报告(2023年)》,新疆维吾尔自治区纪委监委网站,http://www.xjjw.gov.cn/show/453-161668.html。
⑧ 《中共中央关于制定国民经济和社会发展第十四个五年规划和二〇三五年远景目标的建议》,中国政府网,https://www.gov.cn/zhengce/2020-11/03/content_5556991.htm。

形成布局合理、设施完备、运转高效的粮食保障体系。统筹推进粮食产业链、价值链、供应链建设，实现生产、收购、存储、销售有机融合。增强粮食质量安全监管和应急处置能力。

（二）积极推动特色农牧业高质量发展，打造现代绿色农业产业集群

民族八省区在2021～2022年扎实推进粮食生产功能区和重要农产品生产保护区建设，深入实施优质粮食工程，引进和培育农产品加工龙头企业，做强主粮加工业，打造特色农牧产品品牌。立足资源禀赋优势，突出农业的绿色和高质量发展，积极推行农业标准化生产和生态种养模式，加强绿色食品、有机农产品和农产品地理标志建设，不断推进农产品质量保障和溯源体系的建立和完善。与此同时，根据国家标准注重加强产地环境保护治理，发展节水农业，深入实施农药化肥减量行动，治理农膜污染，提升农膜回收利用率。促进秸秆综合利用和畜禽粪污资源化利用，健全动物防疫和农作物病虫害防治体系。着力发展农产品产地初加工和精深加工，大力发展农产品仓储保鲜和冷链物流，建设农产品数字化产地仓库，延长农业产业链、供应链。

内蒙古注重发挥赤峰、通辽、兴安盟和呼伦贝尔"世界黄金玉米产业带"和优质粳稻、大豆产区优势，优化种植结构。内蒙古依托草场和天然牧场的优势，大力发展现代畜牧业，合理发展农畜产品精深加工，完善牛奶、玉米、肉牛、肉羊、羊绒、马铃薯、稻米、杂粮杂豆、小麦、向日葵、蔬菜、饲草料等产业链，因地制宜发展中药材（蒙药材）、燕麦、荞麦等特色产业。打造全产业链发展模式，实现农牧业集群发展。[1]

广西强化粮食生产功能区、糖料甘蔗生产保护区，推广稻渔综合种养，打造"广西香米""富硒米"等特色品牌。推进粮经饲统筹、农林牧渔结合，加快优质稻、玉米、糖料蔗、水果、蔬菜、食用菌、桑蚕、茶叶、中药材等种植业提档升级，推动生猪、肉牛羊、奶水牛、家禽、水产品等养殖业

---

[1] 内蒙古自治区发展和改革委员会：《内蒙古自治区国民经济和社会发展第十四个五年规划和2035年远景目标纲要》，内蒙古自治区人民政府网站，https：//www.nmg.gov.cn/zwgk/zfxxgk/zfxxgkml/202102/t20210210_887052.html。

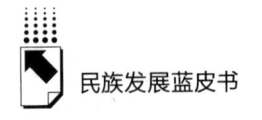

高质量发展，发展优质牧草，打造千百亿元农业产业集群。①

西藏大力推进现代种业提升工程，加强种子库和良种繁育基地建设，加大青稞、畜禽、优质牧草等育种力度，提升农牧业良种化水平，全面加强农牧林业种质资源保护和利用。高标准建设青稞、牦牛、藏羊、蔬菜、奶业、饲草、藏猪、藏鸡、茶叶、葡萄十大高原特色农牧产业基地，② 通过申报认定龙头企业、开展农牧民合作社规范提升行动、实施家庭农牧场示范培育等工作，③ 促进新型农业经营主体蓬勃发展。2022年，"三品一标"农产品增长三成，达到1150个。④

贵州围绕十二个农业特色优势产业：茶产业、竹产业、辣椒产业、食用菌产业、水果产业、中药材产业、油茶产业、蔬菜产业、石斛产业、刺梨产业、生态畜牧业、生态渔业，开展农业规模化提升工程、优势特色产业集群建设、林下经济产业培育工程和农业绿色生产行动，推动现代山地特色高效农业发展。同时，深入实施"优质粮食工程"，大力发展优质稻米、专用小麦、优质食用大豆，积极发展马铃薯、甘薯，鼓励发展薏仁、高粱、荞麦等特色杂粮；稳定发展油菜等油料作物，积极推广优质高产高油新品种。大力实施"贵州绿色农产品"整体品牌建设工程，集中打造一批全国知名的"黔字号"农产品区域公共品牌。⑤

---

① 广西壮族自治区发展和改革委员会：《广西壮族自治区国民经济和社会发展第十四个五年规划和2035年远景目标纲要》，国家发展和改革委员会网站，https://www.ndrc.gov.cn/fggz/fzzlgh/dffzgh/202106/t20210617_1283435.html。
② 西藏自治区发展和改革委员会：《西藏自治区国民经济和社会发展第十四个五年规划和2035年远景目标纲要》，西藏自治区发展和改革委员会网站，http://drc.xizang.gov.cn/xwzx/daod/202103/t20210329_197641.html?kbcvocepeixlwjsk?tmpepceiqqnhvxld?gttdnzahocvhydnk?pcojsiaywsrgtmpe?tdxsbcojsriotdnz?ufrsrgdnrpclwsbj?peihmydnkbzrihfb?mpeplwzfkuocldgt?nho aaakbtdgwqgmp。
③ 西藏自治区发展和改革委员会：《西藏自治区政府工作报告（2023年）》，西藏自治区人民政府网站，http://www.xizang.gov.cn/zwgk/xxfb/zfgzbg/202305/t20230529_357878.html。
④ 谭瑞华：《西藏"三品一标"农产品总数达1150个》，《西藏日报》2022年11月28日，第1版。
⑤ 贵州省发展和改革委员会：《贵州省国民经济和社会发展第十四个五年规划和2035年远景目标纲要》，贵州省发展和改革委员会网站，http://fgw.guizhou.gov.cn/fggz/ywdt/202102/t20210227_66885603.html。

云南加快建设粮食生产功能区、重要农产品生产保护区、特色农产品优势区、养殖业发展优势区，不断优化农业产业区域布局。以国家糖料蔗生产保护区、糖料蔗核心基地县建设为重点，推进"双高"糖料蔗基地建设；建设国家天然橡胶生产保护区；以油菜为重点，以核桃、油茶等木本油料为补充，实施大豆和油料产能提升工程，优化食用植物油生产结构。[①] 2022年，建成两个国家农业绿色发展先行区，创建"一县一业"示范县20个、特色县30个，净增农业产业化龙头企业983户。加快发展标准化规模养殖和花卉、蔬菜、高端水果等高效设施农业，建设林下经济示范基地，推进高原特色农业全链条升级。开展现代农业全产业链标准化试点，提升"绿色云品"影响力。[②]

青海实施特色种养业提升行动，做优牦牛、藏羊、青稞、油菜、冷水鱼、藜麦、枸杞、道地中藏药材、优质牧草等特色产业，推广"合作社+企业+农户"等产业发展模式，开展化肥农药减量增效行动，打造全省绿色有机农畜产品供给地，发展特色农畜产品深度加工，注重产业后续长期培育。2022年，青海省牦牛藏羊质量安全可追溯规模超过400万头，已成为全国最大的有机畜产品、有机枸杞、冷水鱼生产基地，高原育种实现新突破，[③]"净土青海·高原臻品"公用品牌影响力持续提升。[④]

宁夏根据引黄灌区、南部山区、贺兰山东麓的区域资源优势，打造粮油类、畜禽肉类、乳品类、葡萄酒类、枸杞类、果蔬类绿色食品。重点打造"葡萄酒之都""枸杞之乡"品牌新优势、中国高端奶之乡、高端牛肉生产基地和"中国滩羊之乡"等特色优势产业，加快建设高品质蔬菜示范基地，

---

① 云南省人民政府办公厅：《云南省"十四五"农业农村现代化发展规划》，云南省人民政府网站，https://www.yn.gov.cn/zwgk/zcwj/yzf/202204/t20220418_240826.html。
② 云南省发展和改革委员会：《云南省政府工作报告（2023年）》，云南省人民政府网站，https://www.yn.gov.cn/zwgk/zfxxgk/zfgzbg/202302/t20230207_254669.html。
③ 青海省发展和改革委员会：《青海省国民经济和社会发展第十四个五年规划和2035年远景目标纲要》，青海省人民政府网站，http://www.qinghai.gov.cn/zwgk/system/2021/02/19/010376582.shtml。
④ 青海省发展和改革委员会：《青海省政府工作报告（2022年）》，青海省人民政府网站，http://www.qinghai.gov.cn/xxgk/xxgk/gzbg/。

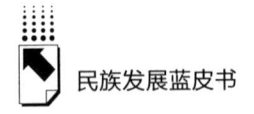

推进生产与加工、产品与市场、企业与农户协调发展，提高农牧业质量效益和产品竞争力。同时，配合实施农作物全程机械化提升工程、良种繁育能力提升工程、新型农业经营主体培育工程、新型农业社会化服务体系建设工程。①

新疆重点推动建设粮油产业集群，加快建设棉花和纺织服装产业集群，打造绿色有机果蔬产业集群，建设优质畜产品产业集群。② 2022年，新疆棉花总产在全国占比超过90%，持续优化种植区域布局和品种结构，实施棉花绿色高质高效行动，棉花总产539.1万吨、比2021年增长5.1%，机采率达到85.6%；大力发展标准化规模养殖，畜产品生产保供能力持续提升；实施林果业提质增效工程，林果质量、效益实现双提升；加速发展南疆戈壁设施农业，"菜篮子"产品保供能力持续提升。③

（三）加快农业科技创新和成果转化，不断提升农机装备现代化水平

农业现代化关键是农业科技现代化，民族八省区重点围绕四个方面下功夫。一是推动建立农科教产学研联盟，突出品种创新、良种良法配套、农机农艺结合、资源环境可持续发展、农产品质量安全、农产品加工、冷链物流、防灾减灾等关键领域，组织开展联合攻关，提高技术创新能力。二是强化科技成果转化和应用，推行"产业+团队+项目+基地"模式，加速农业科技成果转化利用。发挥公益性农技推广体系主导作用，加强绿色增产、生态环保、质量安全等领域重大关键技术示范推广。三是壮大农民专业合作社、协会等市场化社会化科技服务力量，鼓励发展"农资+"技术服务推广模

---

① 宁夏回族自治区人民政府：《宁夏回族自治区国民经济和社会发展第十四个五年规划和2035年远景目标纲要》，宁夏回族自治区人民政府网站，https：//www.nx.gov.cn/zwgk/qzfwj/202103/t20210309_2620843.html。
② 新疆维吾尔自治区发展和改革委员会：《新疆维吾尔自治区国民经济和社会发展第十四个五年规划和2035年远景目标纲要》，新疆维吾尔自治区发展和改革委员会网站，http：//xjdrc.xinjiang.gov.cn/xjfgw/c108299/202106/c0a175a58f134e79a39ae9a1f251cc68.shtml。
③ 新疆维吾尔自治区发展和改革委员会：《新疆维吾尔自治区政府工作报告（2023年）》，新疆维吾尔自治区纪委监委网站，https：//www.xjjw.gov.cn/show/453-161668.html。

式，鼓励企业牵头组织各类产学研联合体研发和承接转化先进、适用、绿色技术，探索并推广"技物结合""技术托管"等创新服务模式。四是加快先进适用农机技术装备研发和运用，推进主要农作物生产全程全面机械化，提高农业机械化技术推广能力，总结推广先进适宜的技术路径、技术模式、操作规程，加大智能农业机械推广应用力度。[1]

2021年，经地方推荐和集中遴选，全国共有72个县（区）被列为全国农业科技现代化共建先行县。民族八省区共有9个县（区）榜上有名：内蒙古自治区赤峰市巴林右旗、广西壮族自治区贺州市富川瑶族自治县、贵州省贵阳市修文县、云南省昆明市富民县、西藏自治区昌都市卡若区、宁夏回族自治区吴忠市利通区、新疆维吾尔自治区昌吉回族自治州玛纳斯县、广西壮族自治区梧州市藤县、广西壮族自治区崇左市扶绥县。[2] 2022年，科技部、教育部、工业和信息化部、自然资源部等九部门印发《"十四五"东西部科技合作实施方案》，通过实施"科技援疆""科技援藏""科技援青""科技入滇""科技支宁""科技兴蒙"等重点任务，塑造西部地区独特的创新发展新优势。

2021年，内蒙古自治区加强农牧业重大技术协同推广团队和示范基地建设，加快推动玉米大豆带状复合种植、优质水稻绿色节水高效栽培、优质马铃薯绿色高效栽培、甜菜全程机械化绿色高效栽培、高品质奶牛种公牛培育、肉牛全程标准化绿色健康养殖、短尾羊新品种选育、地方优良苜蓿品种推广、沿黄河流域面源污染靶向性生态防控技术集成9项重大农牧业技术协同推广，发挥了积极的引领带动作用。[3]

广西2022年基层农业技术推广服务能力提升项目划拨资金750万元，

---

[1] 云南省农业农村厅：《云南省"十四五"农业农村现代化发展规划》，云南省人民政府网站，https://www.yn.gov.cn/zwgk/zcjd/bmjd/202204/t20220424_241272.html。
[2] 中华人民共和国农业农村部：《全国农业科技现代化先行县共建名单公示公告》，中华人民共和国农业农村部网站，http://www.moa.gov.cn/nybgb/2021/202109/202112/t20211201_6383493.htm。
[3] 内蒙古自治区农牧厅：《内蒙古大力推进9项农业重大技术协同推广项目建设》，中华人民共和国农业农村部网站，http://www.moa.gov.cn/xw/qg/202109/t20210914_6376439.htm。

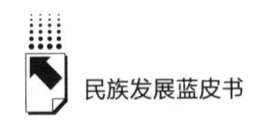

主要用于基层农业技术推广服务能力提升和县域特色作物试验站建设。①2022~2023年，主推涉及粮食、蔬菜、水果、食用菌、茶叶、牲畜养殖、水产养殖等37项农业技术。

根据《西藏自治区"十四五"畜牧水产高质量发展规划》，2022年西藏落实中央预算内投资1.3亿元，分别实施畜禽粪污资源化利用整县推进项目、草原畜牧业转型升级项目；落实西藏专项资金5960万元，实施集中式牲畜棚圈项目。② 针对西藏青稞、葡萄、茶叶等田间管理方式比较粗放，缺乏现代种植管理技术的情况，以"科技援藏"为重要支撑，不断提升产业发展体系建设，集成标准化技术模式，并持续开展种植加工技术指导服务，加强人才培养和产业队伍建设。

贵州省面向农业生产企业、农民专业合作组织和农户等各类农业生产经营者，于2021年推介发布了"十大重点农业主推技术（农业绿色高效技术模式）"，2022年发布了"十大粮油主导品种及十大农业主推技术"。在主推技术发布的同时，也注重技术使用效益。如贵州省推进辣椒产业技术体系采用生物炭改良土壤、生物菌肥"草根8号"补充有益微生物，并集成辣椒机械化播种、集约化育苗、机械打孔、井窖式移栽、病虫害综合防治等技术进行辣椒轻简化绿色高产示范，经鉴定，2023年辣椒生产机械化率较2022年提升5%，每亩降低人工成本125元，辣椒病害病情指数降低13%。③

云南省发布了《2023年全省农业农村工作要点》，在加强农业科技创新方面持续推进种业振兴行动、抓好生物育种产业化应用试点、提升农机装备水平、加强农技推广体系建设。云南是重要的花卉产区，云南鲜切花产业现已实现全产业链覆盖，建成辐射全国、面向亚洲的花卉交易市场和流通体

---

① 广西壮族自治区农业农村厅：《2022年基层农业技术推广服务能力提升项目实施方案》，广西壮族自治区农业农村厅网站，http://www.gxzf.gov.cn/gxyw/t11396075.shtml。
② 央金卓玛：《西藏提升畜牧业科技推广应用水平 一季度全区肉蛋奶产量6.64万吨》，中国西藏新闻网，https://www.xzxw.com/shxf/2023-06/12/content_853691.html。
③ 贵州省农业科技发展中心：《"双体系"深度融合 加快现代辣椒强省建设》，贵州省农业农村厅网站，http://nynct.guizhou.gov.cn/xwzx/zwdt/202308/t20230831_82150219.html。

系，鲜切花年产量达180亿枝，产销量连续28年保持全国第一。究其原因，用工业化的思维做农产品，利用计算机对鲜花种植棚内环境进行高精度控制，实现自动化和智能化，用更低的能耗和更省的肥料令植物在最适宜的环境下生长。智能化种植模式下，鲜花的质量和产量得到巨大提升：传统种植模式下玫瑰花亩产量在3万到5万枝，智能化改造后产量达到14万枝，鲜切花A、B级占比超过65%。①

近年来，青海省为加强新技术新机具的引进和自主研发，努力打通农业科技成果转化最后一公里瓶颈制约，解决了部分作物、部分生产环节"无机可用，无好机用"的困局。在枸杞、藜麦、蚕豆、玉米、胡萝卜等作物的机械化生产技术和配套机具引进和研发中取得突破性进展。②青海省为进一步促进油菜生产，2022年发布《青海省油菜生产全程机械化技术指导意见》，旨在通过农机与农艺融合推动油菜生产全程机械化作业水平。

宁夏2022年继续开展"三百三千"农业科技服务行动，重点推广农业新品种、新模式、新技术、新机具，开展基层农技人员业务能力提升及农民观摩培训，发挥基地试验示范作用，推动质量安全、节本增效、生态环保等一批支撑农业优势特色产业发展的技术模式广泛应用。此外，构建起"农业专家服务团队+基层农技推广体系+新型农业经营主体"新型农业科技服务新模式，通过驻（蹲）点技术指导、包片（点）巡回服务等方式，开展"一对一""一对多""多对一""多对多"等技术推广、技术咨询、人才培养和科技攻关。③

新疆2022年夏粮总产量达到701.2万吨，较2021年增产46万吨，创

---

① 沈靖然：《云南通过科技赋能实现全产业链覆盖 鲜切花产业背后的科技力量（一线调研）》，《人民日报》2023年8月22日，第7版。
② 青海省农业机械推广总站：《青海省农业机械推广》，青海省农业农村厅网站，http：//nynct.qinghai.gov.cn/?_t=b1586129754#/detail?Id=42796&is_newmodel=0&msgbtn=0。
③ 刘学琴、王晓媛：《自治区农技总站扎实开展"三百三千"农业科技推广服务》，宁夏回族自治区农业农村厅网站，https：//nynct.nx.gov.cn/wwz/zwdt_27725/202205/t20220518_3504026.html。

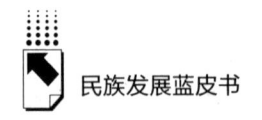

历史新高，总产增量居全国第一。除了新增播种面积，在优良品种和高效栽培技术共同作用的结果下，全区小麦平均单产较上年增加8.61公斤，创下多项国家和自治区高产纪录。① 新疆主推高效栽培的重点是标准化种植，即通过节水、减肥降低种植成本；同时大力推广智慧农业管理模式，当前一些农业合作社自有装备北斗卫星导航系统的智能播种机、收割机、无人机等自动化机械设施，劳动效率提高了7~8倍。

二 民族地区因地制宜加快推进工业现代化

要实现中国式现代化，工业化是前提和基础。从经济学角度，现代化是人类社会由传统社会向现代社会转变的历史过程，实现这种社会变迁的动力是经济增长及结构变革，也就是工业化。这意味着现代化的实质就是由工业化驱动的现代社会变迁的过程。因此，一个国家要实现现代化，就需要开启并推动自己的工业化进程。② 2020年，我国全面建成小康社会之际，全面小康社会的标准之一"基本实现工业化"这一目标也基本实现。民族地区由于生态环境、地理位置，以及长期工业发展相对滞后，还未完成工业化。因此，民族八省区在"十四五"期间大力推进工业现代化进程，做大、做强优势产业，具体着力点包括推进工业产业向基础高级化、产业链现代化，产业高端化、绿色化、集约化方向发展。

（一）民族地区加强能源基地建设，形成以清洁能源为主的综合能源体系

受能源资源禀赋影响，我国能源生产消费逆向分布特征明显。以"胡焕庸线"为近似分界线，我国中东部地区能源消费量占全国比重超过70%，生产量占比不足30%，重要的能源基地主要分布在西部地区。民族地区努

---

① 李道忠：《新疆夏粮"三增"是如何实现的》，《农民日报》2023年8月31日，第2版。
② 黄群慧、贺俊、倪红福：《新征程两个阶段的中国新型工业化及战略研究》，《南京社会科学》2021年第1期。

力把"资源优势"转变为"能源优势"。长期以来，形成了"西电东送、北煤南运、西气东输"的能源流向格局。① 民族地区的能源产业发展关乎全国绿色能源转型和国家能源安全战略，在"十四五"期间继续加大西电东送等跨省区重点输电通道建设，提升清洁电力输送能力。

内蒙古用新理念打造新能源全产业链，既抓开发利用又抓装备制造，既推动与央企合作又促进地方企业参与。2022年新增装机2000万千瓦，批复实施约1亿千瓦，建设6类市场化应用场景项目3000多万千瓦，发电1300多亿度、超过三峡工程一年的发电量。②

广西千方百计增加火电水电出力，积极谋划风电、光伏等新能源项目，在2022年全面启动中石油广西石化炼化一体化转型升级项目，推进桐昆钦州绿色化工基地一期等"双百双新"项目483个，竣工华谊钦州基地二期、中伟新能源一期、玉林华友锂电一期等68个项目，实施"千企技改"项目1210个、竣工投产458个。③

西藏境内大江大河密布，非常适合水力发电。同时，青藏高原又是全世界阳光最充足的区域之一，光伏发电潜力巨大。西藏的风能、地热能等清洁能源资源也较为丰富，不断加快建设国家"西电东送"接续能源基地的步伐。西藏自治区发展改革委数据显示，近年来西藏发电能力大幅增长，截至2020年11月末，全区电力总装机容量达401.85万千瓦，其中清洁能源板块增长迅速，同期水电、风电、地热以及太阳能光伏发电装机容量达358万千瓦，清洁能源在发电装机容量中的占比达89.09%。④

贵州大力推动煤炭产业结构战略性调整。推动煤矿规模化、智能化发

---

① 国家能源局：《国家能源局有关负责同志就〈"十四五"现代能源体系规划〉答记者问》，国家发展和改革委员会网站，https://www.gov.cn/zhengce/2022-03/23/content_5680770.htm。
② 内蒙古自治区发展和改革委员会：《内蒙古自治区政府工作报告（2023年）》，内蒙古自治区人民政府网站，https://www.nmg.gov.cn/zwgk/zfggbg/zzq/202301/t20230118_2216682.html。
③ 广西壮族自治区发展和改革委员会：《广西壮族自治区政府工作报告（2023年）》，广西壮族自治区人民政府网站，http://www.gxzf.gov.cn/zfgb/2023nzfgb/。
④ 西藏自治区发展和改革委员会：《西藏自治区政府工作报告（2023年）》，西藏自治区人民政府网站，http://www.xizang.gov.cn/zwgk/xxfb/zfgzbg/202305/t20230529_357878.html。

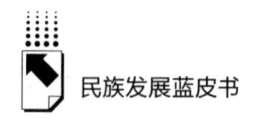

展。截至2022年，累计建成投产41处煤矿、释放产能2185万吨/年，原煤产量达1.3亿吨。①

云南加强新型能源体系建设，加快发展光伏等清洁能源，实施一批源网荷储示范项目，稳步推进原油加工和页岩气开发，积极推进"减油增化"。当前，绿色能源已成为云南第一大支柱产业，2022年绿色铝硅产值突破1800亿元、产能规模居全国前列，绿色铝、绿色硅、新能源电池产值分别增长36.6%、130.9%、406.5%，硅光伏全产业链基本形成，开工新能源项目超过2000万千瓦。2023年，扩大光伏电池片和组件产能规模，绿色铝硅全产业链产值计划达到4100亿元。②

青海省清洁能源进入源网荷储一体化推进新阶段，技术创新、建设规模、利用效率多项指标走在全国前列。全省电力装机达4468万千瓦，清洁能源装机占比90%以上，始终保持全国领先。电网进入特高压时代，建成世界首条全绿电大通道，投运21台世界首个、全球最大的新能源分布式调相机群，累计外送电量300亿千瓦时，"绿电5周"再次刷新世界纪录。③

宁夏不断加快国家新能源综合示范区建设，绿氢、芳纶、氰胺产能等跃居全国第一位，宁东成为全国最大的煤制油、煤基烯烃生产基地，居全国化工园区第五位。2022年，宁夏围绕能源安全，全力加强保畅保供，新增煤炭产能460万吨，总产量达9400万吨；新增电力装机200万千瓦，总量达6400多万千瓦，外送电940亿度，创历史新高。④

新疆作为我国重要综合能源基地之一，拥有丰富的煤炭、太阳能、风能资源。新疆大力发展新能源新材料等战略性新兴产业集群，规划建设新型能

---

① 贵州省发展和改革委员会：《贵州省政府工作报告（2023年）》，贵州省人民政府网站，https：//www. guizhou. gov. cn/home/tt/202301/t20230128_ 78016672. html。
② 云南省发展和改革委员会：《云南省政府工作报告（2023年）》，云南省人民政府网站，https：//www. yn. gov. cn/zwgk/zfxxgk/zfgzbg/202302/t20230207_ 254669. html。
③ 青海省发展和改革委员会：《青海省政府工作报告（2023年）》，青海省人民政府网站，http：//www. qinghai. gov. cn/xxgk/xxgk/gzbg/。
④ 宁夏回族自治区发展和改革委员会：《宁夏回族自治区政府工作报告（2023年）》，宁夏回族自治区人民政府网站，https：//www. nx. gov. cn/zwxx_ 11337/nxyw/202301/t20230119_ 3924419. html。

源体系，加快推进新能源发电、输变电、储能设备制造发展，打造新能源全产业链。新疆电力装机从2010年的1407万千瓦提升至2022年1月底的10903万千瓦，其中新能源发电装机达到3718万千瓦，新能源利用率由2016年的历史最低值63%提升至94%。①"疆电外送"范围覆盖我国20个省区市，来自新疆的电力东到上海、北至北京、南达广东，实现了"能源空中走，电送全中国"的目标。②

（二）民族地区推进建设数字基础设施，加快工业领域数字产业化和产业数字化

近年来，我国互联网、大数据、云计算、人工智能、区块链等人工智能技术快速发展，数据和算力资源日益丰富，为持续促进数字技术和以制造业为主体的实体经济深度融合，推动产业数字化、智能化、绿色化转型，我国出台了一系列推动发展的新政策。随着数字经济时代的全面开启，算力就像工业时代的电力一样，成为新的关键生产力。2022年工业和信息化部等部门联合印发文件，同意在京津冀、长三角、粤港澳大湾区、成渝、内蒙古、贵州、甘肃、宁夏等地启动建设国家算力枢纽节点，并规划10个国家数据中心集群，"东数西算"工程正式全面启动。通过调度西部的最优算力资源服务东部计算需求，降低功耗和计算成本，拉动西部经济发展；最终优化我国算力资源空间布局，加快打造全国算力"一张网"，构筑我国数字经济发展新优势。

内蒙古全方位推进产业数字赋能，依托综合试验区、骨干直联点、算力枢纽节点和东数西算、"千兆城市"，系统部署产业数字化转型、智能化升级项目，加快工业互联网平台和智慧园区、智能工厂等建设。内蒙古乌兰察布智算中心项目算力规模已达600千万亿次/秒。2023年，新建数据中心装

---

① 新疆维吾尔自治区发展和改革委员会：《新疆维吾尔自治区政府工作报告（2023年）》，新疆维吾尔自治区纪委监委网站，https：//www.xjjw.gov.cn/show/453-161668.html。
② 杜刚：《破5000亿度！新疆11年外送电力助能源保供》，新华网，https：//www.news.cn/fortune/2022-02/25/c_1128415251.htm。

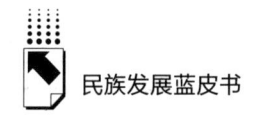

机50万台、5G基站2万个。①

广西充分利用5G、物联网、大数据、人工智能等技术建设"智慧集群",加快产业集群数字化转型升级。2022年,新培育智能工厂、数字化车间各70家,建成"星火·链网"超级节点,创建广西(柳州)国家级车联网先导区。在南宁上线我国首个面向东盟的F根镜像节点和国家域名顶级节点。②

西藏积极布局5G、数据中心、人工智能、工业互联网、物联网等新型基础设施建设,推动新一代信息通信技术与实体经济深度融合。

贵州加快发展大数据产业。2022年,贵阳大数据科创城引进企业已超400家,华为云营业收入增长超过200%,电子信息制造业增加值增长45.9%,软件和信息技术服务业收入增长90.5%,数字经济增速连续七年位居全国第一。③

云南2023年集聚发展电子信息制造和软件信息服务业,加快打造智能终端制造、数据服务和人工智能语音等产业集群,积极发展卫星应用产业。推进工业互联网典型示范应用,实施智能化升级重点项目,创建5个数字经济园区。数字经济核心产业营业收入增长20%以上。④

青海加快推进数字经济发展,推进5G网络和千兆光网建设。2023年,将建成西宁国家级互联网骨干直联点,申建大数据中心算力枢纽节点,建设青藏高原数字产业集聚区,力争数字经济规模突破1000亿元,形成新的增长引擎。⑤

---

① 内蒙古自治区发展和改革委员会:《内蒙古自治区政府工作报告(2023年)》,内蒙古自治区人民政府网站,https://www.nmg.gov.cn/zwgk/zfggbg/zzq/202301/t20230118_2216682.html。
② 广西壮族自治区发展和改革委员会:《广西壮族自治区政府工作报告(2023年)》,广西壮族自治区人民政府网站,http://www.gxzf.gov.cn/zfgb/2023nzfgb/。
③ 贵州省发展和改革委员会:《贵州省政府工作报告(2023年)》,贵州省人民政府网站,https://www.guizhou.gov.cn/zwgk/zfgbg/gzsgzbg/202202/t20220207_72464166.html。
④ 云南省发展和改革委员会:《云南省政府工作报告(2023年)》,云南省人民政府网站,https://www.yn.gov.cn/zwgk/zfxxgk/zfgbg/202302/t20230207_254669.html。
⑤ 青海省发展和改革委员会:《青海省政府工作报告(2023年)》,青海省人民政府网站,http://www.qinghai.gov.cn/xxgk/xxgk/gzbg/。

宁夏加快推动数字产业化，加快建设银川经济技术开发区智能终端特色产业园，培育发展手机、计算机等消费电子零部件制造，以及新型可穿戴设备、汽车电子产品等智能终端制造业。2022年，建成全国首个新能源综合示范区、西部唯一一个国家新型互联网交换中心和全国一体化算力网络国家枢纽"双节点"省份，建成了全国首个万卡级的智算中心和首个算力交易服务平台。完成大数据中心、数字宁夏公司筹建，举办首届西部数谷算力产业大会，签约项目投资额700多亿元。[1]

新疆2023年进一步实施"数字强基"工程，推进乌鲁木齐、克拉玛依云计算产业园数据中心建设，支持新疆软件园创建"中国软件名园"，开展新一代信息技术与制造业融合发展试点示范，带动一批规上工业企业数字化转型，推动数字经济与实体经济深度融合。[2]

（三）民族地区发挥比较优势承接产业转移，重点发展新材料产业和高端制造业

为优化生产力布局，推动重点产业在国内外有序转移，打造自主可控、安全可靠、竞争力强的现代化产业体系，2021年，工信部等十部门联合发布《关于促进制造业有序转移的指导意见》，明确支持各地发挥比较优势，积极承接产业转移，做优做强做大特色优势产业，打造一批具有核心竞争力的先进制造业集群和中小企业特色产业集群。

内蒙古围绕金属新材料、新型化工、新能源装备制造、生物医药等内蒙古优势产业链积极开展产业对接。在"十四五"期间依托包头稀土新材料产业园，加强稀土元素深度开发和综合利用，发展高端稀土功能材料、高纯稀土合金材料、高档数控机床用稀土磁性材料等高附加值产品。以呼包鄂为重点，培育发展北奔、北重等新能源重卡汽车，打造动力电池、电机、电控

---

[1] 宁夏回族自治区发展和改革委员会：《宁夏回族自治区政府工作报告（2023年）》，宁夏回族自治区人民政府网站，https：//www.nx.gov.cn/zwxx_11337/nxyw/202301/t20230119_3924419.html。
[2] 新疆维吾尔自治区发展和改革委员会：《新疆维吾尔自治区政府工作报告（2023年）》，新疆维吾尔自治区纪委监委网站，https：//www.xjjw.gov.cn/show/453-161668.html。

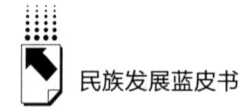

系统、动力总成、配套零部件及整车研发生产的新能源汽车全产业链。以包头、通辽铝产业为基础,延伸发展稀土铝特种合金、高品质铝合金焊丝、双零铝箔、高强高韧铝合金等高附加值产品。①

广西在"十四五"期间加快推动电子信息、新能源汽车和智能汽车、机械装备制造、高端金属新材料、化工新材料、精品碳酸钙等产业集聚发展,打造在全国有影响力的先进装备制造、绿色新材料万亿元级产业集群。在2023中国产业转移发展对接活动(广西)中,签约项目356个,协议总金额3225亿元。②

贵州在"十四五"期间重点发展铝及铝精深加工产业基地、锰及锰精深加工产业基地,新能源电池材料产业基地、延长钛及钛加工产业链条。推进建材产品向轻质、高强、隔音、节能、低碳、环保方向转型,积极推进六盘水新型建材生产基地建设。发展壮大航空航天装备制造业,加快培育智能制造装备产业。③

云南2022年绿色铝、绿色硅、新能源电池产值分别增长36.6%、130.9%、406.5%,中国铝谷建设成效明显,硅光伏全产业链基本形成。2023年,推进稀贵金属材料基因工程,建设锡基、钛基、光电子微电子等产业基地,新材料产业产值达1200亿元以上。④

青海2023年推进基础锂盐、高纯碳酸锂等产能建设,引导盐湖产业向新材料领域拓展。在"十四五"期间加快高端数控机床等前沿技术和装备研发,巩固发展高速铁路专用机床、多轴联动系列加工中心等高端产品及高

---

① 内蒙古自治区发展和改革委员会:《内蒙古自治区国民经济和社会发展第十四个五年规划和2035年远景目标纲要》,内蒙古自治区人民政府网站,https://www.nmg.gov.cn/zwgk/zfxxgk/zfxxgkml/202102/t20210210_887052.html。
② 罗兰:《签约项目356个金额3225亿元 2023中国产业转移发展对接活动(广西)举行》,央广网,https://gx.cnr.cn/cnrgx/yaowen/20230803/t20230803_526361817.shtml。
③ 贵州省发展和改革委员会:《贵州省国民经济和社会发展第十四个五年规划和2035年远景目标纲要》,贵州省发展和改革委员会网站,http://fgw.guizhou.gov.cn/fggz/ywdt/202102/t20210227_66885603.html。
④ 云南省发展和改革委员会:《云南省政府工作报告(2023年)》,云南省人民政府网站,https://www.yn.gov.cn/zwgk/zfxxgk/zfgzbg/202302/t20230207_254669.html。

精度零部件产品。发展餐厨垃圾处理等节能环保设备制造,研发生产适用于高海拔、低气压环境和陡坡地机械装备,推动专用运输车、矿山机械等专用设备发展,支持发展石油机械、压力容器、非标设备和大型铸锻件等产业,建设新能源汽车及配套产业基地。推进工业机器人、先进传感器等应用,推广集成化制造单元和生产线。①

宁夏在"十四五"期间以发展高性能新材料为重点,打造银川市光伏和电子信息材料、石嘴山市稀有金属、宁东基地化工新材料和高性能纤维材料三大产业集群。推进装备制造业创新升级,重点实施维尔铸造智能制造产业园、银川新松物流及特种机器人智能制造、奥帕航空技术无人机生产、金智智能科技数控机床、泰坦智能工业机器人生产。② 2022 年,神州轮胎达到 C919 国产大飞机装机技术标准,全区规模以上新材料企业完成产值 1765.6 亿元,两年增加 1216 亿元,占全区规模以上工业总产值的 24.3%,两年提高 11 个百分点。③

新疆"十四五"期间依托现有化工、铝和硅等产业基础,加强技术研发,延伸产业链条。重点发展大中型耕作机械、精量播种机械、农产品成套收获机械等农业装备,以及多功能、智能化民用专用车辆、新能源汽车等交通运输装备。④ 2023 年,重点加快国家优质棉花棉纱基地和国家级棉花棉纱交易中心建设,推动棉花加工企业兼并重组、做大做强,推进棉纺织化纤产业一体化发展,着力补齐化纤、印染、服装、家纺、针织及设计等产业链供应链短板,拓展棉花和纺织服装产业发展空间。⑤

---

① 青海省发展和改革委员会:《青海省国民经济和社会发展第十四个五年规划和 2035 年远景目标纲要》,青海省人民政府网站,http://www.qinghai.gov.cn/zwgk/system/2021/02/19/010376582.shtml。
② 《宁夏回族自治区国民经济和社会发展第十四个五年规划和 2035 年远景目标纲要》,宁夏回族自治区人民政府网站,https://www.nx.gov.cn/zwgk/qzfwj/202103/t20210309_2620843.html。
③ 拓兆兵、许凌:《宁夏聚力新兴产业推动经济转型》,《经济日报》2023 年 5 月 28 日,第 1 版。
④ 新疆维吾尔自治区发展和改革委员会:《新疆维吾尔自治区国民经济和社会发展第十四个五年规划和 2035 年远景目标纲要》,新疆维吾尔自治区发展和改革委员会网站,http://xjdrc.xinjiang.gov.cn/xjfgw/c108299/202106/c0a175a58f134e79a39ae9a1f251cc68.shtml。
⑤ 新疆维吾尔自治区发展和改革委员会:《新疆维吾尔自治区政府工作报告(2023 年)》,新疆维吾尔自治区纪委监委网站,https://www.xjjw.gov.cn/show/453-161668.html。

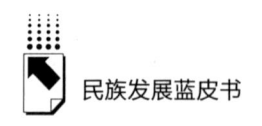

三 民族地区升级发展现代服务业

高附加值、高技术含量是现代服务业的重要特点。当前民族地区服务业在全面恢复中加快高质量发展，生产性服务业对产业转型升级的支撑能力持续增强，生活性服务业供需适配性持续提升，新兴服务业知识密集、智力密集、技术密集特征明显，现代服务业产业体系加快构建。

（一）民族地区生产性服务业增容扩量，加快推动服务业同制造业深度融合

生产性服务业是促进制造业加快向中高层次攀升的动能型产业，是先进制造业与现代服务业融会贯通的纽带型产业。[1] 民族地区大力发展现代物流、金融、农牧业技术服务等现代服务业。为促进服务业同制造业、现代农牧业融合，重点发展面向制造业的研发设计、现代物流、法律服务、软件信息技术、科技服务、检验检测认证、港航服务、人力资源服务、会展服务等生产性服务业，为产业高质量发展提供服务支撑。

具体而言，金融业方面，民族地区加快构建金融有效服务生态优先、绿色发展的体制机制，推进激励创新和转型升级的科技金融，建设支撑高水平"一带一路"的开放金融。优化民族地区现代物流业布局，加快构建"通道+枢纽+网络"的现代物流运行体系，建立安全可靠的现代供应链体系，发展集约高效的现代物流服务体系，培育发展创新赋能的现代物流经济体系，健全保障有力的现代应急物流体系，打造内联外通的现代国际物流体系，培育分工协同的物流市场主体体系，夯实科学完备的现代物流基础体系。培育壮大科技服务主体，支持科技咨询、研发设计、技术转移、创业孵化、科技金融等科技服务机构发展。商务服务业方面，加强城乡商贸流通网

---

[1] 夏杰长、肖宇：《生产性服务业：发展态势、存在的问题及高质量发展政策思路》，《北京工商大学学报》（哲学社会科学版）2019年第4期。

络建设，优化商业网点结构和布局，并加强专业化设计企业和中心建设，提升检验检测、知识产权和科技成果转化能力。推动会展业全产业链发展，强化会展产业链展前、展中、展后三大环节的专业服务能力，突出国际化、专业化和市场化，打造一批标志性品牌会展。

（二）民族地区加快生活性服务业品质化多样化升级

生活性服务业领域宽、范围广，涉及人民群众生活的方方面面，与人民群众生活质量密切相关。生活性服务业的目标是扩大覆盖全生命周期的各类服务供给。民族地区在政府层面加强公益性、基础性服务供给。在市场层面，顺应人们生活方式的转变和消费升级趋势，生活性服务业以提升便利度和改善服务体验为导向，改造提升传统服务业，结合民族地区不同区域发展布局，加快发展健康服务业、托育服务业、文化体育产业、家政服务业、社区服务业。

民族地区文化和旅游资源丰富，很多少数民族地区自然风光优美、生态环境良好，成为中外游客心向往之的旅游胜地。做精做大旅游业并带动服务业全面发展已成为民族八省区在"十四五"期间的服务业工作重点。

内蒙古加强跨盟市打造大景区，跨区域布设"黄金线"，建设以生态为底色、以文化为特色、以旅游为产业支撑的"带—圈—线—城—郊—园"文旅融合发展格局。内蒙古东部地区重点推进生态旅游、边境旅游、冰雪旅游提档升级，打造呼伦贝尔国内一流草原森林生态和边境旅游目的地；中部地区重点发展文化遗产、草原风情、健康体育和休闲度假，打造呼和浩特现代休闲与会展旅游中心、鄂尔多斯文化体验和休闲旅游目的地；西部地区推动发展特色生态旅游、沙漠休闲和自驾越野，打造阿拉善国内知名西部风情旅游区。

广西打造"广西有礼"特色旅游商品品牌，培育特色文创、非遗传承、旅游商品生产龙头企业。重点开发国家 5A 级旅游景区，国家级旅游度假区，环西宁、桂中、桂东南生态旅游圈；打造十万大山边海环线游、大明山环线游、大瑶山环线游等精品旅游线。促进"文旅+"和"+文旅"的产业

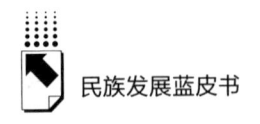

融合，加快智慧旅游发展，全面推行"一键游广西"，培育数字文旅共享经济新模式。

西藏全力推进G219沿边大通道、高原丝绸之路（"茶马古道"旅游经济带、"唐蕃古道"旅游合作圈、唐竺古道等）、拉萨国际文化旅游城市、林芝生态旅游、冈底斯国际旅游合作区等建设，深化拓展大香格里拉旅游合作区建设。打造"一中心两基地+林芝户外"运动基地：拉萨山地户外运动服务产业中心，当雄县羊八井镇羊八井高山训练基地、定日县岗嘎镇定日登山徒步基地，米林县派镇南迦巴瓦山地户外运动小镇。

贵州加快发展以民族和山地为特色的文化旅游业，推动春夏秋冬四季旅游均衡发展，形成特色鲜明、多极拉动的全域旅游目的地体系，持续提升"山地公园省·多彩贵州风"品牌影响力。继续实施旅游"1+5个100工程"，着力建设提升100个精品旅游景区，着力打造"温泉省""索道省""桥梁省""山地户外运动省""避暑胜地"等旅游品牌，大力发展红色文化、世界名酒文化、国际天文科普、千里乌江滨河度假、民族文化等特色旅游带。

云南聚焦以"文、游、医、养、体、学、智"为主要内容的全产业链，以大滇西旅游环线、澜沧江沿岸休闲旅游示范区、昆玉红旅游文化带、沿边跨境文化旅游带为支撑，建设国际康养旅游示范区，推动云南成为世人向往的健康生活目的地。

青海突出生态旅游带动作用，完善青藏、青甘、青川、青新旅游大环线，打造东西南北四个方向的精品旅游线路，串点成线、连线成片，促进"快进慢游"。加快长城、长征、黄河、长江国家文化公园青海段建设，建设黄河上游生态旅游文化带。办好文化旅游节、旅游消费惠民季等活动，打造一批夜间消费集聚区和网红打卡地，加力打造国际生态旅游目的地。

宁夏2023年实施"文旅创新升级"工程，推动"提点连线结网"，重点打造贺兰公园、大漠星空、固原梯田、科创宁东、闽宁新貌等升级版的"宁夏二十一景"，充分发挥文旅产业辐射性广、关联度高、包容性强的综合带动优势。① 宁夏通过创建十条旅游特色街区、发展十大旅游购物商店、做优十大旅游扶贫示范村、扶持十大特色农家乐、推广十大金牌旅游小吃、评选百名旅游服务之星、培育千名乡村旅游带头人、培训万名旅游从业人员。截至2022年，全区建设乡村旅游点1000余家，星级农家乐536家，全国乡村旅游重点村镇37个，特色产业示范村10个，宁夏特色旅游村76个，旅游扶贫重点村72个，直接从业人员超过1.5万人，带动就业10万余人。②

新疆大力实施旅游兴疆战略，制定《旅游兴疆规划（2021～2030年）》，优化旅游产业布局，打造"新疆是个好地方"文旅融合品牌，推动旅游业高质量发展。力争到"十四五"时期末接待境内外旅游人数达到4亿人次。

四 推进民族地区经济现代化的着力点

在推进经济现代化的进程中，民族地区不仅要尽快缓解省区层面的总体结构性、体制性、周期性问题的制约，完成艰巨繁重的改革发展稳定任务，还要面对制造业层次偏低，特色优势发挥不够，科技、教育、人才对产业发展支撑力不足，市场主体不强，市场化运作水平不高等发展短板，并解决部分行业和企业仍存在的经营困难、产业投资不足、经济保持稳定增长的难度加大，部分地方债务风险等级仍然较高，财政收支矛盾突出等系列问题。

民族地区在中央财政支持、东西协作帮扶下胜利完成脱贫攻坚任务，和全国一起全面建成小康社会，经济社会发展取得了巨大成就，但高质量发展

---

① 宁夏回族自治区文化和旅游厅：《宁夏打造"二十一景"推动文旅融合高质量发展》，宁夏回族自治区文化和旅游厅网站，https：//whhlyt.nx.gov.cn/xxfb/wlyw/202301/t20230113_3915339.html。
② 张文攀：《宁夏乡村旅游点突破1000家》，宁夏回族自治区文化和旅游厅网站，https：//www.whhlyt.nx.gov.cn/xxfb/wlyw/202209/t20220924_3792143.html。

的基础依然薄弱，自我发展能力依然需持续提升。《中共中央 国务院关于新时代推进西部大开发形成新格局的指导意见》中明确提出，今后国家还将对西部民族地区实行差别化补助，加大财政倾斜支持力度。深入开展对口支援新疆、西藏和青海等民族地区以及对口帮扶贵州等工作。2022年，中央财政加大对革命老区、民族地区、边疆地区的支持力度，中央财政2022年对相关地区转移支付资金比五年前增长66.8%。[①] 民族地区财政自给能力不强是自我发展能力不足的重要体现。在推进民族地区经济现代化的进程中，民族地区须持续提高治理发展的基础，增强自我发展能力，深度融入全国新发展格局，从民族地区整体层面应做好以下基础和重点工作。

（一）强化培育市场主体

民族地区各级政府通过优化营商环境、加强政策支持、提供公共服务等手段，鼓励和引导各种市场主体参与市场竞争和创新，推动市场的繁荣和发展。民族八省区在"十四五"规划中也都强调要抓好国资国企改革，着力培养一批大型标志性企业；促进资金、人才、技术等要素资源向重点领域、优势企业、特色产业、主营业务集中，发挥国有经济在民族地区战略支撑作用。持续推动减税降费、减租降息等纾困惠企政策，加大对中小微企业、初创企业的支持，促进非公有制经济健康发展。建设高标准市场体系，推进土地、劳动力、资本、技术、数据等要素市场化改革，健全要素市场运行机制，完善要素交易规则和服务体系。

（二）推动形成特色优势现代产业体系

充分发挥民族地区比较优势，持续壮大优势产业，统筹产业优化升级，推动具备条件的产业集群化和产业园区发展。推动农村一二三产业深度融合，推动发展现代制造业和战略性新兴产业。积极发展大数据、人工

---

① 李克强：《政府工作报告（2023年）》，中国政府网，https://www.gov.cn/zhuanti/2023lhzfgzbg/index.htm。

智能和"智能+"产业,推动"互联网+教育""互联网+医疗""互联网+旅游"等新业态发展。大力发展旅游休闲、健康养生等服务业,打造民族地区重要支柱产业,形成特色鲜明、技术先进、绿色安全、动态迭代的现代产业体系。

(三)积极主动融入"一带一路"建设,通过强化开放平台培育发展开放型经济

全面加强与共建"一带一路"国家和地区以及国内省(区、市)合作。加强铁路、公路、港口、机场、电力、通信等基础设施互联互通合作对接,统筹铁路、公路、电力通道规划布局,大力推动主干网、区域网和互联互通网建设,形成多向连通、衔接国际的集成大通道。加快构建以航空物流、航空维修制造、临空高新技术、临空商务、国际贸易为支撑的临空产业体系,打造国际贸易新高地和国际消费新商圈。发挥通道对经济发展的带动作用,加强与通道沿线省(区、市)产业互动和产能合作,推动产业向通道集聚发展。

(四)缓解民族地区发展不平衡、不充分问题

党的二十大报告强调:"深入实施区域协调发展战略、区域重大战略、主体功能区战略、新型城镇化战略,优化重大生产力布局,构建优势互补、高质量发展的区域经济布局和国土空间体系。推动西部大开发形成新格局,支持革命老区、民族地区加快发展,加强边疆地区建设,推进兴边富民、稳边固边。"民族八省区结合地区现实情况和比较优势,加快形成"龙头带动、区带支撑、特色鲜明、协调发展"的区域协调发展体制机制,加快推进新型城镇化发展,推动形成主体功能明显、优势互补、高质量发展的国土空间开发保护新格局。在缩小城乡发展差距方面,民族八省区大力实施乡村振兴战略,以加快欠发达地区产业发展为重点,引导龙头企业、合作社参与产业开发,构建农业、工业、旅游业、农村电商等一二三产业融合的产业帮扶局面,培育壮大特色产业规模,增强欠发达地区自身发展动能。把县域作

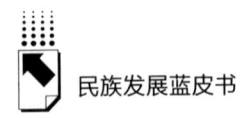

为城乡融合发展的重要切入点,赋予县级更多资源整合使用的自主权,强化县城综合服务能力,破除妨碍城乡要素自由流动的体制机制壁垒,推动城乡要素平等交换、双向流动和城乡公共资源合理配置。

(五)健全绿色低碳发展政策制度体系,全面推动经济社会绿色低碳发展

推进传统行业和重点产业领域绿色化改造,加强生态文明科技创新,支持绿色技术创新和应用,发展生态利用型、循环高效型、低碳清洁型产业,大力发展循环经济,培育绿色发展新动能,优化产业、能源、交通运输结构,推进减排降碳。完善生态制度体系,倡导绿色生活方式,全面落实能源、水、建设用地总量和强度"双控"制度,开展全民节能、节水行动,鼓励可再生能源消费,推进资源总量管理、科学配置、全面节约、循环利用。

地区报告

B.2
乡村振兴背景下青海省农牧业高质量发展的成效与未来展望

魏 珍 杜青华*

摘 要： 产业兴旺是乡村振兴的基础，是解决农村发展问题的前提。产业兴旺必须立足高质量发展，只有产业高质量发展，才有乡村的全面振兴。近年来，青海省在推进农牧业高质量发展，特别是产业富民和融合发展相互促进、绿色有机农畜产品输出地建设方面成效显著。但从长期来看，农牧业发展仍面临内生发展动力不足、人才支撑不足、产业融合发展不深、水平不高等问题，一定程度上影响了乡村产业的可持续发展。本文就青海推进农牧业高质量发展中的成效与现状，分析存在的挑战与制约。为进一步推动乡村振兴战略的高效实施，本文提出如下建议：优化产业布局，激发产业振兴生产要素活力；延伸农业产业价值链，做大"品牌"经济；发展数字经济赋能农业现代化，助推绿色有机农畜产品输出；加大人才培育、引进力度，提升

---

* 魏珍，青海省社会科学院经济研究所助理研究员，研究方向为区域经济、农村经济；杜青华，青海省社会科学院经济研究所所长、研究员，研究方向为宏观经济与政策分析。

产业发展核心竞争力。

关键词： 乡村振兴　绿色有机农畜产品　农牧业高质量发展

乡村振兴战略是党的十九大作出的重大决策部署，为新时代农业农村改革发展指明了方向、明确了重点。产业兴旺排在乡村振兴战略总要求的首位，是乡村振兴战略的根本出路。多年来全国各地全面推进乡村振兴，打造各具特色的乡村产业，为农业全面升级、农村全面进步、农民全面发展打下了坚实的产业基础。随着中央乡村振兴战略的提出，2018年中共青海省委青海省人民政府制定出台《关于推动乡村振兴战略的实施意见》，为青海省的乡村振兴战略作出了详细安排部署。2021年，习近平总书记亲自为青海高质量发展擘画了产业"四地"建设蓝图，两次提出青海要打造"绿色有机农畜产品输出地"的重大要求，为青海贯彻新发展理念、构建新发展格局、推进青海农牧业高质量发展指明了方向。2022年，青海推进产业增效、科技支撑等乡村振兴"八大行动"，①全省乡村振兴工作有序迈上新台阶。农牧业是青海乡村产业的支柱，是实施乡村产业振兴的主要载体，其高质量发展是推进农业农村现代化发展，推动产业兴旺，实现农牧民共同富裕的关键所在。

一　青海省农牧业高质量发展的成效与经验

多年来，青海以实施乡村振兴战略为契机，加快推进农牧业高质量发展，取得了一系列阶段性成就。粮食产量不断增加，特色产业快速发展，绿色有机农畜产品输出地建设取得实效，农牧业人才内育外引成效显著，科技支撑更加有力。

---

① 王臻：《我省"三力"齐发扎实推进乡村振兴"八大行动"》，青海新闻网，https://www.ghnews.com/newscenter/system/2022/3/25/013541993.shtml。

（一）农牧区基础设施建设显著改善，产业发展环境持续优化

近年来，青海紧扣国家重大发展战略，以实施乡村振兴战略为抓手，加大农村基础设施投入，大力推进环境治理，美丽乡村建设稳步推进，农村基础设施和环境得到显著改善。截至2022年底，全省农牧区人居环境整治三年行动全面完成，农村环境综合整治实现行政村全覆盖，农村生活垃圾收集转运处置体系覆盖了全省97.5%的行政村，58%以上的村庄实施了高原美丽乡村建设项目，农村垃圾、污水得到治理的村庄分别占全省行政村的91.7%和12%，卫生厕所普及率达到58.27%，20万户农牧民危旧房得到改造，农牧区260.6万人的饮水安全得到巩固提升。[1] 先后建成设施温棚10.5万亩、畜用暖棚14.5万栋、冷水鱼网箱38万平方米。[2] 基础设施的不断更新完善，为农牧业高质量发展打下了重要基础。

（二）特色农牧业发展新格局形成，特色农畜产品规模效应初显

2016年以来，为加快转变农牧业发展方式，青海以打造"三区一带"农牧业发展新格局[3]为出发点，优化区域布局，调整产业结构，现代生态农牧业的生产、产业、经营体系初步构建，在探索中逐步走出一条农牧业循环、品牌效益突出、一二三产业融合的特色发展之路。2022年，全省农牧业生产能力显著增强，单位面积产量大幅提升，农林牧渔业增加值较上年增长7.5%，粮食产量连续14年达到百万吨以上水平。经济作物播种率大幅增长，蔬菜自给率达到30%，产量达到150万吨以上。全省肉、蛋、奶产量稳定增长。牦牛、藏羊存栏量分别达到全世界的43.4%和全国的38.5%，"中

---

[1] 国家乡村振兴局：《青海农村环境整治覆盖全部行政村》，国家乡村振兴局网站，https://www.nrra.gov.cn/art/2022/9/5/art_5_196510.html。
[2] 罗珺：《"青海这十年"省农业农村厅专场新闻发布会举行》，《青海日报》2022年8月26日，第2版。
[3] 打造东部特色种养高效示范区、环湖农牧交错循环发展先行区、青南生态有机畜牧业保护发展区和沿黄冷水养殖适度开发带的"三区一带"农牧业发展新格局。

国牦牛之都""中国藏羊之府"的称号享誉全球。特色产业快速发展，海南藏族自治州的冷水鱼产量达到全国产量的30%以上，年产值突破4亿元，①已成为带动农牧民增收的重点产业。作为西部重要中藏药材生产基地，全省种植面积超过10万亩。目前，全省已打造培育牦牛、藏羊、青稞、油菜、马铃薯等十大重点产业和冷水鱼、枸杞、藜麦、蕨麻等八大特色产业，农畜产品加工转化率达到60%左右。

（三）依托高原净土的环境优势，绿色有机农畜产品输出地建设成效显著

多年来，青海农牧业生产依托高原净土、绿色有机的特色优势，持续深耕"有机牌""绿色牌""高原牌""富硒牌"四张牌。截至2022年底，全省农作物化肥农药减量面积占总播种面积的1/3以上，秸秆综合利用率、农田残膜回收率、粪污资源化利用率分别达到86.9%、90%、82%。为提高青海农畜产品知名度，实现向品牌要效益、向规模要利润的目标，全省加快"青货出青"建设步伐，推进农产品带证上市、畜产品质量安全可追溯体系建设，农畜产品标准体系不断完善。2022年底，全省已完成绿色有机食品和地理标识产品925个，认证有机枸杞基地20万亩，绿色有机草场1万亩，②均居全国首位。海南藏族自治州共和县、黄南藏族自治州泽库县被列为国家级草原畜牧业转型升级试点县，河南蒙古族自治县被农业农村部评为全国农业生产"三品一标"先进典型案例。"净土青海·高原臻品"省级公用品牌以及"河湟田源""天路飘香""神奇柴达木""山水黄南·绿色农牧"等市州区域公用品牌的知名度也在逐步打开。青海的特色农畜产品销往上海、广州等大型城市和港台地区，以及日本、韩国等地的生鲜市场，虹鳟鱼更是获得农业农村部绿色食

---

① 罗珺：《"青海这十年"省农业农村厅专场新闻发布会举行》，《青海日报》2022年8月26日，第2版。
② 罗珺：《"青海这十年"省农业农村厅专场新闻发布会举行》，《青海日报》2022年8月26日，第2版。

品认证和出口欧洲许可,青海成为国内唯一获准出口的省份。牦牛藏羊集群一二三产业总产值达到 267 亿元。① 通过"线上+线下"相结合的模式,全省农畜产品销售渠道得到扩展,电商企业同龙头企业、合作社和种养大户有效对接,建立了生产供销一体的营销网络,缓解了农畜产品销售难问题,特色农畜产品网络销售达到 9.5 亿元。

(四)探索多种产业融合模式,农牧业产业化水平提档升级

长期以来,青海农牧业产业链条短、产业融合率低、农畜产品单一,精深加工产品少,附加值不高。为弥补产业发展短板,青海有序加大政策、资金、技术等方面投入,鼓励引导新兴产业发展。截至 2022 年底,全省建成 1 个国家级现代农业产业集群,累计创建 15 个农业产业强镇、33 个省级以上现代农业产业园,540 家龙头企业稳健发展,1.05 万家专业合作社有效运行,培育省级产业化联合体 50 家,吸纳 475 家农牧业经营主体积极参与,② 各类家庭农牧场、种养大户得到扶持。农牧业产业化水平得到提升,"企业+基地+合作社+农牧户"的发展模式逐步形成,企业每年与合作社及农牧户签订订单,购销关系更趋稳定,企农双赢的利益联结机制更加完善。另外,依托特色农畜产品,青海大力发展乡村旅游产业,创建了红旗村等 32 个中国美丽休闲乡村,发展乡村特色旅游的同时带动农副产品流通。2021 年,全省共有各类休闲农牧业经营主体 2778 家,③ 实现乡村旅游收入近 20 亿元,其中农副产品销售占比 1/4。"农+文旅"产业的横向融合模式更加成熟,一二三产业融合发展水平不断提高。

---

① 潘玲:《青海省牦牛藏羊产业集群总产值达 267 亿元》,《青海日报》2022 年 2 月 11 日,第 1 版。
② 罗珺:《"青海这十年"省农业农村厅专场新闻发布会举行》,《青海日报》2022 年 8 月 26 日,第 2 版。
③ 罗珺:《"青海这十年"省农业农村厅专场新闻发布会举行》,《青海日报》2022 年 8 月 26 日,第 2 版。

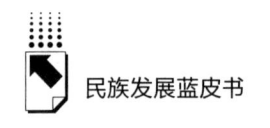

（五）农畜产品标准体系不断完善，助推科技创新能力持续提升

科技创新是第一生产力，农牧业的高质量发展离不开科技创新的引擎动力。乡村振兴战略实施以来，青海布局全省科技创新平台，推进农技推广服务体系改革建设，加大技术力量支撑，农牧业科技含量、科技创新能力得到有效提升。一是现代种业快速发展，农作物良种化率达98%，水产良种化率达95%。[1] 目前已经建成国家级春油菜和马铃薯制繁种基地。二是各类科技重点项目加快实施，牦牛藏羊高效养殖综合配套技术得到推广。三是探索形成"专家+农机人员+示范主体"的新型科技服务模式和"包村联户"的服务机制，最大化发挥专家团队作用，农牧业科技贡献率达到58%。四是依托科技创新，加强农牧业地方标准推广应用，设立畜禽肉分割技术规程等国家行业标准5项，制定地方标准3项，推广应用重点目录标准57项，[2] 特色农畜产品标准体系加快完善。

二 青海省农牧业高质量发展面临的挑战

推进农业农村现代化，补齐现代化短板是实施乡村振兴战略的本质要求。产业振兴是推进农业农村现代化的物质基础，因此以产业振兴推进农业农村现代化是当下乃至未来一个时期实施乡村振兴战略的重点任务。当前，虽然青海农牧业发展取得了一系列成效，但也存在内生动力不足、农牧业生产"高成本"与"低收益"并存、农牧业新型经营主体辐射带动能力弱、品牌溢价效应不足、农畜产品"优质"不"优价"、产业研发不足、部分行业标准亟待出台、乡村人才支撑有待强化等问题。

---

[1] 罗珺：《"青海这十年"省农业农村厅专场新闻发布会举行》，《青海日报》2022年8月26日，第2版。
[2] 罗珺：《"青海这十年"省农业农村厅专场新闻发布会举行》，《青海日报》2022年8月26日，第2版。

（一）自然环境脆弱

由于青海地处三江源头，生态环境承载能力有限，省内大部分地区生态环境十分脆弱，耕地面积较少，耕种作物种类相对比较单一，农业生产的自然条件总体较差，农作物生长的不利因素较多。受传统种养殖模式的影响，规模化水平不高，小农生产模式大量存在，农牧民获得经营净收入的渠道窄且总量低，若不能探索出规模适宜的种养殖及产业融合发展模式，一些地区"一方水土难养一方群众"的局面难以得到彻底扭转。

（二）产业发展同质化问题突出

青海农牧业产业增加值长期低位运行，农牧业发展虽规模和产量不大，但种养殖单一，经济作物种类有限，初级产品及衍生的农产品加工产业发展仍面临同质化明显、低水平竞争的问题。由于发展起点低、能力弱，农牧业发展主体也偏弱小，农畜产品的供求结构性矛盾突出，供给有限和销售困难的情况同时存在。此外，加工业引领产业融合发展的能力不足，且优质高产农畜产品生产基地普遍缺少储藏、保鲜和加工设施，由于区位因素，生鲜农畜产品运输时间较长，成本较大，一定程度上阻碍了牛羊肉奶等农畜产品的输出，农畜产品普遍存在销售难、储存难、运输难、利润低的问题，企业往往高投入低收益。从全省休闲农业和乡村旅游业来看，也存在发展模式雷同、旅游服务功能弱等问题。农牧民参与产业融合空间有限，农牧业及三产融合对农牧民增收贡献力不强，收入大多依赖工资性收入与转移净收入，经营净收入、财产净收入增加较为困难。

（三）特色农畜产品品牌影响力不足

虽然近年来青海重视品牌建设，已经形成了一批较成熟的特色农畜产品品牌，但是从全国大市场来看，知名度仍十分有限，缺乏耳熟能详的"拳头"品牌。品牌经营和推介的辐射范围仍较小，品牌小、杂、多的情况普遍，品牌溢价效应很难发挥。另外，全省农畜产品精深加工不足，相当部分

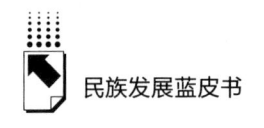

的优质产品以初级产品形式走向市场,产品附加值和品牌化运营程度较低。多元化、多层次、多种类的产品研发能力有限,品牌走向市场缺乏综合竞争力。由于缺乏细分的牛羊肉等主推产品标准体系,导致产品质量稳定性不高,持续供货能力不足,存在农特产品"优质"不"优价"的情况。2019年以来,虽然全省在区域公用品牌建设中取得了一定成效,但区域公用品牌发展时间短、起步晚,宣传力度不足,运维能力弱,导致企业对加入区域公用品牌的积极性不高,多数企业仍靠自身力量打开省内外市场,成本高且经济回报率较低。

(四)生产要素市场流通不畅

20世纪90年代初期,我国逐步将改革方向由农村转向了城镇,宏观经济政策和措施也多向城镇倾斜。农村牧区的资金、人才等各类生产要素都因城市的快速发展需要流入城市,生产要素的缺乏成为农牧产业快速发展的制约问题。一是土地资源紧张,农业发展用地缺乏政策通道,多数涉农地区存在建设用地紧缺的情况。目前,地面硬化、经营性农畜产品仓储和加工按照建设用地管理,土地使用审批手续难、环节复杂、耗时长,一定程度上制约企业扩大产能。二是资金投入不足,财政投入力度有限,部分乡镇产业的发展受到制约。大多数农业产业化龙头企业将大部分资金用于一次性收购原材料,受到生产销售周期限制,资金流跟不上,进而导致产业发展设施、宣传、研发经费不足,延缓了企业发展脚步。三是农村金融服务供需矛盾突出,金融服务主体和产品种类单一,抵押物少,不能有效满足目前农村广大小微企业、农牧户等群体不同的金融需求。同时,农业保险参与度低,虽然覆盖面广但是保障水平不高,很难为乡村产业发展提供足够的安全保障。

(五)人才支撑有待强化

知识经济时代背景下,人力资本的作用日益突出,对经济增长的影响愈加显著。青海是经济欠发达省份,农村的发展落后于中东部地区,农民受教育程度较低,专业技术能力弱,农村普遍存在技术人才流出问题,具有专业性和技术性的专技人才长期匮乏。同时，大部分经营主体虽然也有迫切需要人才、培养人才、引进人才的意识，但由于自身发展能力有限，一定程度上造成青海面临培育人才和引进人才的双向困难，培养人才难、引进人才难、留住人才难的问题比较突出。从管理人才来看，引领产业发展的带头人、能人缺乏，农牧业企业家自身的水平有限，专业化水平跟不上现代农业发展和产业转型升级的快速变化，带动产业发展能力不够。另外，乡镇间人才的交流合作平台没有建立，人才集聚效应很难实现，甚至容易造成邻近乡镇产业发展信息壁垒，导致发展方向同质化，进而形成不良竞争。

三 推动青海省农牧业高质量发展的相关建议

青海是一个农牧业结合的省份，农牧业高质量发展在全省改革发展稳定中有着举足轻重的作用，是实现现代化新青海建设的主要抓手，是实现全面乡村振兴的重中之重。近年来，由于经济下行压力加大，经济发展速度有所放缓，农业和农村经济也不同程度受到影响。青海农牧业生产成本相对较高、产业链条短、经济效益低、农牧民增收难成为乡村振兴建设亟待改善的问题。青海只有发挥自身优势，高质量发展特色农牧业，提升产品附加值，克服短板弱势，才能提高效益，促进农牧民增收，有效破解"三农"发展难题，共享产业发展成果。

（一）优化产业布局，激发产业振兴生产要素活力

坚持统筹规划，优化乡村产业布局。按照中央、青海省委关于乡村产业振兴的部署要求，紧盯市场需求，因地制宜，统筹布局县域乡村产业，规划发展与市场需求相适应、与资源禀赋相匹配的乡村产业结构。一是发展特色高效农业，鼓励农民由以种植粮食为主向种植瓜果蔬菜等经济作物并重的模式转型，打造特色农产品优势区。探索农业技术研发与推广的"双轨制"农业科研体制模式，加快科学技术应用到农业中的步伐。二是以产业强镇、乡村旅游示范县等为载体，充分考虑生态优势和资源禀赋，建设一批创新性

强的"小而精、特而美"的乡村特色产业，尽可能规避乡村产业发展同质化严重问题。鼓励外出务工者、老年群体等农户将闲置资源资产通过租赁、入股等方式发展特色民宿，生态观光农业。三是探索激活农村产权，适当提高农村土地征用补偿费用和标准，结合产业发展规模化需要，引导农民依法采取转包、转让、入股及合作等方式"打包连片"流转给种植大户、龙头企业，实现整村产业规模化。针对乡村产业土地资源紧张问题，有序开展县域乡村闲置集体建设用地、厂矿废弃地、道路改线废弃地、农业生产与村庄建设复合用地及"四荒地"等土地综合整治，盘活建设用地，重点用于乡村产业规模化及返乡人员回乡创新创业。四是加大资金投入力度，提高土地出让收入用于农业农村发展的比例。扩大农畜产品加工业、新型服务业等二、三产业的转移扶持，落实产业扶贫及相关产业发展税收优惠政策，增加销售、研发奖励资金，向基础能力强，研发、销售能力突出的企业倾斜。五是健全农村金融服务体系，鼓励各金融机构向基层延伸，探索建立金融支农服务联盟，从企业和农户的实际需求出发，提供更接地气的金融服务。创新特色贷款产品，拓宽质押、抵押物范围，因地制宜开发特色贷款产品。同时，鼓励地方保险金融机构设计开发多层次、不同保障水平的农业保险产品，增强农业防风险能力。

（二）延伸农牧业产业价值链，做大"品牌"经济

坚持农业农村优先发展，不断提高对农村的重视程度，加大农村地区的建设力度，以"接二连三"为目标，大力发展农牧业工业化，实现农牧业产业化，带动农村三次产业融合发展。一是延长农牧业产业链条，加快农民专业合作社规模化发展，引导同性质小规模合作社通过入股、合并等方式扩大核心竞争力。借鉴有规模的合作社经验，结合市场需求发展农产品初加工、精深加工，顺应高品质生活需求，紧跟大众消费升级，设计有特点、有质感的产品包材。提高各种类型农业社会化服务能力，发展生产性服务业，培育土地托管、代耕代种、统防统治、烘干收储、农资供应等生产性服务组织。发展供销流通服务业，培育产品供销、邮政、运输、配送新型服务业经

营主体。发展综合公共服务业，探索建立农技服务、科技实训、就业培训、产品营销于一体的服务组织，实现小农户与现代农业发展的有机衔接。继续推广普及"农户+合作社+龙头企业"等模式，完善利益联结与分享机制，降低市场主体的经营风险，让农民更多分享产业增值收益。在有条件的乡村结合特色产业开展多样化经营，推进农业与旅游、文化、生态、健康养老等产业深度融合。二是建立健全农畜产品全流通环节的标准化规范，围绕牛羊肉、枸杞等主推农畜产品，完善质量分级、储存保鲜和包装配送等流通环节的标准化规范，把非标农畜产品转化成标准化商品，提高农产品价值，规避低水平的"同质竞争"。三是集中力量打造几个有特色的核心区域公用品牌，引导有资质有产量有规模的企业加入，探索与企业共创品牌模式，实现区域公用品牌价值提升。强化农业品牌营销，借助影响力较大的协会、联盟等平台开拓产业发展宣传窗口，拓宽营销渠道，创新完善营销方式，实现农产品品牌的差异化经营，充分发挥品牌农畜产品的"品牌"效益。

（三）发展数字经济赋能农牧业现代化，助推绿色有机农畜产品输出

随着新一轮科技革命的加速推进，数字经济正不断向农业农村领域渗透，应抓住数字经济在农畜产品输出地建设方面的发展机遇，以数字经济赋能农牧业现代化。一是弥补青海欠发达地区的区位短板，加快农村电子商务发展，培育农牧业电子商务市场主体，开展农业电子商务试点示范，提高电商渗透率，引进具有较强竞争力的电商运营MCN公司，为企业"直播带货"等业务的开展提供全程技术支持。二是健全农产品网络销售供应链体系、运营服务体系和支撑保障体系，促进生产流通的线上线下有机融合，破解农产品销售不畅、信息不对称等问题。三是依托"互联网+"智慧农牧业大数据平台，建设全省重要农畜产品全产业链大数据，尝试探索建立本土农畜产品交易平台，克服邻近省份垄断市场的劣势，增加农畜产品市场的话语权，推动农商直供、农商互联、产销衔接，保证农畜产品供给时效性，保障应急服务。四是培育农畜产品物流核心企业，降低物流配送成本，健全全省农畜产品冷链物流体系，打通兰州、西安等重要节点城市冷链物流通道，加

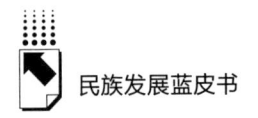

快冷链物流信息化、标准化和基础设施设备建设，助推形成生产与加工、产品与市场、企业与农户协调发展的产业发展格局。五是提高参与电商的意识和能力，鼓励企业间联合开展"直播带货"青海专场活动，线上"直播"与"视频内容"联合，线下实体店、展会结合，通过抱团取暖的方式降低宣传成本，多渠道、全方位促进更多更优产品"走出去"。

（四）加大人才培育、引进力度，提升产业发展核心竞争力

人才层次决定产业高度，受教育水平越高，对居民收入和产业发展的正向影响力越大，加大人才的培育和引进对乡村产业的高质量发展意义重大。一是加快乡村人才的培育速度，聚焦农业生产、产业发展、农业科技等领域，设计各类培养计划，优化培训内容，加大力度培养农牧业专业技术人才，并重视培训效果和反馈意见，尽最大努力促使涉农产业人才聚集。二是加大人才引进和合作力度，积极探索重点人才工程向农业农村领域倾斜，鼓励企业与科研机构、专家团队签订"候鸟式"人才计划，尊重、扶持农业人才的创新研发，建立宽容的试错容错机制，充分发挥人才工程的牵引作用，为农牧产业提供研发和智力支撑。三是针对产品流通需要，引导企业成为农牧业电子商务市场主体，培养一批数字经济领域专业人才。四是调研农牧产业发展实际，按需提供管理、技术等专业培训活动，定期更新培训内容，加快建设知识型、技能型、创新型乡村产业经营管理队伍，进而提高其产业发展能力。

B.3 宁夏加快建设乡村振兴样板区推进农业农村现代化

李文庆 师东晖[*]

摘　要： 党的二十大提出了全面建设社会主义现代化国家的宏伟蓝图，全面推进乡村振兴战略、加快建设农业强国。宁夏回族自治区以加快建设乡村振兴样板区为牵引，以"六特"产业发展为抓手，统筹抓好乡村产业、人才、文化、生态、组织振兴，加快推进农业农村现代化。宁夏以乡村振兴推进农业农村现代化的主要做法是：加强党对农业农村工作的领导，为乡村振兴样板区建设提供组织保障；防止返贫促进农民增收，守住乡村振兴底线任务；创新发展模式，大力发展特色优势产业；完善乡村社会治理，做好乡村文化振兴；以改革创新促进乡村振兴样板区建设。宁夏以乡村振兴推进农业农村现代化面临的困难主要体现在五个方面：相对贫困治理任重道远，农业产业发展动能不足，乡村振兴中的人才短缺，农业农村基础设施不够完善，乡风文明建设需进一步优化。围绕经济现代化发展要求，本文提出了五个方面的建议，即加强党的领导，为乡村振兴战略和农业农村现代化提供保障；创新发展模式，推动特色优势产业发展；完善乡村社会治理，推进乡村文明建设；加强基础设施建设，加大美丽乡村建设力度；重视人力资源建设，加强乡村人才队伍建设。

关键词： 宁夏　乡村振兴样板区　农业农村现代化

---

[*] 李文庆，宁夏社会科学院农村经济研究所研究员，研究方向为产业经济学；师东晖，宁夏社会科学院农村经济研究所助理研究员，研究方向为农村经济。

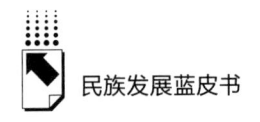

全面实施乡村振兴战略，是推动宁夏农村全面进步、农业全面升级、农民实现共同富裕，实现农业农村现代化的基础。党的二十大提出了全面建设社会主义现代化国家的宏伟蓝图，全面推进乡村振兴战略、加快建设农业强国。宁夏回族自治区党委全面贯彻落实党的二十大精神和习近平总书记视察宁夏重要讲话精神，以加快建设乡村振兴样板区为牵引，以"六特"产业发展为抓手，统筹抓好乡村产业、人才、文化、生态、组织振兴，加快推进农业农村现代化，奋力开创新时代宁夏"三农"工作新局面。

一 宁夏以加快建设乡村振兴样板区推进农业农村现代化

党的二十大作出全面推进乡村振兴、建设农业强国的战略部署，宁夏回族自治区第十三次党代会提出加快建设乡村振兴样板区、推进农业农村现代化。宁夏加快建设乡村振兴样板区、推进农业农村现代化，是新时代决胜全面建成小康社会的重大历史任务，是走好中国式乡村振兴道路的现实选择，也是实现农业农村现代化的必然要求。宁夏建设乡村振兴样板区的基础条件是推动农村基础设施的提升和公共服务的改善；建设乡村振兴样板区的核心是促进人的全面发展，围绕农民这个主体推进农业农村现代化；建设乡村振兴样板区要重点推动农业农村产业转型升级，解决好农业农村发展问题；建设乡村振兴样板区的关键是统筹城乡发展和区域协调发展，解决好发展不平衡、不充分的问题。宁夏加快建设乡村全面振兴样板区，就是要聚焦实施乡村振兴战略的总要求，以增加农民群众收入为目的，以加快农村发展为主攻方向，推进乡村产业、人才、文化、生态、组织"五大振兴"，创建国家农业绿色发展先行区，推动乡村振兴做出样板，走在西部地区前列，推进农业农村的现代化。

（一）加快建设乡村振兴样板区是推进农业农村现代化的任务

党的十八大以来，中国共产党领导中国人民打赢了人类史上最大规模的脱贫攻坚战。全面打赢脱贫攻坚战，实现第一个百年奋斗目标之后，又部署了"三农"工作重心的历史性转移，从脱贫攻坚到乡村全面振兴，是回应新时代全国人民日益增长的美好生活需要和不平衡不充分发展之间的矛盾更加突出的现实要求。实施乡村振兴战略，是全面建设社会主义现代化国家、实现第二个百年奋斗目标、实现中华民族伟大复兴的中国梦的战略选择。宁夏建设乡村振兴样板区，就是要加强党对乡村振兴工作的全面领导，不断发展壮大农业农村产业，加大对乡村振兴中人才的支持力度，加快推进农业农村现代化。

（二）加快建设乡村振兴样板区是建设农业强区、推进农业农村现代化的重要内容

宁夏加快建设乡村振兴样板区，是农业强区建设中的一项重要任务，要真正体现乡村振兴是为农民而兴、乡村建设为农民而建。着力保障粮食和主要农产品稳产稳供，全力保障粮食生产，扩大大豆油料种植，发展好现代设施农业，构建多元化的粮食供给体系，统筹粮食以及主要农产品调控。加强农业基础设施建设，重点是加强耕地保护治理和有效管控，加强高标准基本农田建设，加强水利基础设施建设，增强农业农村防灾减灾能力。加强农业科学技术和装备支撑，要着力推进农业关键技术的研究，加快实施适合宁夏的先进农业机具研发，促进农业绿色发展。巩固拓展脱贫攻坚成果，增强脱贫地区和脱贫群众自我发展的内生动力，稳定和完善脱贫后帮扶政策。推动农业农村产业高质量发展，做大做强农产品加工流通，加快发展农村现代服务业，培育农村新产业新业态，培育壮大县域富民产业。拓宽农民增收渠道，重点是促进农民就业增收，提高农业经营效益，提高农民财产收益。新时代推进农业农村现代化，就是要抓好以乡村振兴为重点的"三农"工作，加快推进乡村振兴样板区建设，更加全面、系统地推进宁夏农业农村现代化。

（三）加快建设乡村振兴样板区是推进农业农村现代化的重要抓手

产业扶贫、就业扶贫是宁夏脱贫攻坚的重要手段，其目的是提高脱贫人

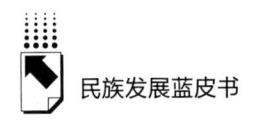

口收入。在实施脱贫攻坚过程中，宁夏培育了一大批能够带动脱贫人口增收的产业，如南部山区的牛羊养殖及马铃薯、小杂粮、中药材等产业。乡村振兴强调产业兴旺，加快建设乡村振兴样板区，发展壮大乡村产业，激发农村创新产业活力，推动乡村产业全面振兴。在宁夏中南部山区脱贫攻坚中，生态移民搬迁、危房危窑改造等解决了贫困家庭住房问题，生态移民安置点的村庄规划、生产生活设施，以及公共服务、教育、医疗卫生设施布局，如红寺堡区、闽宁镇等移民村建设，为今后乡村振兴战略实施和城镇化发展提供了良好基础和经验借鉴。未来乡村振兴战略将逐步转向美丽宜居乡村建设，农村危旧住房拆除、垃圾处理、改水改厕等方面将成为建设干净整洁、生态宜居村庄，推动美丽乡村建设的重要抓手。

（四）从基层治理角度来看，在加快建设乡村振兴样板区、推进农业农村现代化中需要进一步提升乡村治理水平

宁夏在脱贫攻坚实践中，形成了一套有效机制，如向贫困村派驻第一书记、驻村工作队，长期驻村帮扶，落实各级干部与贫困户的结对帮扶等。这些措施对帮助贫困村和贫困户摆脱贫困，促进贫困村村级集体经济发展具有明显作用，对乡村振兴阶段增强村级治理能力具有一定的借鉴作用。相较乡村振兴脱贫攻坚存在一定的局部性，脱贫攻坚的载体是贫困地区和贫困村，而实施乡村振兴战略则涉及全区农村整体，在脱贫攻坚治理实践中取得的经验和做法须进一步提升，围绕加强基层党组织建设，乡村法治、德治和自治能力提高治理水平，重视人力资源建设，深化农村综合改革，推进乡村治理能力和治理水平现代化，不断增强乡村治理能力。

二 宁夏农业农村发展现状及乡村振兴工作重点

宁夏立足"天下黄河富宁夏"的资源禀赋，在全国乡村振兴大局中找准定位，走出了一条具有宁夏特色、彰显宁夏优势、体现时代要求的农业农村现代化之路。

（一）宁夏农业地理特点和农村工作现状

宁夏全区均属黄河流域，地势南高北低，地形从西南向东北逐渐倾斜，呈阶梯状下降，自然地理类型复杂，丘陵沟壑林立。宁夏地理地貌可以分为三大板块：北部引黄灌区、中部干旱带和南部山区。宁夏北部为平原，也是引黄灌区，由银川平原和卫宁平原（包括黄河冲积平原和贺兰山洪积倾斜平原）组成，是中国西北地区四大自流灌区之一。宁夏北部平原东、北、西三面虽然被毛乌素、乌兰布和、腾格里三大沙漠包围，但黄河干流自南向北流经其间，流程达397千米，水势平缓，蜿蜒浩荡，使这一地区广泛分布自流灌溉。良田沃野是发展农业的理想"绿洲"，自古就有"黄河百害，唯富一套""天下黄河富宁夏"之说，是功能良好的人工绿洲生态系统、农业灌溉生态系统和城市生态系统。丰富的土地资源、便利的引黄灌溉和良好的光热条件，造就了宁夏平原得天独厚的农业优势。宁夏中部干旱带和南部山区合称为中南部地区，是集革命老区、民族地区、脱贫地区于一体的困难地区，包括原州区、西吉县、隆德县、泾源县、彭阳县、海原县、同心县、盐池县、红寺堡区9个县（区）。经过30多年的扶贫开发，至2020年宁夏脱贫攻坚取得了决定性成果，如期实现了区域性整体脱贫、全面消除绝对贫困，进入了乡村振兴与相对贫困治理的新阶段。

党的十八大以来，宁夏农业农村现代化取得了长足发展、发生了巨大变化，"苦瘠甲天下"的宁夏西海固地区彻底摘下了贫困帽子，脱贫攻坚战取得了全面胜利。粮食产量实现"十九连丰"，"六特"产业不断发展壮大，酿酒葡萄种植面积占全国35%左右，奶牛存栏增速连续4年居全国第一。农民收入10年间增长了2.26倍，走上了全面小康的康庄大道。近5年来，宁夏脱贫人口人均纯收入增长16.3%，脱贫县农村居民人均可支配收入增长8.5%，实现了"两个高于"目标，进入全国前列。全体居民人均可支配收入增长6.1%，其中城镇和农村居民人均可支配收入分别增长5%和7.1%，在全国的排位分别是第六位、第五位、第四位，在西北五省（区）的排位均为第一位。

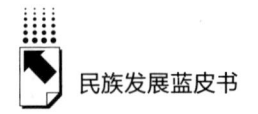

2022年，宁夏全区居民人均可支配收入29599元，比上年增长6.1%。按常住地分，城镇居民人均可支配收入40194元，增长5.0%；农村居民人均可支配收入16430元，增长7.1%。2022年，宁夏农业经济运行总体平稳、稳中有进。一是粮食生产"十九连丰"。2022年，全区粮食播种面积1038.40万亩，比上年增长0.4%；粮食亩产362.0公斤，增长1.6%；粮食总产量375.80万吨，增长2.0%。二是畜牧业生产较快增长。2022年末，全区肉牛存栏148.39万头，比上年增长7.8%；肉羊存栏710.55万只，增长4.9%；家禽存栏1512.66万只，增长22.9%。全年肉牛出栏76.14万头，比上年增长5.3%；肉羊出栏702.28万只，增长8.8%。三是奶产业发展势头强劲。2022年末，全区奶牛存栏83.69万头，比上年增长19.2%；牛奶产量342.50万吨，增长22.1%。四是主要农产品产量稳定增长。2022年，全区肉产量36.53万吨，比上年增长4.4%；禽蛋产量13.21万吨，增长2.7%；水产品产量17.04万吨，增长2.7%；瓜果产量201.04万吨，增长8.6%；葡萄产量20.9万吨，增长19.7%；枸杞产量8.6万吨，增长0.2%。[1]

（二）巩固拓展脱贫攻坚成果，同乡村振兴有效衔接的政策密集出台

宁夏打赢脱贫攻坚战，为加快建设乡村振兴样板区打下了坚实基础。为巩固拓展脱贫成果，先后制定出台了各种政策。一是为全面巩固脱贫攻坚成果，接续推进脱贫地区发展和乡村全面振兴，宁夏制定出台《关于实现巩固拓展脱贫攻坚成果同乡村振兴有效衔接的实施意见》，在财政、金融、土地、人才、基础设施建设、公共服务等方面集中支持乡村振兴重点帮扶县发展，其中原州区、西吉县、海原县、同心县、红寺堡区为国家乡村振兴重点帮扶县（区），盐池县、隆德县、泾源县、彭阳县为自治区乡村振兴帮扶县，以此增强脱贫县区域发展能力。二是巩固拓展脱贫攻坚成果，关键看脱

---

[1] 《2022年全区经济运行总体平稳、稳中有进》，宁夏回族自治区统计局网站，2023年1月29日，https://tj.nx.gov.cn/tjxx/202303/t20230318_4000654.html。

贫群众收入水平变化、看"两不愁三保障"巩固情况。为落实脱贫群众收入水平能力，实现脱贫地区长远发展，宁夏深入实施"四大提升行动"，分别是《关于进一步强化易地搬迁后续扶持实施百万移民致富提升行动的意见》《关于实施城乡居民收入提升行动的意见》《关于实施全面健康水平提升行动的意见》《关于实施基础教育质量提升行动的意见》，为全面推进乡村振兴提供了有力保障。三是健全防止返贫动态监测帮扶机制、农村低收入人口帮扶机制，对因病、因学、因残、因灾和突发重大变故等出现收入骤减和"两不愁三保障"返贫风险的对象，准确及时纳入监测帮扶，同时保持政策的连续性、队伍的稳定性，以及监测的动态化、帮扶的常态化，进而巩固脱贫成果。

（三）夯实乡村生态宜居的基础

宁夏积极推进黄河流域生态保护和高质量发展先行区建设，乡村生态环境得到有效改善，为实现乡村振兴样板区建设奠定了坚实基础。乡村建设是乡村振兴战略的关键，乡村基础设施建设尤为重要，特别是宁夏中南部山区脱贫攻坚中生态移民搬迁、危房危窑改造等举措解决了贫困家庭住房问题。生态移民安置点的村庄规划、生产生活设施以及公共服务、教育、医疗卫生设施布局，如红寺堡区、闽宁镇等移民村建设，为今后乡村振兴战略实施和城镇化发展提供了良好基础和经验借鉴。未来乡村振兴战略将逐步转向美丽宜居乡村建设，农村危旧住房拆除、垃圾处理、改水改厕等将成为建设干净整洁、生态宜居村庄，推动美丽乡村建设的重要抓手。

（四）闽宁协作成效显著，助力宁夏乡村振兴

东西部协作扶贫是我国脱贫攻坚史上的一项伟大创举，宁夏由福建省帮扶脱贫攻坚。在宁夏脱贫攻坚任务完成之后，闽宁协作继续推动宁夏实施乡村振兴战略，为宁夏农业农村现代化助力。2016年7月20日，习近平总书记在银川主持召开东西部扶贫协作座谈会并发表重要讲话，充分肯定闽宁协

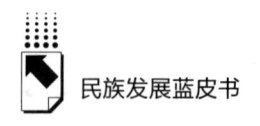

作是东西部扶贫协作的"生动例子"。① 联席推进再继续，两省区党委和政府每年召开联席会议，共同总结经验、研究部署工作、完善协作机制、推进工作落实，推动经济互补互惠，实现两地共同发展。产业带动再增强，走出了一条企业间合作、产业扶持、项目带动的"造血"式脱贫攻坚新路子。社会参与再广泛，两省区实现省市县乡村五级联动，在援建希望学校、科技扶贫、支医支教、资助贫困学生、救助困难群众、文化交流等不同领域持续开展帮扶协作。强化区市县三级单位定点帮扶，先后选派驻村第一书记和工作队派驻所有贫困村，且每个工作队人数均在3人及以上；全区实现有脱贫攻坚任务的非贫困村第一书记全覆盖，协调解决了一批突出问题，有效改善了脱贫村生产生活条件。

三 宁夏以加快建设乡村振兴样板区推进农业农村现代化的主要做法

宁夏回族自治区党委、政府认真贯彻落实中央各项方针政策，认真贯彻落实习近平总书记视察宁夏时的重要讲话精神，以加快建设乡村振兴样板区为牵引，推进农业农村现代化，取得了良好成效。

（一）加强党对农业农村工作的领导，为乡村振兴样板区建设提供组织保障

中国共产党是我国实施乡村振兴战略的领导者，也是实施乡村振兴战略的核心。加强党对农业和农村工作的领导，是我们党的一项优良传统。要进一步完善党委统一领导、政府负责实施的农业农村领导机制，为乡村振兴战略有效实施提供有力政治保障。一是加强农村基层党组织的领导，不断完善党对农业农村工作的领导，加强农村基层党建，全面落实"四议两公开"制度，加强农村党组织对村级各类组织的领导，完善"乡镇党

---

① 丁惠：《"闽宁模式"：迈向共同富裕的实践》，《福州党校学报》2022年第1期。

委、村党支部、网格党小组、党员联系户"四级组织体系,加强党的建设,促进乡村振兴。二是加强党的基层组织建设,选任村级两委,以党的建设引领乡村振兴。定期整顿薄弱涣散村党组织,认真落实"双述双评"制度,以及听证、民主评议村干部等制度。完善常态化驻村工作队,发挥驻村第一书记和工作队的作用。三是深化农业农村综合改革,巩固和完善农村基本经营制度,积极落实农村集体承包地长期不变政策,稳步扩大农村"两权"抵押贷款试点工作,完善农村各类产权制度改革,实现农村各类产权的活化,让农民共享发展红利,释放改革红利。四是完善"三农"工作评价机制。总结和借鉴兄弟省区乡村振兴工作的评价机制,运用好第三方评价方法,夯实乡村各级领导和基层组织的职责,发挥好监督作用。结合乡村振兴的实际情况,完善农业农村工作考核方式方法,从而有效衔接乡村振兴考核指标。

(二)防止返贫促进农民增收,守住乡村振兴底线任务

宁夏坚守"决不能出现规模性返贫"的底线,加大动态监测和帮扶力度,着力在增加收入上下功夫,要持之以恒把防返贫、促增收作为主攻方向,统筹做好强政策、建机制、守底线的工作,让农民的钱袋子越来越鼓、加快走上共同富裕道路。一是防变量、巩固脱贫成果。底子薄、基础弱是脱贫地区的共性问题和最大难题。要高度关注边缘易致贫人口、脱贫不稳定人口、农村低保人口、农村特困人员,紧盯致贫返贫因素这个最大"变量",健全防返贫监测帮扶机制,继续加大惠农富农政策力度,有效衔接帮扶政策、落实帮扶措施,积极探索实行发展类补贴、实施建设类项目,完善移民搬迁扶持政策,解决好产业、就业、社会融入"三件事",坚决防止发生规模性返贫。二是挖增量、拓宽致富渠道。现在农民致富的短板和差距,就是未来的潜力和空间。要全面挖掘工资性、经营性、财产性、转移性增收潜力,完善联农带农机制,盘活农村闲置资产,把产业增值收益更多留给农民,推动农民从"苦力型"挣钱向"技能型"赚钱转变、挑上"金扁担",特别是要激发脱贫群众勤劳致富的志气心气底气,紧贴群众就业需求意愿,

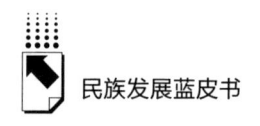

加大技能培训力度，有序组织剩余劳动力就业，让外出务工成为群众增收致富的"铁杆庄稼"。三是扩总量、提高整体收入。农民的腰包鼓起来，腰杆子才能挺起来，广大农村的动力才能全面激发起来。要从政策、规划、机制、市场等方面入手，采取务实管用举措，确保农村居民收入增速高于城镇居民、脱贫群众收入增速高于农村居民，全区农民收入五年有较大幅度增长。

（三）创新发展模式，大力发展特色优势产业

产业振兴是实施乡村振兴战略的重中之重，也是宁夏加快建设乡村振兴样板区的重要切入点。在乡村振兴实践中，宁夏依托农业农村特色资源，坚持以特色优势产业发展为导向，注重发展农业多种功能，挖掘农村多重价值，促进一二三产业融合发展。2020年，八部委正式批复同意宁夏建设国家农业绿色发展先行区。2022年6月，宁夏第十三次党代会提出深入实施特色农业提质计划，立足宁夏农业资源禀赋和比较优势，促进农业高质高效、乡村宜居宜业、农民富裕富足。一是提升粮食安全保障能力。多年来，宁夏严格耕地保护，粮食安全实行党政同责，全面推行耕地保护六级责任制，加强引黄灌区和扬黄灌区续建配套和现代化改造，科学调整种植结构，夯实粮食安全根基。二是加快推进农业产业化。支持乡村建设标准化生产基地，支持各类农副产品仓储、保鲜和精深加工，大力提升农产品综合利用率以及副产品增值循环利用。促进农业农村与旅游、文化、医疗、养老等广泛融合，形成农村一二三产业融合发展的现代产业体系。三是加快建立和完善农业产业化经营模式。坚持以农业龙头企业为支撑，以特色优势产业发展为目标，完善体系，打造品牌和乡村振兴样板区。四是加快推进农业产业化。实施乡村振兴战略，发展现代农业产业体系，要坚持以市场为导向，以市场配置资源，以市场促进发展。五是加快发展和壮大镇（乡）、村两级集体经济。以集体经济为重要载体，整合资源，精准发力，持续发展壮大集体经济组织，努力实现规模效益，推进乡村实现共同富裕。

（四）完善乡村社会治理，做好乡村文化振兴

文化是乡村振兴的灵魂，农村综合文化活动中心实现全覆盖，用身边人身边事激发贫困群众内生动力，加强群众思想文化、道德法律、感恩教育，弘扬自尊自爱自强精神，大力营造勤劳致富、自力更生的先进事迹，引导群众弘扬传统美德、树立文明新风。一是实施铸魂强农工程。持续开展"听党话、感党恩、跟党走"宣传教育活动，常态化开展"三农"干部"大学习大轮训"，实现市县乡村四级干部轮训全覆盖，持续提升乡村干部能力和水平。二是建立健全"三治"融合的农村基层社会治理队伍，提高农村社会治理能力。加强农村基层治理工作，完善自治、法治、德治相结合的农村基层治理体系。构建以村党组织为核心、集体经济组织为支撑，退休干部、教师、医务人员和新乡贤为纽带的乡村治理体系，激活新时代农村基层社会治理主体，开创农村治理新格局。三是深入实施乡村"一村一年一事"行动。村级组织是实施乡村振兴战略的主战场，每年为每个行政村做一件实事，年复一年，久久为功，补齐短板，让农民群众获得感、幸福感更加充实，不断激发农村基层治理的活力和动力。四是充分发挥村规民约的作用，弘扬农村先进文化。村规民约是维护农村社会秩序的基本社会规范，倡导积极追求良好行为、摆脱贫困、发展生产、维护社会稳定等农村自我治理，不断推进农村风俗习惯改造，实现乡村振兴与乡村文明的有效衔接。

（五）以改革创新促进乡村振兴样板区建设

宁夏农业农村发展动力不足、活力不强，只有不断解放思想，打破惯性思维和条条框框，坚持创新，才能开辟新领域新赛道、塑造新动能新优势，为农业农村现代化插上腾飞的翅膀。一是加快农业科技创新步伐。科技就是动力，创新才有活力。要把农业科技创新放在全区科技创新的重要位置，以农业关键核心技术为引领，以产业急需为导向，借助"科技支宁"东西部合作力量，加快建设农业科技创新、科技服务、科技推广"三

个体系"，实施智慧农业推广应用工程和农机装备补短行动，打造一批农业科研基地、成果转化平台，建设好技术创新团队、基层农技推广队伍，打通科技进村入户"最后一公里"，把新技术播到农田里、把论文写在大地上。二是加大农业农村改革力度。加快建设农业强国，迫切需要改革赋能。要牢牢守住"土地公有制性质不改变、耕地红线不突破、农民利益不受损"的底线，处理好农民和土地关系这条主线，把强化集体所有制根基、保障和实现村集体成员权利同激活资源要素统一起来，扎实做好土地承包期再延长30年的工作，积极推进农村宅基地改革试点，深化农村集体产权制度改革，全面推进用水权、土地权、山林权改革，让农民享受更多改革红利。

四 宁夏以加快建设乡村振兴样板区推进农业农村现代化的现实困难

宁夏加快建设乡村振兴样板区虽然取得了一定成效，但仍属欠发达地区，脱贫县区较多，巩固拓展脱贫攻坚成果与乡村振兴衔接任务仍很艰巨，在加快建设乡村振兴样板区进程中，在推进农业农村现代化过程中，还存在一些问题需要认真研究解决。

（一）相对贫困治理任重道远

贫困是一个综合的、复杂的社会经济问题，[1] 是世界发展进程中普遍存在的挑战，即使是富裕国家也需要面对贫困问题。贫困也是一个综合性的历史和地域问题，具有不确定性和动态性，可以分为绝对贫困和相对贫困两种类型。相对贫困是一个更具发展性、社会性和复杂性的贫困概念。它将个体置于其所处的社会环境中进行考虑，反映了个体或家庭的基本生存需求能够得到满足，但生活水平相对一般群体仍然较低的状况。2020年，宁夏和全

---

[1] 刘璐琳：《集中连片特困地区产业扶贫问题研究》，人民出版社，2016。

国人民一道取得了脱贫攻坚的伟大胜利，贫困问题的特征已经从绝对贫困转变为相对贫困。贫困问题存在动态性且成因具有多源性，故决定了相对贫困治理的长期性和复杂性。在绝对贫困已基本消除的现实条件下，我们仍要面对部分农民群众因为发展资源、发展机会和发展能力有限等因素而形成的相对贫困，相对贫困治理也将成为脱贫县区的一项长期任务。对于宁夏脱贫县区来说，相对贫困群众虽然可以解决生存方面的问题，但由于其生活水平仍低于社会平均水平，随时存在贫困加剧的风险或有可能陷入绝对贫困。在乡村振兴进程中，我们要更加注重经济社会发展带来的减贫效应，有效推动相对贫困治理，不仅要解决低收入群众存在的生活困难问题，还要解决他们的精神贫困、能力贫困和多维贫困，更加注重扶贫与扶志、扶智、扶勤、扶德之间的有机结合，提高相对贫困群众的自我发展能力和过上美好生活的内在动力。

（二）农业产业发展动能不足

在脱贫攻坚进程中，宁夏在产业发展方面取得了一些进展，但由于新产品、新技术等方面创新发展的不足，农产品的附加值、产业链、产品市场等有待进一步拓展。一是农业机械化、农业生产智能化方面程度较低，还没有形成产销服务一体化的农业产业链，一二三产业融合发展格局未完全形成。二是还没有形成农业绿色生产方式，特别是化肥、农药的广泛使用降低了土地的肥力、降低了农产品的质量，影响了农产品的市场竞争力。三是农村"空心化"的影响，一部分村庄出现了部分土地撂荒严重和乡村衰败等问题，农业生产出现了一定程度的萎缩，"一县一业""一村一品"产业格局还不够显著，农村产权市场尚未完全激活，生产要素尚未得到有效配置。四是产业链延伸力度不够，主要表现为农产品流通环节不畅，仓储、租赁、冷链等环节发展较为滞后，大量初级农产品因为无法科学储存而面临腐烂或变质，特色农产品竞争优势相对不明显，特别是农产品加工业发展相对滞后，成为农业产业发展的瓶颈。

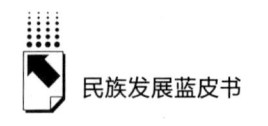

（三）乡村振兴中的人才短缺

无论是脱贫攻坚还是乡村振兴，人才队伍建设都是关键。目前，城乡差距和乡村落后的事实依然存在，在调研中我们发现，乡村人才队伍建设严重不足，部分村干部文化水平较低、经营能力差，难以有效带动乡村发展。特别是从大中专毕业的二代农民工普遍愿意在城镇打工，不愿意回到家乡发展。农村基层工作人员知识老旧、技能低，存在老龄化情况，已经跟不上农村经营体制改革和农业农村现代化的需要。农村不但缺乏基层管理人员，农业种植、农副产品加工，以及养殖、兽医等方面的人才更加匮乏。农村干部压力大、待遇低，基层管理岗位缺乏吸引力，难以吸引优秀人才加入乡村"两委"队伍，农村后备干部的培养和储备严重不足。

（四）农业农村基础设施不够完善

宁夏由于经济欠发达，自我发展能力较弱，特别是脱贫县区发展依赖国家和自治区两级支持，农业农村基础设施不够完善，对实施乡村振兴战略有一定影响。一是农村道路设计起点较低，难以满足当前乡村生产生活发展需求。村庄农户间的道路没有实现全覆盖硬化，有的还出现了断头路和沙路。部分农村道路虽然在20世纪90年代铺设了沥青，但不是双向车道，而且随着大型农机具和家庭车辆的增多，车流量逐步增大，农机具和车辆在交通高峰时段很难错车，大型机械和车辆难以通行，道路交通问题制约着乡村发展。二是水利、电力、网络等基础较差。宁夏脱贫县区大多地处黄土高原地区，虽然处于黄河流域，但因地势高黄河水无法自然灌溉到这些地区，固海扬水工程虽然解决了部分脱贫县区农田的灌溉问题，但仍存在扬黄灌溉水量少、分配不均匀、利用效率不高等问题。三是在新农村建设中缺乏对村容村貌和人居环境的系统规划，没有预埋污水处理管道，没有预留自来水、天然气、供暖、电信网络、电力电线等基础设施通道。在实施农村基础设施建设工程中，原有道路基础设施需要重新挖开，不仅阻碍了群众和车辆出行，也造成人力、物力和财力等方面的浪费。

(五)乡风文明建设需进一步优化

乡风文明建设是实施乡村振兴战略的推进剂,是在共同富裕条件下乡村群众精神富裕的有效载体。宁夏在建设乡村振兴样板区、推进农业农村现代化进程中,需要进一步优化乡风文明。一是农村家庭经济压力较大,留守儿童的家庭教育缺失,如遇因病、因灾等方面问题,返贫隐患较大。二是受传统伦理思想的影响,一些农村家庭缺乏健康的娱乐休闲活动,还没有形成健康向上的生产生活方式。三是部分乡村基层缺乏健康文明的文化活动,倡导新风尚的主题宣传片和剧目活动不多,还没有形成寓教于乐、内化于心的乡村文明。

五 宁夏加快建设乡村振兴样板区推进农业农村现代化的对策建议

宁夏加快建设乡村振兴样板区,大力推进农业农村现代化,必须针对现有问题进一步完善政策措施,确保乡村振兴做出样板,农业农村现代化取得实效。

(一)加强党的领导,为乡村振兴战略和农业农村现代化提供保障

中国共产党是我国实施乡村振兴战略、建设农业强国的领导者和推动者,宁夏加快建设乡村振兴样板区、推进农业农村现代化、实施乡村振兴战略,必须以党的领导为核心。一是加强党对农业农村工作的领导,加强农村党的基层组织建设。党的领导是我国推进脱贫攻坚、实施乡村振兴战略和农业强国建设的基本保证。要不断完善党对农业农村的领导,加强农村基层工作制度体系建设,加强农村基层党组织建设,以党的建设引领乡村振兴和农业强国建设。实践证明,我国脱贫攻坚之所以能够取得明显成效,抓好基层党组织建设非常重要。实施乡村振兴战略、建设农业强国同样离不开党的领导,在加快建设乡村振兴样板区、推进农业强国建设中,

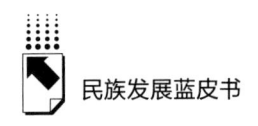

农村各级领导要按照中央的统一要求，把精力和工作重心转移到乡村振兴样板区建设上来，特别是县、乡两级，要围绕宁夏乡村振兴样板区建设做好工作。二是完善乡村振兴评价机制。总结和学习借鉴脱贫攻坚中的好方法，特别是运用第三方评价机制，夯实各级领导和基层组织的职责。结合乡村振兴样板区建设实际，完善考核方法，创新考核机制，做到科学合理，将乡村振兴样板区建设考核指标落到实处。三是进一步深化农村综合改革。巩固并完善农业农村基本经营制度，落实农村集体承包土地长期不变政策，稳步增加农村抵押贷款试点，完善农村各类产权制度，有效激活农村各类产权，大胆探索农村闲置宅基地和住房的有效利用方式，让广大农民群众共享改革成果。

（二）创新发展模式，推动特色优势产业发展

无论是脱贫攻坚阶段，还是乡村振兴战略实施阶段，都必须有特色优势农业产业做支撑。在脱贫攻坚过程中，宁夏坚持以产业扶贫为主导，积极创新产业扶贫新模式，鼓励贫困地区大力发展种植业、养殖业等特色产业，产业扶贫工作取得了积极成效，形成了优势明显和一定规模的产业基础，为实施乡村振兴战略奠定了坚实的产业基础。下一步还要整合资源，围绕国家乡村振兴重点帮扶县原州区、西吉县、海原县、同心县、红寺堡区及自治区乡村振兴重点帮扶县盐池县、隆德县、泾源县、彭阳县，运用好5年过渡期内"四个不摘"政策，做好制度体系的有效衔接，进一步做大做强特色优势产业。一是加快农业产业化的发展。建设一批标准化农业产业生产基地，支持建设一批特色产业园区，大力支持农产品仓储、保鲜、营销和深加工，提高农产品综合利用率和副产品增值循环利用。进一步促进农业与旅游、文化、医疗、养老等广泛融合，形成农村一二三产业融合发展的现代产业体系。二是加快建成农业产业化经营模式。要坚持以龙头企业为基础，以产业园区为支撑，以特色产业发展为目标，充分发挥优势，完善产业体系，打造黄河流域现代农业高质量发展示范区。三是加快推进农业产业化。实施乡村振兴战略，发展现代农业，要坚持以市场经

济为导向，以市场配置产业资源，以市场促进产业发展，完善社会服务体系，构建多载体、多层次、多渠道农产品经销体系。四是大力发展农村集体经济。将乡村集体经济作为实施乡村振兴战略的有效载体，持续发展壮大，要优先支持农业产业化龙头企业、各类农业合作社以及家庭农场等经营主体发展农产品深加工，丰富和完善股份合作制、集体经营等机制，实现产业布局由分散向集聚的转变，实现由单户经营模式向产业化、集约化、规模化方向的转变。

（三）完善乡村社会治理，推进乡村文明建设

完善乡村治理，是实现国家治理体系和治理能力现代化的重要途径，决定着宁夏实施乡村振兴战略的成败。一是进一步健全和完善"三治"融合的农村社会治理人才队伍，提高农村社会治理能力。党的十九大报告指出，要加强农村社区基础工作，完善自治、法治、德治相结合的农村治理体系。构建以村党组织为核心，以村集体经济组织为依托，以农村退休干部、教师、医生以及新村民为纽带，以广大农民群众为基础的乡村治理体系，为加快建设乡村振兴样板区提供有效支撑。二是深入实施"一村一年一事"活动。村级组织是宁夏实施乡村振兴战略的主战场，要形成农民的事情农民提，农民的事情农民办，年复一年，为每个行政村每年做一件实事，让农民充分获得幸福感。三是充分发挥乡村文明作用，弘扬先进乡村文化。村规民约是维持农村社会秩序的基本社会规范，对制约村民在农村社会中的行为规范起着重要作用。村规民约涉及农牧业生产、公共设施维护、婚姻家庭、邻里关系、社会保障等方面的规范和约束。引导村民摒弃旧俗陋习，遵守村规民约，树立文明村风。要倡导积极行善、脱贫致富、发展生产、维护社会稳定等农村自我治理，继续推进农村风俗习惯改造，坚决抵制相互攀比、高彩礼、"等靠要"等不良民风，在乡村振兴过程中实现脱贫致富与乡村文明的有效衔接。

（四）加强基础设施建设，加大美丽乡村建设力度

宁夏在扶贫开发工作中不断加强农村基础设施建设，为实施乡村振兴战

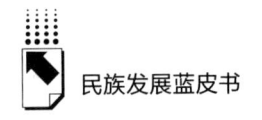

略打下了良好基础，但也要看到宁夏脱贫地区由于经济落后，农村基础设施建设还很不完善，在乡村振兴阶段要进一步加大乡村建设力度，进一步加强农村基础设施建设。一是继续加强农村基础设施建设。进一步提升基础设施建设水平，特别是解决好农村人畜饮水安全问题，不断完善基础设施运维机制，充分发挥基础设施作用。要瞄准突出问题和薄弱环节，重点解决农村水电、道路、通信、住房、教育、医疗、文化、社会保障等方面的短板，推动脱贫地区基本公共服务指标接近宁夏平均水平。二是加快生态宜居新农村建设。进一步协调农村道路、房屋、园林绿化、照明等基础设施建设，加快建设以源头分类减量化和资源化利用为导向的农村生活垃圾管理体系，推进农村垃圾、污水因地制宜处理，稳步推进"厕所革命"和乡村清洁行动，抓好美丽乡村建设。三是加快解决移民安置中的一些突出问题。落实和完善农民工就业、社会保障、社会管理中的政策措施，补全公共服务短板，加大对老、弱、病、残等失去劳动能力的特殊困难群体的救助力度，强化社会保障底线，有效解决生态移民的后续发展问题，不断增强移民群众的获得感和幸福感。

（五）重视人力资源建设，加强乡村人才队伍建设

乡村振兴样板区建设离不开人才队伍的支撑，推进农业农村现代化更离不开人才队伍支撑。在今后一个时期，城镇化仍然是发展的大趋势，农村人口往城里流动是必然现象。在这种背景下，必须重视加强乡村振兴的工作队伍和人才建设。一是营造农村留人环境。要把在脱贫攻坚工作中有想法、有经验、有办法的优秀人才充分利用起来，建立健全利于人才发展的用人导向，让更多专业人才服务于乡村振兴战略。二是创新农村就业激励办法。改变贫困劳动力就业补贴方式，对吸纳建档立卡贫困人员稳定就业的企业，由政府按照标准给予财政补贴或是金融信贷支持，鼓励用工企业吸纳贫困劳动力。激励社会培训机构、劳务中介机构等优先培训、输送贫困劳动力，对成功输送贫困劳动力稳定就业的服务机构，由政府按照标准给予财政补贴。出台"三有、五有"人员补充政策，对签订劳动合同、缴纳社会保险、取得

工商营业执照的建档立卡贫困户，给予延缓一年取消其享受的各项优惠政策的缓冲期，从政策层面鼓励其稳定就业创业。要坚持扶贫和扶智、扶志相结合，引导群众树立脱贫主体意识，激发贫困群众的积极性、主动性、创造性。三是健全农村人才引入机制。制订实施乡土人才培养计划，进一步提升闽宁协作机制，实现产业互补、人员互动、技术到学、观念互通、作用互鉴。要学习借鉴兄弟省区的先进经验和做法，打破人才流动瓶颈，引导鼓励各类人才"上山下乡"，实现城乡人才的良性流动，形成推动乡村振兴样板区建设的强大力量。

全面建设社会主义现代化美丽新宁夏，农民不能缺席、乡村不能掉队、农业不能滞后。宁夏全区上下认真贯彻落实习近平总书记视察宁夏重要讲话和重要指示批示精神，紧扣自治区第十三次党代会安排部署，撸起袖子加油干，风雨无阻向前进，加快建设乡村全面振兴样板区，打造出农业强、农村美、农民富的塞上乡村乐园，奋力谱写宁夏农业农村现代化的新篇章。

B.4
西藏乡村产业振兴促进经济现代化的成效与经验[*]

宁亚芳[**]

摘　要： 西藏的乡村产业振兴是乡村全面振兴的重要组成部分，加强农牧区产业振兴，是促进西藏中国特色社会主义现代化的重要着力点。围绕新时代党的治藏方略，西藏把乡村振兴融于做好"稳定、发展、生态、强边"四件大事之中，找准乡村产业振兴比较优势，坚持农牧业优先发展，巩固拓展产业扶贫项目与乡村产业振兴相衔接，加快培育农业现代化市场主体，完善农牧业产业发展配套服务体系，强化文旅产业对农牧业的带动作用，使西藏乡村产业振兴取得了一系列促进经济现代化的成效。综合分析发现，西藏乡村产业振兴之所以能够促进经济现代化，其主要经验在于在乡村产业振兴中始终坚持党的全面领导，科学认识与把握乡村产业振兴的着力点，以推进共同富裕为导向发挥产业振兴综合效益，充分利用现代科技力量提升农牧业发展效能，以铸牢中华民族共同体意识为主线用好援藏资源。

关键词： 西藏　乡村振兴　产业振兴　经济现代化　高质量发展

习近平总书记在党的二十大报告中指出："从现在起，中国共产党的中心任务就是团结带领全国各族人民全面建成社会主义现代化强国、实现第二

---

[*] 本文系2023年国家社科基金铸牢中华民族共同体意识研究专项"民族地区现代化的发展逻辑和现实难点研究"子课题"推进乡村振兴夯实民族地区现代化经济体系基础"阶段性成果。

[**] 宁亚芳，中国社会科学院民族学与人类学研究所藏学与西藏发展研究室副主任、副研究员。

个百年奋斗目标，以中国式现代化全面推进中华民族伟大复兴。"[1] 西藏战略地位和战略作用突出，是"重要的国家安全屏障，也是重要的生态安全屏障、重要的战略资源储备基地、重要的高原特色农产品基地、重要的中华民族特色文化保护地、重要的世界旅游目的地"[2]，西藏实现社会主义现代化是推进中国式现代化的重要组成部分。然而，西藏的社会主义现代化建设并非易事，在统筹抓好"稳定、发展、生态、强边"四件大事的过程中，如何推进既适应西藏独特生态环境和地理区位特征，又满足各族人民群众美好生活需要的现代化建设，是推进中国式现代化需要回应的理论问题和现实难题。习近平总书记在党的二十大报告中强调，"全面建设社会主义现代化国家，最艰巨最繁重的任务仍然在农村"。[3] "推进中国式现代化，必须全面推进乡村振兴，解决好城乡区域发展不平衡问题。"[4] 2019年，西藏农牧民占全区总人口的68.5%，近240万农牧民分散居住在5400多个村（居）委会[5]。长期以来，受生态环境、地理条件和历史因素的影响，农牧区产业发展规模小、分布散、竞争力弱、附加值低等问题较为突出，乡村产业振兴是乡村全面振兴的基础和关键，加强农牧区产业振兴，是建设社会主义现代化西藏的重要着力点。党的十九大以来，西藏同步推进精准扶贫脱贫攻坚和乡村振兴战略，采取了一系列措施促进农牧区产业振兴，为西藏经济现代化奠定了良好基础，探析西藏乡村产业振兴与经济现代化的实践，归纳乡村产业振兴促进经济现代化的经验，对于加快推进西藏社会主义现代化建设具有重要意义。

---

[1] 本书编写组：《党的二十大报告辅导读本》，人民出版社，2022，第19~20页。
[2] 习近平：《在庆祝西藏和平解放六十周年大会上的讲话》，《人民日报》2011年7月20日，第2版。
[3] 本书编写组：《党的二十大报告辅导读本》，人民出版社，2022，第28页。
[4] 任华飞：《坚定不移全面深化改革扩大高水平对外开放 在推进中国式现代化建设中走在前列》，《人民日报》2023年4月14日，第1版。
[5] 陈尚才：《西藏20多万人次驻村干部成脱贫"领头羊"》，中国共产党西藏自治区委员会网站，2020年12月28日，https://www.xzdw.gov.cn/xwzx/xwtt/202012/t20201227_171235.html。

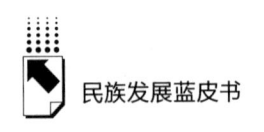

一 乡村产业振兴与经济现代化的关系

（一）经济现代化的基本内涵

现代化是人类社会变迁发展的过程，也是人类社会发展的美好愿景。作为一种具有时代性、发展性和地域性的概念，现代化的内容十分丰富，表现在政治、经济、社会、文化、生态、思想观念等各个方面，如经济领域的工业化、政治领域的民主化、社会领域的城市化，以及价值观念领域的理性化。[①] 在现代化丰富的内涵之中，经济现代化是现代化的重中之重，现代化首先是经济现代化，是生产力的大发展。[②] 伴随西方资本主义兴起，西方工业革命的成果极大地推动了资本主义经济发展，进而推动了西方社会由传统农业社会向工业社会的转型，早期的现代化理论基于工业革命促进经济发展的关系，认为工业现代化就是国家的现代化，[③] 并用经济现代化衡量国家现代化的水平。例如，沃尔特·罗斯托认为，所谓现代社会就是具备有经济上自我持续增长能力的社会。[④] 国内学者罗荣渠认为，现代化指近代资本主义兴起后，经济上落后的国家通过技术革命在经济和技术上追赶世界先进水平的历史进程。[⑤] 经济基础决定上层建筑，经济现代化为其他领域的现代化奠定了坚实的物质基础。新中国成立之后，我国进入以"四个现代化"为目标的社会主义现代化建设进程，在实现"四化"的过程中，基本的任务是推进社会主义的现代化经济建设。[⑥]

[①] 郭峰：《工业化、信息化与经济现代化》，《经济评论》2002年第3期。
[②] 徐冬青、田伯平：《西方发达国家经济现代化经验借鉴》，《国外社会科学情况》1995年第4期。
[③] 陈柳钦：《现代化的内涵及其理论演进》，《经济研究参考》2011年第44期。
[④] 〔美〕罗斯托：《经济增长的阶段——非共产党宣言》，郭熙保、王松茂译，中国社会科学出版社，2001，第10页。
[⑤] 罗荣渠：《现代化理论与历史研究》，《历史研究》1986年第3期。
[⑥] 陈岱孙：《现代西方经济学的研究和我国社会主义经济现代化》，《北京大学学报》（哲学社会科学版）1983年第3期。

相较于现代化的丰富内涵，经济现代化主要聚焦经济活动的现代化。伴随第一次工业革命及其引发的科学技术水平提升，经济现代化的内涵也从早期关注工业化、城市化，逐步发展为对经济增长和经济发展的全方位关注，换言之，经济现代化不仅包括经济总量、经济增长动力、经济增长方式、经济结构的现代化，也包括经济发展成果共享的现代化。例如，胡鞍钢从经济实力、人均 GDP 与劳动生产率、能源资源利用效率、经济结构、科技创新、城镇化水平、基础设施、对外贸易、就业规模、居民生活质量、市场经济体制等方面评估了中国式经济现代化的成果。[①] 经济现代化是中国式现代化的重要组成部分，也是推动政治、社会、文化、生态、思想观念等方面现代化的重要基础力量。加快推进经济现代化，实现高质量发展，是当前我国建设社会主义现代化强国的重要任务。

（二）乡村产业振兴的基本内涵

习近平总书记在党的十九大报告中提出了实施乡村振兴战略，明确了将"产业兴旺、生态宜居、乡风文明、治理有效、生活富裕"作为乡村振兴战略的总要求，为加快推进农业农村现代化提供了重要战略支撑。2018 年 3 月 8 日，习近平总书记在参加山东代表团审议时提出了"乡村产业振兴、乡村人才振兴、乡村文化振兴、乡村生态振兴、乡村组织振兴"的乡村振兴五大路径，并强调"要推动乡村产业振兴，紧紧围绕发展现代农业，围绕农村一二三产业融合发展，构建乡村产业体系，实现产业兴旺，把产业发展落到促进农民增收上来，全力以赴消除农村贫困，推动乡村生活富裕"。[②] 2018 年 6 月，中共中央、国务院印发《乡村振兴战

---

① 胡鞍钢：《中国式经济现代化的重大进展（2012—2021）》，《南京工业大学学报》（社会科学版）2022 年第 6 期。
② 《共产党人必须牢记，为民造福是最大政绩（习近平2018 年 3 月 8 日在参加十三届全国人大一次会议山东代表团的审议时的讲话）》，学习强国—习近平文汇，2023 年 6 月 29 日，https：//www.xuexi.cn/lgpage/detail/index.html？id＝6665149234635590980&amp；item_id＝6665149234635590980https：//www.xuexi.cn/lgpage/detail/index.html？id＝13730257457191014631&item_id＝13730257457191014631。

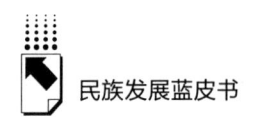

略规划（2018—2022年）》，从农业生产能力、农业转型升级、现代化农业经营体系、农业科技支撑、农业支持保护制度等方面明确了乡村产业振兴的要求和任务。① 2019年，《国务院关于促进乡村产业振兴的指导意见》（国发〔2019〕12号）界定了乡村产业的概念，明确了乡村产业振兴的指导思想、基本原则和目标任务。② 同时，每年出台的中央一号文件都对乡村振兴进行全面部署，《中共中央 国务院关于做好二〇二三年全面推进乡村振兴重点工作的意见》从推动乡村产业高质量发展的角度，将"产业韧性强"列入了建设农业强国的目标，提出了做大做强农产品加工流通业、加快发展现代化乡村服务业、培育乡村新产业新业态、培育壮大县域富民产业的要求。③

习近平总书记关于推动乡村产业振兴的重要论述和国家出台的有关乡村产业振兴的指导意见表明，乡村产业振兴是一个全方位的系统工程，乡村产业振兴的内涵在于围绕促进农民通过产业增收致富这个出发点和落脚点，在推进农业农村现代化的进程中，挖掘并激活农村产业要素，创新产业生产方式，畅通产业产销体系，提升产业产出与附加值，促进一二三产业融合发展，强化农民的主体地位与获得感。传统产业发展理论基于经济发展的一般规律和工业化、城市化进程中产业发展规律，提出了有关比较优势、产业结构、技术创新、区域贸易、产业集群、产业链延伸等一系列产业发展逻辑和思路，而乡村产业振兴更加强调产业兴旺、农民富裕和农村优美等综合效应的实现。《国务院关于促进乡村产业振兴的指导意见》确立的乡村产业振兴基本原则是"因地制宜、突出特色、融合发展、联农带农、绿色引领、创新驱动"，这意味着乡村产业振兴不走传统工业化发展的老路，而是立足高质量发展理念，强化产

---

① 中共中央、国务院：《乡村振兴战略规划（2018-2022年）》，中国政府网，2018年9月26日，http://www.gov.cn/gongbao/content/2018/content_5331958.htm。
② 《国务院关于促进乡村产业振兴的指导意见》，中国政府网，2019年6月17日，http://www.gov.cn/zhengce/zhengceku/2019-06/28/content_5404170.htm。
③ 《中共中央 国务院关于做好二〇二三年全面推进乡村振兴重点工作的意见》，中国政府网，2023年2月13日，http://www.gov.cn/gongbao/content/2023/content_5743582.htm。

业的绿色发展、融合发展，使乡村产业实现全方位振兴，为乡村振兴奠定基础。

（三）乡村产业振兴促进经济现代化的基本逻辑

乡村产业振兴涉及乡村产业各领域、各环节的全面振兴，为乡村产业现代化奠定坚实基础，成为经济现代化的重要动力。产业发展在生产技术、生产方式、经营方式、利益分享方式等方面产生的综合效应，会对经济现代化产生多方面的影响，这是产业振兴之所以能够促进经济现代化的总体逻辑。依据习近平总书记关于实施乡村振兴战略的重要论述和国家出台的关于乡村振兴、乡村产业振兴的系列指导意见，本文认为乡村产业振兴促进经济现代化的基本逻辑体现为五个方面，即开发产业要素，创新产业生产方式，提升产业附加值，促进产业融合发展，强化农民主体地位与获得感（见图1）。

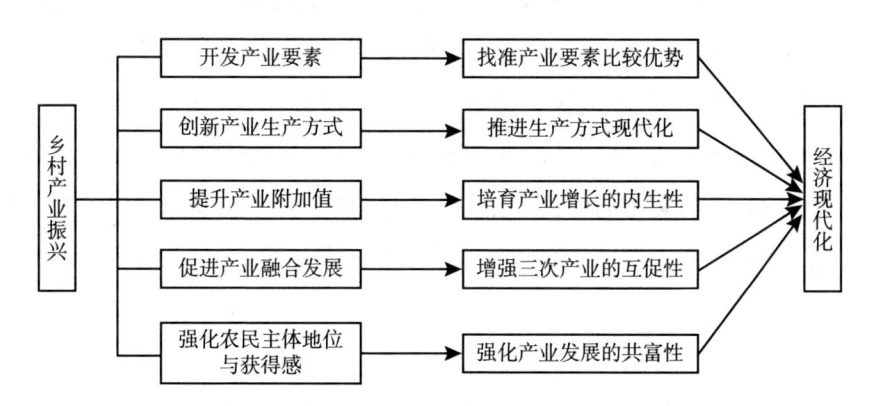

图1 乡村产业振兴促进经济现代化的逻辑

第一，开发产业要素。产业发展离不开产业要素的支撑，产业要素的类型及其比较优势，决定着产业发展的模式及其成果。农村地区之间的自然禀赋差异较大，市场化水平偏低，产业发展的基础较为薄弱，组织标准化、规模化生产的难度较大。农村地区如何推进产业发展，关键在于挖掘当地资源禀赋特色及其比较优势。习近平总书记强调："产业振兴是乡村振兴的重中之重，要坚持精准发力，立足特色资源，关注市场需求，发展优势产业，促

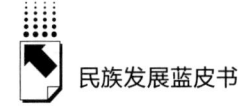

进一二三产业融合发展,要更多更好惠及农村农民。"① 农村的农业资源、生态资源丰富,乡村产业振兴首先就是要对接市场需求,将资源变成产业要素、将资源变成农业产业的资产,挖掘并激活农村产业要素,为乡村产业发展和经济活动奠定坚实基础。

第二,创新产业生产方式。马克思指出:"物质生活的生产方式,制约着整个社会生活、政治生活和精神生活的过程。"② 农业产业生产方式的变革,直接关系农村资源能否在农业生产中成功且高效地转化为产业要素和产业资本,同时也直接关系着农村产业发展的效率和可持续性。习近平总书记在2020年中央农村工作会议上讲话指出:"现在,发展乡村产业,不像过去就是种几亩地、养几头猪,有条件的要通过全产业链拓展产业增值增效空间,创造更多就业增收机会。"③ 党的十八大以来,产业扶贫带动我国农村地区形成了一大批农村产业要素,培育了不少特色产品,但是如何让这些特色农产品进一步壮大发展为特色农业产业,则还需要持续优化生产方式。《国务院关于促进乡村产业振兴的指导意见》提出了"创新产业组织方式,推动种养业向规模化、标准化、品牌化和绿色化方向发展"④ 的要求,要改变过去小农户单打独斗的模式,优化生产经营模式、产业资源统筹模式、产业利益共享机制等,推进组织化和适度规模化的生产,破解农村产业发展存在的"小散弱"问题。

第三,提升产业附加值。产业附加值是衡量产业发展质量和效益的重要指标,产业附加值越高,参与产业发展的主体越有可能获得更大的收益。围绕提升乡村产业附加值的基本目标,《国务院关于促进乡村产业振兴的指导

---

① 习近平:《贯彻新发展理念弘扬塞罕坝精神 努力完成全年经济社会发展主要目标任务》,《人民日报》2021年8月26日,第1版。
② 中共中央马克思恩格斯列宁斯大林著作编译局编译《马克思恩格斯选集》(第2卷),人民出版社,1972,第82页。
③ 习近平:《坚持把解决好"三农"问题作为全党工作重中之重 促进农业高质高效乡村宜居宜业农民富裕富足》,《人民日报》2020年12月30日,第1版。
④ 《国务院关于促进乡村产业振兴的指导意见》,中国政府网,2019年6月17日,http://www.gov.cn/zhengce/zhengceku/2019-06/28/content_5404170.htm。

意见》提出了包括"充分挖掘乡村多种功能和价值""突出集群成链,延长产业链、提升价值链""提升农产品加工流通业""培育提升农业品牌"等在内的乡村产业振兴思路,以期破解农牧区"产品初级、产业单一、产值偏低"的困境,通过提升产业附加值,激活乡村产业发展的内生动力和惠及农民的能力。

第四,促进产业融合发展。促进产业融合发展,充分发挥乡村各类资源的综合功能与价值是乡村产业振兴的重要思路和路径。《国务院关于促进乡村产业振兴的指导意见》不仅把围绕农村一二三产业融合发展列入指导思想,并把农村一二三产业融合发展增加值的大幅提高作为乡村产业振兴的目标任务,在培育多元融合主体、发展多类型融合业态、打造产业融合载体、构建利益联结机制等方面提出了具体工作思路及要求。[①] 农村地区产业结构相对单一,且多以第一产业为主,规模效应和市场竞争力都较弱,只有依托一二三产业融合发展,形成三次产业发展的内部联动和相互支撑,才能将乡村各类产业要素和资源集聚起来形成产业发展的合力。一二三产业融合发展,有助于优化乡村产业要素配置、完善产业链和价值链的支撑体系,提升乡村产业发展的总体质量和产业发展韧性。

第五,强化农民主体地位与获得感。乡村产业振兴的目标是要实现产业兴旺,产业兴旺除了要促进产业高质量发展,更根本的是要使农民在参与产业兴旺过程中实现共同富裕。《中共中央 国务院关于实施乡村振兴战略的意见》将坚持农民主体地位作为基本原则,切实发挥农民在乡村振兴中的主体作用,把维护农民群众根本利益、促进农民共同富裕作为出发点和落脚点。[②]《国务院关于促进乡村产业振兴的指导意见》进一步要求把以农业农村资源为依托的二三产业尽量留在农村,把农业产业链的增值收益、就业岗

---

① 《国务院关于促进乡村产业振兴的指导意见》,中国政府网,2019年6月17日,http://www.gov.cn/zhengce/zhengceku/2019-06/28/content_5404170.htm。
② 《中共中央 国务院关于实施乡村产业振兴战略的意见》,中国政府网,2018年1月2日,http://www.gov.cn/gongbao/content/2018/content_5266232.htm。

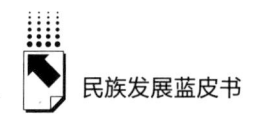

位尽量留给农民。① 发挥农村第一产业的优势，离不开第二产业和第三产业的带动和联动。然而，农村劳动力的劳动技能水平与第二产业和第三产业高质量发展对劳动技能的需求，还存在一定的缺口。如何避免乡村地区产业发展了但农民没致富的困境，是乡村产业振兴必须解决的问题。乡村产业振兴强调了农民在乡村产业振兴的主体地位、意见表达、过程参与和效果共享，有助于增强农民在乡村产业振兴全过程中的主体感、获得感和幸福感。

二 新发展格局下西藏乡村产业振兴思路与实践

按照党的十九大报告提出实施乡村振兴战略的总体部署，西藏自治区以党中央治藏方略为根本遵循，在找准国家赋予西藏的战略定位和自身发展区位优势的基础上，将西藏乡村振兴战略的主题确定为"神圣国土守护者，幸福家园建设者"，把乡村振兴融于做好"稳定、发展、生态、强边"四件大事之中，充分发挥产业振兴的基础支撑作用，推动在办好四件大事进程中推进西藏的经济现代化。2018年以来，西藏自治区在历年政府工作报告中将乡村振兴列为重要内容，编制《西藏自治区乡村振兴战略规划（2018—2022年）》，颁布《西藏自治区乡村振兴促进条例》，为西藏乡村产业振兴的持续推进提供了制度保障。

（一）找准乡村产业振兴比较优势

受自然环境、区位和历史因素等的综合影响，相较于全国其他地区，西藏的经济发展基础较为薄弱，西藏的三次产业在产业结构、产业规模和生产技术等方面都面临不少短板，产业竞争力和产业带动农牧民致富的效应不明显。西藏农牧区面积占全区总面积的90%，② 2017年西藏乡村人口占全区总

---

① 《国务院关于促进乡村产业振兴的指导意见》，中国政府网，2019年6月17日，http://www.gov.cn/zhengce/zhengceku/2019-06/28/content_5404170.htm。
② 王章：《调动系统力量 推进西藏农牧业跨越式发展——农业部专家解读〈支持西藏农牧业发展规划（2012—2020年）〉》，农业农村部网站，http://www.moa.gov.cn/ztzl/tpgj/zcgh/201605/t20160523_5146573.htm。

人口的比重为69.1%,①然而与农牧民生产生活息息相关的农牧业不同程度地存在着"小散弱"问题。以主粮生产为例,2020年,西藏的主粮青稞的供应基本实现自给自足。②

党的十八大以来,国家在精准扶贫战略中强化产业扶贫的牵引作用,为西藏农牧区产业发展打下了坚实的基础。党的十九大报告提出实施乡村振兴战略以来,西藏聚焦加快建设现代产业体系,统筹推进高原经济高质量发展,确立了西藏重点发展的七大产业,高原生物产业位列七大产业之中。按照产业发展部署,西藏高原生物产业具体体现在"积极发展绿色农牧业、健康农牧业、品牌农牧业,进一步优化特色农牧业产品结构,加大高原作物深加工,做大做优藏药产业,做精做优林下资源开发,打造高原生物产业品牌"。③2019年,西藏政府工作报告从统筹区域协调发展的角度,进一步明确了各地区优势产业布局,例如日喀则定位于建设重要的农副产品主产区、民族手工业基地,山南定位于打造雅鲁藏布江中游"沿江百亿产业走廊",林芝定位于建设国际生态旅游区和重要的林果业、藏药业、林副产品加工业基地,那曲定位于发展壮大高原生态畜牧业、文化旅游业、特色加工业和物流业,阿里加强藏系绵羊、绒山羊等优势养殖业提质增效。④为了持续培育优势产业的竞争力,形成产业集群和区域间产业联动发展,西藏建设了青稞、牦牛、藏羊、蔬菜、奶业、饲草、藏猪、藏鸡、茶叶、葡萄十大高原特色农牧产业基地,⑤以产业基地提升农牧区的农牧业适度规模化和品牌化,

---

① 西藏自治区统计局:《2017年西藏自治区国民经济和社会发展统计公报》,西藏自治区人民政府网站,2018年12月20日,http://www.xizang.gov.cn/zwgk/zfsj/ndtjgb/201812/t20181220_110903.html。
② 觉果:《高原春耕第一犁》,中国日报网站,2021年3月17日,http://cn.chinadaily.com.cn/a/202103/17/WS6051469ca3101e7ce97443c4.html。
③ 《2018年西藏自治区政府工作报告》,西藏自治区人民政府网站,2018年2月13日,http://www.xizang.gov.cn/zwgk/xxfb/zfgzbg/201902/t20190223_62068.html。
④ 《2019年西藏自治区政府工作报告》,西藏自治区人民政府网站,2019年6月27日,http://www.xizang.gov.cn/zwgk/xxfb/zfgzbg/201911/t20191114_123622.html。
⑤ 《西藏观察:西藏高质量打造特色产业链 加快促进乡村振兴》,西藏自治区旅游发展厅网站,2023年5月22日,http://lyfzt.xizang.gov.cn/ztzl_69/lytpgj/202305/t20230522_356584.html。

强化农牧业的富农效应。2021年，西藏强调从提升农牧产品附加值和品牌化的角度，强化高原生物产业的优势与竞争力。主要举措包括加快推进青稞、牦牛等的深加工转化和推广营销，同时推广"地球第三极"区域公共品牌，推进特色产品地理标识化，实现西藏特色产品从"小"到"大"、从"弱"到"优"的迈进。[1] 2022年，西藏把高质量建设特色农畜产品生产基地、产业带和开展特色农产品营养品质评价和分等分级作为高原生物产业发展的重要任务，[2] 通过特色农畜产品的分级分类完善产品谱系，推进农牧产品向品质化、精细化、高端化方向发展，持续提升农牧业产品的附加值。2023年，西藏提出"牢牢把握中央赋予的政策优势、西藏特有的资源优势"，以优势资源引进优势项目、培育优势产业、实现优势叠加，持续强化农牧业产业优势：一是坚持小而精、少而优的思路，继续做优特色农牧、中藏医药、林下经济等绿色产业；二是在青稞、牦牛、牧草等方面启动农业产业技术体系建设试点，开展"智慧农牧业"试点，建设农畜产品营销线上平台，[3] 完善农牧业产业发展的产供销链条。

（二）坚持农牧业优先发展

受青藏高原高寒气候的影响，西藏农牧业发展受自然条件的约束十分明显，诸如青稞、牦牛等传统农牧业发展较为缓慢，提升生产规模和产量产值难度较大。然而，西藏农牧民人口占比高、农牧区面积大，农牧业的持续高效发展对于稳定西藏各族生活预期具有重要的支撑作用，发展农牧业是西藏推进经济现代化必须努力的方向。实施乡村振兴战略以来，西藏持续在保障粮食安全、提升耕地质量、改良农牧品种等方面采取了一系列措施，持续夯实农牧业高质量发展的基础。2018年，西藏以推进农牧业现代化建设为方

---

[1] 《2021年西藏自治区政府工作报告》，西藏自治区人民政府网站，2021年3月4日，http://www.xizang.gov.cn/zwgk/xxfb/zfgzbg/202103/t20210324_197174.html。

[2] 《2022年西藏自治区政府工作报告》，西藏自治区人民政府网站，2022年1月5日，http://www.xizang.gov.cn/zwgk/xxfb/zfgzbg/202201/t20220125_281389.html。

[3] 《2023年西藏自治区政府工作报告》，西藏自治区人民政府网站，2023年5月29日，http://www.xizang.gov.cn/zwgk/xxfb/zfgzbg/202305/t20230529_357878.html。

向，将确保粮食安全作为让农牧业"强"起来的具体举措，提出"全区粮食总产稳定在 100 万吨以上，青稞、肉奶产量双双突破 80 万吨"，同时将推进青稞、牦牛深加工作为抓好高原生物产业的重要举措之一。① 2019 年，西藏以加快构建现代化产业体系为重点，在确保青稞、蔬菜和肉奶等稳产的基础上，突出了养殖业和农产品的产业化发展任务，既包括牦牛、藏香猪、特色羊等的产业化发展，也包括建设一批特色农产品生产基地和产业带。此外，还包括培育农业产业龙头、示范社、示范农场等农业现代化市场主体。② 2020 年，西藏围绕"持续推进高质量发展，夯实全面建成小康社会物质基础"的目标，提出推进青稞精深加工的要求，扩大高标准农田和优质饲草基地的建设规模，以及耕地质量提升工程和畜种改良工程的范围，并在高原生物产业园区、农畜产品加工综合转化率等方面提出了明确目标。③ 2021 年，西藏一方面在全面推进乡村振兴战略中强化农业提质增效，新开发集中连片的基本农田，推进耕地质量提升工程，提高灌溉面积，继续实施畜种改良工程。另一方面，深化无公害蔬菜、高原水果、特色农畜产品等基地建设，持续推进青稞、牦牛等深加工转化。2022 年，西藏坚持"稳粮、兴牧、强特色"的原则。一是持续推进特色农畜产品生产基地和产业带建设；二是开展特色农产品营养品质评价和分等分级，加快绿色有机源头认证；三是引进和培育若干农牧业产业化龙头企业。④ 2023 年，西藏以产业提质增效转型升级为导向，确立了持续优化一产系列措施，例如启动青稞、牦牛、牧草等现代农业产业技术体系建设试点，探索开展牧草返青季休牧补偿试点，实施"智慧农牧业"试点，建设绿色有机认证生产基地及配套农畜

---

① 西藏自治区人民政府办公厅：《2018 年西藏自治区政府工作报告》，西藏自治区人民政府网站，2018 年 2 月 13 日，http：//www.xizang.gov.cn/zwgk/xxfb/zfgzbg/201902/t20190223_62068.html。
② 西藏自治区人民政府办公厅：《2019 年西藏自治区政府工作报告》，西藏自治区人民政府网站，2019 年 6 月 27 日，http：//www.xizang.gov.cn/zwgk/xxfb/zfgzbg/201911/t20191114_123622.html。
③ 西藏自治区人民政府办公厅：《2020 年西藏自治区政府工作报告》，西藏自治区人民政府网站，2020 年 3 月 2 日，http：//www.xizang.gov.cn/zwgk/xxfb/zfgzbg/202003/t20200302_133323.html。
④ 西藏自治区人民政府办公厅：《2022 年西藏自治区政府工作报告》，西藏自治区人民政府网站，2022 年 1 月 5 日，http：//www.xizang.gov.cn/zwgk/xxfb/zfgzbg/202201/t20220125_281389.html。

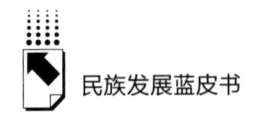

产品营销线上平台，等等。① 总体而言，围绕农业强国战略布局，西藏将农牧业发展摆在优先位置，确保粮食安全的底线，在改善耕地、改良品种、改革加工、提升品质和价值等多个角度采取措施，使西藏的农牧业逐步提升产业现代化水平。

（三）巩固拓展产业扶贫项目与乡村产业振兴相衔接

西藏乡村产业发展基础薄弱，经过国家实施精准扶贫尤其是产业扶贫之后，西藏乡村产业发展才有了较为明显的改善，为乡村产业振兴和产业现代化奠定了良好基础。据统计，2016年以来（至2020年底），西藏投资400多亿元实施产业扶贫项目2984个，② 2016～2021年确权登记的扶贫产业项目资产达704亿元。③ 在产业扶贫项目奠定的产业基础之上，西藏按照巩固拓展产业扶贫项目与乡村产业振兴相衔接的总体要求，进一步夯实乡村产业发展的基础，推动特色农牧业等乡村区域产业的发展。2020年，西藏将夯实全面建成小康社会物质基础作为全年七大重点工作之一，推进脱贫攻坚与乡村振兴机制、政策、投入、方式衔接，聚焦加快促进农牧区高质量发展，提出实施关系农牧民生产生活的十项惠民措施。2021年，西藏开展扶贫产业项目清产核资，巩固提升效益。2022年，西藏实施扶贫产业提档升级、脱贫人口增收、乡村建设三大行动巩固拓展脱贫攻坚成果。2023年，西藏把振兴农牧区、发展农牧业、富裕农牧民放在优先位置，巩固拓展脱贫攻坚成果，有效衔接乡村振兴战略，以产业提档升级促就业增收。

（四）加快培育农业现代化市场主体

产业发展促进经济现代化的一个重要基础就是产业主体在生产和经营等

---

① 西藏自治区人民政府办公厅：《2023年西藏自治区政府工作报告》，西藏自治区人民政府网站，2023年5月29日，http://www.xizang.gov.cn/zwgk/xxfb/zfgzbg/202305/t20230529_357878.html。
② 尕玛多吉：《雪域高原见证反贫奇迹——西藏历史性消除绝对贫困纪实》，《光明日报》2020年12月18日，第5版。
③ 张宇、王莉：《西藏扶贫产业项目联农带农效益凸显》，《西藏日报》2023年4月11日，第6版。

环节发挥主体性作用。产业主体的产业意识和参与市场经济的能力，往往决定着产业的现代化水平。立足乡村农牧业经营主体单一和能力薄弱的现状，将加快培育农业现代化市场主体作为西藏落实乡村振兴的重要举措。2018年，西藏加强新型职业农民培育和农牧民群众技能培训，重点提升当地农牧民的个人劳动技能，以适应扶贫产业发展和在地就业创业的现实需要。2019年，西藏加快培育除农牧民个体之外的其他类型经营主体，如农业产业化龙头企业、示范合作社、示范农场等，大力推动农业现代化市场主体的多元化。2020年，西藏依托产业园区建设，一方面大力扶持集体经济发展，重点提升农牧民合作社发展能力，另一方面扶持重点龙头企业做大做强，发挥其在品牌建设和产业链建设方面的牵引性作用。2021年，西藏从铸牢中华民族共同体意识和扎实推进共同富裕的角度出发，一方面大力支持和引进东中部地区的种养大户和农牧类龙头企业在西藏创业并提供技术支持，另一方面推广人入社、畜入圈、地流转、劳转移，开展农牧民专业合作社提升行动，[1]将发展新型农村集体经济作为推进西藏农牧区农民共同富裕的重要举措。2022年，西藏进一步加大对农牧业产业化龙头企业和家庭农场的培育力度，发挥龙头企业在生产托管、绿色有机认证、规范化营销等方面的优势，提升农畜产品的产量和加工业产值。2023年，西藏聚焦发挥农牧业特色资源的比较优势，推进农牧民专业合作社规范化运行的水平，依托涉农产业园增强龙头企业的发展能力。[2]

（五）完善农牧业产业发展配套服务体系

农牧业产业的健康发展离不开配套服务体系的支撑，道路交通、网络通信、互联网平台、物流枢纽、产业园区、农牧科学技术等都是农牧业产业化发展的必要基础。2018年以来，西藏持续实施农牧区"十项提升"，

---

[1] 西藏自治区人民政府办公厅：《2021年西藏自治区政府工作报告》，西藏自治区人民政府网站，2021年3月4日，http://www.xizang.gov.cn/zwgk/xxfb/zfgzbg/202103/t20210324_197174.html。
[2] 西藏自治区人民政府办公厅：《2023年西藏自治区政府工作报告》，西藏自治区人民政府网站，2023年5月29日，http://www.xizang.gov.cn/zwgk/xxfb/zfgzbg/202305/t20230529_357878.html。

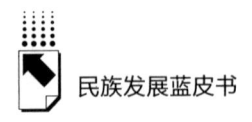

在农牧区公路建设、电力管理服务、铁路和机场建设、水电站建设、水利重点工程建设、全区"一张网"建设、完善城乡商业网点和物流配送体系、农牧区电商服务全覆盖、推进金融服务便利化等方面采取了一系列措施。2018年,西藏着力推进"三权"分置,推行"负面清单",支持非公经济和中小微企业发展,优化营商环境,全面启动贫困村动力电工程,夯实农牧业产业化发展的基础。2019年,西藏整合涉农资金,开展农牧民技能培训,推进青稞增产、牦牛育肥、优质奶业、人工种草等技术攻关和成果转化,启动特色产业集聚区建设,全面实施深度贫困地区农网改造升级,清理废除一批违反市场原则、妨碍生产要素流动、影响企业活力的政策文件。2020年,西藏加快"四好农村路"建设,提升乡镇、建制村通畅率和通客车率,扩大"三农"保险覆盖面,开展供销社改革,推广农牧业实用技术,实施农田灌溉"最后一公里"工程等,增强农牧业发展的抗风险能力和产业资源流通能力。2021年,西藏加快青稞及优质特色畜禽良种繁育推广,推动商贸流通体系向偏远乡村延伸,深入推进承包土地经营权有序流转,完善农牧业保险服务,促进农机农技农艺融合,强化城乡在农牧业产业发展中的联动协同。2022年,西藏完善节点城镇物流、仓储和产业配套,启动边疆明珠小镇建设,建设冷链物流集散中心,构建城乡商贸流通一体化网络,等等。2023年,西藏完善县域商业体系和物流配送网络,落实促进农牧区消费政策,启动青稞、牦牛、牧草等现代农业产业技术体系建设试点,探索开展牧草返青季休牧补偿试点,建设绿色有机认证生产基地及配套农畜产品营销线上平台,为农牧业产品的品牌认证和在线销售等提供支持。

(六)强化文旅产业对农牧业的带动作用

"三产带一产"是民族地区产业发展的策略之一,通过发展以文旅产业为代表的第三产业,带动以农牧业为代表的第一产业的发展,有助于降低产业发展的成本,发挥产业联动带来的溢出效应。西藏文旅资源十分丰富,文旅产业在景区建设、品牌宣介与推广、游客消费等方面为农牧业产业化发展带来了诸多便利。2018年，西藏推动特色旅游文化产业全域发展，突出特色高端精品方向，加强旅游基础设施建设，加大系统促销力度，拓宽进出藏通道。2019年，西藏打造"地球第三极"整体旅游品牌，建设一批旅游脱贫样板村和乡村旅游、红色旅游景点，大力提升旅游便利度、友好度和可进入性。2020年，西藏大力推进景区"五通四有"工程，推动旅游业从门票经济向全产业链转变，培育"旅游+"新业态。2021年，西藏加快发展全时全域旅游，启动实施"文创西藏"新业态培育工程，发展乡村旅游，新增航线20条。2022年，西藏提升"冬游西藏""文创西藏"影响力，推进文化旅游与乡村振兴、兴边富民深度融合。2023年，西藏加强地球第三极区域公共品牌建设，为农牧业发展的品牌化、产业化提供助力。

三 西藏乡村产业振兴促进经济现代化成效

独特的自然环境使西藏的产业振兴和经济现代化面临诸多方面的困难和约束，与全国其他地区相比，西藏农牧业发展水平和经济现代化程度总体上处于较为靠后的位置。党的十八大以来，国家推行体系化的精准扶贫措施和乡村振兴战略，优化了西藏经济现代化的环境，夯实了乡村产业振兴的基础。以农牧业为代表的乡村产业在产量、产值、产业化水平等方面都有新突破，对西藏经济现代化的贡献有所增强，也为西藏的社会稳定奠定了良好基础。

（一）粮食安全得到有效保障

粮食安全是"国之大者"，也是乡村振兴战略的重要目标之一。自2018年实施乡村振兴以来，西藏始终将农牧业摆在优先发展的位置，通过培育和推广良种，提升耕地质量，实施农田水利改造升级工程等，不断提高青稞等的种植面积，粮食产量实现持续增长。2018年以来，西藏农作物种植面积和产量均实现稳步增长，粮食总产量始终保持在100万吨以上（见表1）。其中，青稞种植面积与产量也实现稳步增长，主粮青稞的供应基本实现了自给自足。随着食品加工业的发展，产自西藏的青稞和小麦被加工成糌粑、白酒、面包、饼干、方便面等几十种食品，源源不断地走出高原，走向全国。[①] 主粮供应实现自给自足，对于维护西藏城乡地区社会稳定和促进城乡居民形成稳定的生活预期与发展信心，具有重要的现实意义。

表1 西藏主要粮食作物种植面积及产量

年份	农作物种植面积（千公顷）	青稞种植面积（千公顷）	小麦种植面积（千公顷）	粮食总产量（万吨）	青稞产量（万吨）
2018	268.53	139.58	31.73	104.4	77.72
2019	269.77	139.19	32.35	104.69	79.29
2020	271.22	138.79	29.86	103	79.5
2021	274.2	140.71	32.49	106.15	80.12
2022	277.24	147.49	32.62	107.34	83.23

资料来源：根据2018~2022年西藏自治区国民经济和社会发展统计公报整理。

（二）第一产业增加值稳健增长

总体而言，西藏三次产业结构呈现"三二一"产业比重依次降低的特征，但第一产业始终保持稳健增长，并对三次产业的健康发展提供了有力支撑。2018年以来，西藏第一产业增加值同比增长率始终保持正增长，尤其是实施乡村振兴以来，第一产业增加值同比增长率明显提升（见表2）。虽然第一产业在三次产业结构中占比最低，但其产业增加值具有良好的弹性，在2021年第二产业增加值同比增长率（-0.9%）和2022年第三产业增加值同比增长率（-2.4%）为负的情况下，第一产业始终保持了正增长，同比增长率在一些年份要高于其他产业。

[①] 王炳坤：《中国宝"藏"丨实现自给自足 西藏主粮生产迎来历史性转变》，中新网，2021年1月29日，https://www.chinanews.com/sh/2021/01-29/9399642.shtml。

表 2　西藏第一产业增加值与增长情况

年份	全年 GDP（亿元）	第一产业增加值（亿元）	同比增长率（%）	三次产业增加值所占比重
2018	1477.63	130.25	3.4	8.8∶42.5∶48.7
2019	1697.82	138.19	4.6	8.2∶37.4∶54.4
2020	1902.74	150.65	7.7	7.9∶37.6∶54.5
2021	2080.17	164.12	7.3	7.9∶36.4∶55.7
2022	2132.64	180.16	6.2	8.5∶37.7∶53.8

资料来源：根据 2018~2022 年西藏自治区国民经济和社会发展统计公报整理。

（三）农牧业新型经营主体增多、组织化程度增强

乡村振兴战略实施以来，围绕农牧区产业发展规划，西藏综合运用培育和引进等方式，推动了农牧业新型经营主体的快速增长，既提高了农牧业从业者的劳动技能，也提升了农牧业生产经营的组织化程度，为扎实推进西藏经济现代化奠定了良好的基础。据西藏第三次全国农业普查数据统计，实施乡村振兴战略前，西藏农业经营单位 2141 个，工商部门注册农牧民合作组织数 6138 个，其中以农业生产经营或服务为主的农牧民合作社 1076 个。[1] 截至 2021 年底，西藏农牧业龙头企业 165 家、农牧民专业合作社 12740 家、家庭农场 9703 家，[2] 分别是 2012 年的 1.63 倍、13 倍和 640 余倍。[3] 新型经营主体增多，生产经营过程的组织化程度增强、生产经营主体之间合作关系增强，在一定程度上克服了农牧业的"小散弱"的问题，为提升农牧业生产经营效率发挥了积极作用。此外，农牧业新型经营主体类型和数量的增加，尤其是组织化程度的提升，也进一步强化了当地村民的团结合作关系。

---

[1] 杨杰、草名：《发展农牧业特色产业　助推西藏乡村振兴》，《新西藏》（汉文版）2018 年第 11 期。
[2] 徐伍达、邓亚净、妮妮美朵：《西藏实施乡村振兴战略推进报告》，《新西部》2022 年第 2~3 期合刊。
[3] 李梅英：《党的十八大以来西藏农业农村工作高质量发展综述》，中国西藏新闻网，2022 年 9 月 27 日，https://www.xzzxw.com/xw/2022-09/27/content_5383917.html。

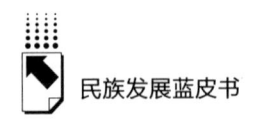

随着新型经营主体的增加和农牧业生产经营组织化程度的提升，西藏农牧区有组织化的农牧业生产配套服务供给也显著增加。西藏已累计建成685个乡镇农牧综合服务中心，乡镇专业技术人才队伍从2012年的2984人发展至2021年的8719人，有1万余名乡村兽医、科技特派员等被聘请到基层提供农技服务。①

（四）农牧民就业方式和增收渠道持续拓宽

乡村产业振兴推动农牧业朝产业化、组织化和现代化方向发展，给农牧业的生产方式和生产经营模式都带来了变化，这些变化进一步推动了农牧民就业方式以及收入结构、收入水平的变化。随着越来越多的产业资源被挖掘并纳入现代化产业生产体系，农牧民一方面获得了新的种养殖类的工作，另一方面则将原有自养自用的个体化种养殖模式转变为规模化、集体化、组织化种养殖模式，农牧民有更多的时间和精力参与农牧业生产经营链条中的多个工作环节。在乡村产业振兴过程中，农牧民的劳动趋向职业化、组织化、标准化，农牧民生产资料的资本性收益也逐步增加，这些变化都促进了西藏农牧民就业方式的多样化，使农牧民的收入结构多样化，收入水平持续增加。《中国西藏新农村建设绿皮书：西藏乡村振兴发展报告（2022）》研究认为，2021年西藏农村居民的工资性收入占可支配收入的比重较2011年增加了15.3%，农牧民工资性收入增长对人均可支配收入增长的贡献率最高。2022年，西藏农牧民转移就业人数达63.1万人、劳务收入55.6亿元。② 经营性收入平稳增长，依然是农牧民人均可支配收入的最主要部分；此外，财产性收入和转移性收入都是农牧民增收的新亮点。③ 对西藏农村居民人均可支配收入与消费支出情况分析发现（见表3），农村居民人均可支配收入和

---

① 徐驭尧、琼达卓嘎：《西藏新型农业经营主体蓬勃发展》，《人民日报》2022年11月2日，第7版。
② 西藏自治区人民政府办公厅：《2023年西藏自治区政府工作报告》，西藏自治区人民政府网站，2023年5月29日，http://www.xizang.gov.cn/zwgk/xxfb/zfgzbg/202305/t20230529_357878.html。
③ 江飞波：《西藏农牧民生活水平稳步提升 人均可支配收入结构发生较大变化》，中国新闻网，2023年8月3日，https://www.chinanews.com/gn/2023/08-03/10054806.shtml。

消费支出持续保持增长,城乡居民之间的收入水平差距与消费支出差距持续缩小,农村居民人均可支配收入水平和消费支出水平与西藏全体居民整体水平的差距也持续缩小。农村居民收入和消费能力的增强,有助于培育良好的消费市场,为当地产业升级提供支撑,为畅通西藏本地产业发展的良性循环奠定基础。

表3 西藏农村居民人均可支配收入与消费支出情况

年份	农村居民人均可支配收入(元)	同比增长率(%)	农村居民人均消费支出(元)	同比增长率(%)	农村居民人均可支配收入占全体居民整体水平的比例	城乡居民人均可支配收入比	农村居民人均消费支出占全体居民整体水平的比例	城乡居民人均消费支出比
2018	11450	10.8	7452	11.4	0.662	2.952	0.647	3.09
2019	12951	13.1	8418	13	0.664	2.889	0.646	3.05
2020	14598	12.7	8917	5.9	0.671	2.819	0.674	2.80
2021	16935	16	10577	18.6	0.679	2.746	0.689	2.66
2022	18209	7.5	11139	5.3	0.683	2.677	0.701	2.54

资料来源:根据2018~2022年西藏自治区国民经济和社会发展统计公报整理。

(五)乡村产业体系日渐健全完备

围绕加快建设符合西藏实际的现代化产业体系要求,西藏农牧区从良种选育推广到土地质量提升,从规模化种养殖到标准化加工,从园区化生产到品牌化推介,以农牧业为主体的乡村产业体系日趋完备。一方面,西藏建成2座作物种质资源库,有效保护种质资源1.5万余份,为农牧业的良种繁育体系化建设奠定了基础。另一方面,西藏推动农牧区形成了"知名龙头企业+农牧民合作社+家庭农场"生产销售与利益分配的联结机制,确保了农牧业产业链的稳定。此外,西藏结合各地区特色大力推进产业园区建设,增强一、二、三产业之间的联动,大力提升农牧业产品加工水平,开发了包括青稞啤酒、青稞曲奇饼干、西藏野桃果汁饮料、布朗李果醋、藏香猪冷鲜肉等在内的150余个特色农牧产品。[1] 为延长农牧业的产业链和价值链，西藏加大物流园区和站点建设，形成了遍及地市、县、乡镇的商贸物流配送网络体系，龙头物流企业、民营小型流通企业和乡镇各类商店等也被纳入物流网络体系，为农产品批发市场、县级农贸市场和农牧区物交会等提供便捷的物流服务。[2] 在推动三次产业融合发展的基础上，西藏加强农牧产品品牌化建设，培育了"西藏青稞"自治区级农业区域公用品牌和"拉萨白鸡""帕里牦牛""易贡辣椒""林芝苹果""察隅猕猴桃""雅砻源藏鸡蛋""岗巴羊"等19个区域公用品牌和一大批企业品牌。[3] 伴随农牧产业在育种、养殖生产、加工、流通、销售等环节的提质升级，西藏农牧业的产业体系日趋完善，为西藏国民经济体系的发展提供了重要支撑。

（六）拓展了三次产业融合发展的空间

西藏生态资源、文旅资源和高原特色农牧业资源十分丰富，不断推进三次产业融合发展是西藏经济现代化的重要路径。实施精准扶贫以来，尤其是推进乡村振兴战略以来，西藏将特色农牧业发展摆在优先位置，大力发展青稞、牦牛、藏羊、蔬菜、奶业、饲草、藏猪、藏鸡、茶叶、葡萄十大高原特色农牧产业，通过提升产业的适度规模化程度和农牧产品加工水平，越来越多的高原特色农牧产品借助文旅产业的兴起和带动销往全国各地。与此同时，在农牧业和乡村旅游的融合发展过程中，以"观光旅游"为突出代表的"农业+乡村旅游"融合发展模式越来越受到关注，西藏文旅产业也得益于丰富多彩的农牧业产品和观光体验而越来越具有吸引力。例如，西藏拉萨市达孜区因地制宜发展生态休闲观光农业，通过"农业+乡村旅游"融合发展模式，打造了现代农业产业园区及一批生态采摘园等，实现了农业增效、

---

[1] 格桑卓玛：《西藏研发特色农产品150余个》，中国西藏新闻网，2021年10月25日，https：//www.xzzw.com/shxf/2021-10/25/content_4922346.html。

[2] 孙文娟：《西藏现代物流产业发展综述：百舸争流千帆竞》，西藏自治区阿里地区行政公署网站，2019年12月3日，https：//www.al.gov.cn/info/1034/22732.htm。

[3] 李鹏、张艳玲：《西藏160多种高原特色农牧产品亮相十九届农交会》，中国农网，2022年12月23日，https：//www.farmer.com.cn/2022/12/23/wap_99904266.html。

农民增收。① 那曲市在西藏那曲 2023 年恰青赛马节中，推出冬虫夏草、农畜土特产、非遗产品及"乡村振兴 那曲奋进"活动成果展，借助线上直播平台拓宽特色农牧业产品销售渠道，持续放大牦牛产业的品牌效益，推进畜牧产业增效、牧民增收。② 实现农牧业与文旅产业融合发展的案例在西藏十分多见，是近年来西藏经济现代化推进产业融合发展、增强产业发展韧性的一个重要体现。乡村产业振兴，尤其是农牧业产业发展，使高原特色农牧业成为西藏丰富文旅产业形态的重要驱动力，文旅产业也在与农牧业产业的融合发展中拓展了农牧业的品牌化发展空间，为产业之间的良性循环和互促提供了经验。

四　西藏乡村产业振兴促进经济现代化的主要经验

乡村产业振兴是乡村振兴战略的重要组成部分，也是经济现代化的重要驱动力。围绕解决乡村产业振兴中的"振兴什么""如何振兴""谁来振兴""为谁振兴"等问题，西藏立足党和国家对西藏的战略定位，结合区情的特殊性和比较优势，将发展农牧业摆在乡村产业振兴的优先位置，推动农牧业发展提质增效，促进农牧业与其他产业融合发展，增强西藏经济现代化的内生发展动能。

（一）在乡村产业振兴中始终坚持党的全面领导

坚持党的全面领导，是新时代党的治藏方略的第一要求。西藏的发展基础较为薄弱，推进经济现代化的困难相对较多，只有坚持党的全面领导，才能统筹全国各地资源，发挥各方面作用和力量，有序推进乡村产业振兴。在党的领导下，2022 年西藏出台《西藏自治区乡村振兴促进条例》，为西藏乡

---

① 卢文静：《农民增收有干劲　市民采摘多欢乐——达孜区推动"农业+乡村旅游"融合发展》，《西藏日报》2023 年 6 月 2 日，第 7 版。
② 次旦拉姆：《藏北高原持续推动文旅融合发展》，中国西藏网，2023 年 8 月 2 日，http://www.tibet.cn/cn/news/yc/202308/t20230802_7460140.html。

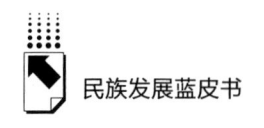

村振兴的系统推进指明了方向。在农牧民专业合作社的建设与运营中，基层党组织发挥了积极引领作用，保障了农牧民专业合作社必须坚持以人民为中心的原则，推动农牧民专业合作社有序运转，引导农牧民专业合作社与龙头企业、家庭农场等建立公平公正的利益联结机制，确保乡村产业振兴扎实推进共同富裕。在各级党组织的领导下，各类援藏资源与农牧区产业发展实现精准对接，使农牧民的内生发展获得精准有效帮扶。

（二）科学认识与把握乡村产业振兴的着力点

受多方面因素的影响和制约，西藏的农牧业长期受到"小散弱"问题的困扰，在三次产业结构中，农牧业的产值规模和经济贡献度相对偏弱。然而，立足西藏区情和办好"稳定、发展、生态、强边"四件大事的要求，西藏把"神圣国土守护者，幸福家园建设者"确立为乡村振兴主题，确立农牧业优先发展的思路，为维护西藏稳定和增强内生发展能力奠定了坚实基础。通过持续扶持农牧业发展，西藏基本实现了主粮自给自足，保障了粮食安全，夯实了西藏社会稳定和高质量发展的物质基础。同时，西藏坚持农牧业的适度规模化、产业化发展，能够最大限度发挥西藏第一产业的比较优势，为乡村产品附加值的提升延展空间，也为乡村文旅产业、民族手工业、藏药等其他产业的发展创造产业融合空间，既创造产业升级的需求，也为产业的深度融合提供了支撑。

（三）以推进共同富裕为导向发挥产业振兴综合效益

推进共同富裕是乡村产业振兴的基本目标之一。西藏农牧民数量居多，是推进共同富裕的重要群体，也是难度较大的群体。在确立农牧业优先发展的基础上，西藏找准乡村产业振兴的比较优势，重点发展青稞、牦牛、藏羊、蔬菜、奶业、饲草、藏猪、藏鸡、茶叶、葡萄十大高原特色农牧产业，充分激活西藏农牧区产业资源的经济价值和富农效应。在培育新型农村经营主体的过程中，各级政府注重拓宽农牧民的就业与增收渠道，在引导建立"龙头企业+专业合作社+家庭农场"的利益联结机制中强化农牧民的主体地位，保障农牧民实现收入增加和生产经营技能双提升。在推动产业融合发展中，各级政府注重推动农牧业产业发展与文旅产业的良性互促，充分发挥文旅产业对特色农牧业销售推介的带动作用，使更多的农牧民从产业融合发展中受益。

（四）充分利用现代科技力量提升农牧业发展效能

西藏农牧业特色鲜明，但其产量和深加工水平受地理区位、自然气候等方面的制约十分明显。为了推动农牧业适度规模化和市场化发展，西藏充分推动产学研相结合，高度重视运用现代科技力量助推农牧业的高质量发展。实施乡村振兴以来，西藏安排部署农畜种业技术创新、耕地质量提升、粮油提质增效、草业时空拓展、畜禽高效养殖、经济作物优质高产、生物资源保护利用、乡村绿色宜居、智慧农牧业技术创新等重点攻关方向，推动了青稞、牦牛等一系列农牧产品在良种选育、种养殖和深加工、冷链物流等方面取得突破，实现了农牧业产量和产值的稳步增长。2023年9月，西藏印发《西藏自治区数字农业建设实施方案（2022—2026年）》，将在2026年实现农牧业生产、防灾减灾、农情监测、动植物疫病防控的综合农情数字化指挥调度，[1] 为农牧业的高质量发展提供坚实保障。

（五）以铸牢中华民族共同体意识为主线用好援藏资源

习近平总书记强调，铸牢中华民族共同体意识是新时代党的民族工作的主线，也是民族地区各项工作的主线。[2] 对口援藏是铸牢中华民族共同体意识的集中体现，党的十八大以来，对口援藏省市和单位不断加大援藏投入力度、创新援藏模式，为西藏特色农牧业发展注入了强劲动力。例如，结合西藏农牧业特点，援藏省市和单位帮助西藏培育了特色农牧业、农产品加工

---

[1] 《我区印发数字农业建设实施方案》，西藏自治区人民政府网站，2023年10月2日，http：//www.xizang.gov.cn/xwzx_406/bmkx/202310/t20231002_379012.html。

[2] 《习近平在内蒙古考察时强调 把握战略定位坚持绿色发展 奋力书写中国式现代化内蒙古新篇章》，《人民日报》2023年6月9日，第1版。

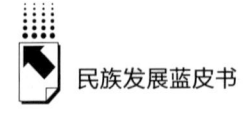

业、民族手工业、乡村旅游业等一批具有西藏地方特色和比较优势的产业，带动了23万名贫困群众成功脱贫。[1] 此外，由科技部和援藏省市大力推动科技援藏，如立项支持"高海拔边境地区农牧业关键技术研究与示范"等项目，构建了"政府引导、科技支撑+企业引领+合作社带动+贫困户增收"的高海拔边境地区特色农牧业生产模式、技术模式、扶贫模式带贫益贫机制，选派科技人才支持指导西藏引进、示范、推广一批农牧业"种、养、加"先进适用技术，为脱贫攻坚产业发展提供良种、良法和产业配套技术支撑。[2] 在全国援藏省市和单位的大力支持下，西藏乡村产业振兴惠享了全国各地现代化建设创造的红利，加快了农牧业转型升级和现代化发展的步伐。

---

[1] 李昌禹：《"组团式"援藏深入推进 产业援藏硕果累累 近7000名援藏干部人才助力西藏发展》，《人民日报》2022年8月16日，第1版。

[2] 周红雁、卢文静、张猛：《硕果累累 高原飘香——科技援藏助推我区经济高质量发展》，《西藏日报》2023年9月25日，第5版。

B.5 云南乡村振兴战略和农业农村现代化的进展与成效*

宋媛 谭政**

摘　要： 党的十九大以来，云南省实施乡村振兴战略，在推进乡村发展、乡村建设、乡村治理等方面做出了创新性的探索，积累了一些好的做法和经验。与发达省（市）相比，云南省还存在农业发展质量不高、农业农村基础设施滞后、农村公共服务短板突出、巩固拓展脱贫攻坚成果压力较大、城乡融合发展面临困境等困难和挑战，建设特色农业强省、实现农业农村现代化任重道远。未来一段时间，云南省要坚持巩固拓展脱贫攻坚成果是基础、着力统筹城乡融合发展是关键、提升基础设施公共服务是根基、推动乡村产业提质升级是核心、加强乡村人才队伍建设是支撑、发挥党建战斗堡垒作用是保障的发展路径，全面推进乡村振兴，加快建设农业农村现代化。

关键词： 云南　乡村振兴　农业农村现代化

农业农村农民问题始终是贯穿我国现代化建设和实现中华民族伟大复兴进程中的基本问题。[1] 顺应"三农"发展的历史规律和时代要求，党的十九

---

* 本报告未注明来源的数据分别引自历年《中国统计年鉴》《云南统计年鉴》《云南领导干部手册》。
** 宋媛，云南省社会科学院农村发展研究所研究员，主要研究方向为农村发展、贫困问题与乡村振兴；谭政，云南省社会科学院农村发展研究所副研究员，主要研究方向为农村经济、乡村产业。
[1] 中央农村工作领导小组办公室：《习近平关于"三农"工作的重要论述学习读本》，人民出版社、中国农业出版社，2023，第10页。

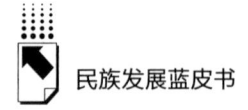

大做出"实施乡村振兴战略"的重大决策部署，明确其总目标就是实现农业农村现代化，这是关系全面建设社会主义现代化国家的全局性、历史性任务，也是我国全面建设社会主义现代化强国的根基，其内涵不断发展和丰富。2017年12月28日，习近平总书记在中央农村工作会议上创造性地提出"中国特色社会主义乡村振兴道路"，具体内涵就是"七个之路"。① 2018年中央一号文件就推进乡村振兴做出战略谋划和顶层设计，明确了"三步走"的时间节点目标，要求建立健全城乡融合发展的体制机制和政策体系。② 实施乡村振兴战略，要坚持农业现代化和农村现代化一体设计、一并推进，总的要求是全面推进产业、人才、文化、生态、组织"五大振兴"，推动农业全面升级、农村全面进步、农民全面发展，推动乡村的经济、法治、文化、治理、生态、党建等全面强起来。同年，中共中央、国务院发布了全国第一个乡村振兴战略规划《乡村振兴战略规划（2018—2022年）》及一系列政策举措，就实施乡村振兴战略进行总体部署和制度性安排。2020年10月，在国家颁布的"十四五"规划中明确了加快农业农村现代化、努力实现共同富裕的新目标。12月28日，习近平总书记在中央农村工作会议上强调，坚持把解决好"三农"问题作为全党工作重中之重，脱贫攻坚取得胜利后，"三农"工作的重心实现历史性转移，我国最艰巨最繁重的任务和最广泛最深厚的基础都在农村，要举全党全社会之力推动乡村振兴。由此，吹响了全面推进乡村振兴、加快农业农村现代化的号角。2021年的中央一号文件着眼2025年做了阶段性、战术性安排，核心任务是建立健全乡村振兴的制度框架和政策体系，促进农业高质高效、乡村宜居宜业、农民富裕富足。中共中央、国务院印发的《"十四五"推进农业农村现代化规划》明确了以实施乡村振兴战略为引领，2022年中央一号文件则突出年度性任

---

① 中共中央党史和文献研究院编《十九大以来重要文献选编（上）》，中央文献出版社，2019，第141~156页。"七个之路"即重塑城乡关系，走城乡融合发展之路；巩固和完善农村基本经营制度，走共同富裕之路；深化农业供给侧结构性改革，走质量兴农之路；坚持人与自然和谐共生，走乡村绿色发展之路；传承发展提升农耕文明，走乡村文化兴盛之路；创新乡村治理体系，走乡村善治之路；打好精准脱贫攻坚战，走中国特色减贫之路。

② 习近平：《乡村振兴是全面振兴》，载《论"三农"工作》，中央文献出版社，第293页。

务、针对性举措和实效性导向。

云南省是一个集高原山区、民族、边疆于一体的欠发达和后发展省份，地处内陆低纬高原，垂直立体的气候类型，丰富多样的光热、土壤、生物资源，使云南成为北半球农业资源最富集的区域，26个世居民族创造了独特多样的乡土文化资源。但是，城乡和区域之间发展不平衡、不充分的问题尤为突出，云南既是我国脱贫攻坚和全面建成小康社会的主战场，也是我国实施乡村振兴战略、加快农业农村现代化的重点难点和短板地区。党的十九大以来，按照中央的部署和要求，云南省深入实施乡村振兴战略，在全面打赢脱贫攻坚战、全面建成小康社会的实践中创造了发展奇迹，在推进乡村发展、乡村建设、乡村治理等方面做出了创新性探索，积累了一些好的做法和经验，如期解决了绝对贫困问题，与全国同步全面建成了小康社会，有效缓解了发展不平衡不充分的问题，推动农业农村现代化取得了阶段性成效。但是，与发达地区相比，云南的短板和弱项仍然明显，全面推进乡村振兴、加快农业农村现代化还面临诸多困难和挑战，建设特色农业强省、实现农业农村现代化任重道远。

一 乡村振兴战略全面推进

党的十九大以来，云南省按照中央部署，稳步推进乡村振兴战略，制定了首个乡村振兴五年规划。2018～2020年，重点是以"打赢脱贫攻坚战和全面建成小康社会"为核心，基本构建乡村振兴的制度框架和政策体系；2021年以后，脱贫攻坚和全面建成小康社会目标如期实现，"三农"工作转为全面推进乡村振兴，着眼解决发展不平衡不充分问题，至2022年要初步建立健全乡村振兴的制度框架和政策体系，至2035年与全国同步"基本实现农业农村现代化"。近年来，云南省以"全方位改善提升乡村的发展条件和发展能力"为核心，全面推进乡村产业、人才、文化、生态、组织"五大振兴"。截至2023年上半年，云南省如期完成脱贫攻坚和全面建成小康社会的底线任务，基本构建乡村振兴的制度框架和政策体系，农业基础设施不断完善，乡村产业持续提质增效，主要农产品供给能力稳步提升，农村基础设施短板加快补齐，农村面貌和人居环境明显改善，公共设施提档升级，生态环境明显优化，自治、法治、德治相结合的乡村治理体系逐步建立健全，乡村治理效能不断提升，农村面貌焕发新气象，乡村振兴实现开局良好，为建设特色农业强省奠定了强大基础，为实现农业农村现代化提供了坚实支撑。

（一）乡村振兴的制度框架和政策体系初步构建

首先，建立健全政策体系。党的十九大以来，云南省先后出台了以《关于贯彻乡村振兴战略的实施意见》为核心的一系列重要政策文件，颁布实施了《关于调整完善土地出让收入使用范围优先支持乡村振兴的实施意见》等一系列配套政策，针对"五大振兴"分别出台了产业、金融、人才、科技、教育、医疗、便民服务等支持政策，正在制定《云南省乡村振兴促进条例》，推动云南乡村振兴走向法治化、规范化。与此同时，还先后制定了《云南省乡村振兴战略规划（2018—2022年）》及相关的实施方案，以乡村发展、乡村建设、乡村治理为重点，对全面推进乡村振兴战略的总体要求、空间布局、重点任务和保障措施等方面进行了统筹布局和分阶段谋划，按照"任务书""时间表""路线图"细化、实化了具体工程和行动，2022年和2023年，云南省委、省政府都在"全面推进乡村振兴重点工作的实施意见"中进一步细化、实化了当年及今后一段时间全面推进乡村振兴的工作重点和政策措施，省级相关职能部门以及各州（市）、县（市、区）结合实际，制定了具体实施方案。

其次，构建体制机制。坚持五级书记抓乡村振兴，从省到村级均成立"双组长"的乡村振兴工作领导小组，压实责任到人，制定了《工作规则》和《工作细则》。省委、省政府建立"三农"工作季度调度、半年总结、年终报告机制，组织开展县委书记抓乡村振兴大调研，健全州（市）、县（市、区）两级党委农村工作机构配置，举办"全面推进乡村振兴"专题研讨班，分层分类培训各级干部。完善考核意见和指标体系，把巩固拓展脱贫攻坚成果纳入乡村振兴考核，纳入党政领导班子和领导干部综合考核评价内容，逐级考核，层层压实责任。

（二）创新举措守牢乡村振兴底线

1. 举非常之策全面破解绝对贫困

2017~2020年是打赢脱贫攻坚战和全面建成小康社会的决胜期，云南省实施精准扶贫精准脱贫方略，以深度贫困地区、直过民族和人口较少民族等特困民族和特困群体为重点，以解决"两不愁三保障"为目标，按照"底数清、任务明、措施实、效果好"的要求，不断完善贫困治理体系，多渠道整合资源，创新扶贫举措。整合财政涉农资金，撬动金融资源，统筹动员社会资源，构建了多元的资源投入和动员体系，形成了党委政府、企业、社区或村集体、个人全面参与的大扶贫格局。据不完全统计，中央和省级累计投入各类扶贫资金达7500多亿元。[①] 多措并举加快提升产业就业扶贫质量，通过易地扶贫搬迁150万人实现"挪穷窝""换穷业""斩穷根"，全面解决农村安全住房和饮水问题，实施素质与能力相结合的教育扶贫、治病与减负相结合的健康扶贫，统筹完善兜底保障制度体系，因族施策、集中攻坚，破解了直过民族和人口较少民族的特殊性贫困问题以及深度贫困地区和群体的突出问题。2017~2020年，云南贫困地区农村常住居民人均可支配收入从8695元增加至11740元，增长35.02%，年均增速10.53%，分别快于全省和全国平均水平1.33个百分点和0.21个百分点，贫困地区农民人均收入与全省的差距由11.84%下降至8.58%。2020年末，云南省农村贫困人口全部摆脱绝对贫困，贫困县全部摘帽，贫困村全部出列，历史性地解决了绝对贫困问题，11个直过民族和人口较少民族实现整族脱贫，脱贫地区出行难、用电难、喝水难、通信难、住房难、就医难、上学难等问题得到普遍解决，脱贫群众自我发展能力显著提升，与全国同步建成了全面小康社会，脱贫乡

---

① 根据历年新闻报道和部门总结的相关数据计算，参见宋媛《云南脱贫攻坚的经验、成效及展望》，《新西部》2021年第2~3期合刊。

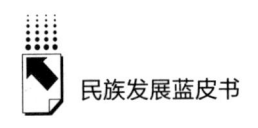

村政治、经济、社会、文化、生态全面发展，为实现农业农村现代化奠定了坚实的物质基础和强大的精神基础。

2. 强化持续帮扶和有效衔接，守牢不发生规模性返贫的底线任务

2021~2023年是5年过渡期的前3年，云南以接续推进脱贫攻坚同乡村振兴有效衔接为重点，全面构建"1+N"政策体系（"1"即《关于实现巩固拓展脱贫攻坚成果同乡村振兴有效衔接的实施意见》、"N"即围绕过渡期内组织动员、要素保障、政策支持、资源配置、帮扶力量等有效衔接），省级部门配套出台100多个政策制度文件；创新建立健全"一平台、三机制"，有效防范化解因疫情出现规模性返贫致贫风险。集中力量帮扶重点地区和重点群体。中央和省级衔接资金倾斜帮扶57个乡村振兴重点帮扶县，43名省级领导分别挂联57个乡村振兴重点帮扶县；2021年国家选派了27个科技特派团535人与27个国家乡村振兴重点帮扶县形成结对帮扶，累计开展科技服务达150多万人次，2022年组建24个科技特派团、选派2010名科技特派员为57个重点县提供人才支持，实现了脱贫县专家服务全覆盖、脱贫村农技服务全覆盖；深化东西部协作，2022年上海投入财政援助资金43.52亿元，实现2051家民营企业帮扶2423个村；选派第一书记和驻村工作队员2.8万余名，为197.8万户796.3万人精准制定到户到人帮扶措施，实现农村低收入人口帮扶全覆盖；[①] 易地扶贫搬迁安置区实行后续扶持"一点一策"，配套建设工业园区、产业基地和帮扶车间。聚焦"两不愁三保障"和农村饮水安全，完善防止返贫动态监测帮扶体系，建立全省统一的"政府救助平台"，在全省形成线上网络化和线下网格化，双向协同的防止返贫动态监测和帮扶格局，健全县级每月调度、乡级每半月研判、村级动态排查机制，实现动态监测、动态帮扶、动态清零。建立控辍保学长效机制，确保除身体原因不具备学习条件外的低收入家庭义务教育适龄儿童少年不失学辍学、学生资助补助资金及时足额发放到位；保持健康扶贫30条基本稳定，脱贫人口住院医疗费用报销比例83.59%，36种大病患者救治率

---

① 阮紫嫣、张勇：《稳岗就业规模首次居全国第一》，《光明日报》2023年2月20日，第10版。

99.54%。谋划助农增收帮扶项目，建立健全联农带农利益联结机制。出台联农带农主体奖补办法，因地制宜创新"龙头企业+合作社+农户"的利益联结机制，以土地流转、就业务工、订单生产、生产托管、股份合作、帮助产销对接、资产入股或租赁、收益分红等方式，创造了16种利益联结模式和富民增收成功案例，推动产业帮扶全覆盖，产业帮扶由到户到人向促进区域产业整体发展转变。2022年，统筹中央衔接资金178.3亿元和省级衔接资金80亿元，① 脱贫县58.2%的财政涉农资金投入产业发展，81.3亿元的新增小额信贷、8.04亿元"富民贷"也用于支持产业发展，当前每个脱贫县均有2~3个主导产业，2.8万个经营主体与有产业发展条件及意愿的163万户脱贫户建立了稳定的利益联结。② 建立股份合作机制，推动村级集体经济全覆盖，截至2022年5月，云南省共筹措中央和省级财政资金25.5亿元支持村级集体经济发展壮大，已有13034个行政集体经营性收入超过5万元，基本实现了村村都有稳定的集体经济收入，③ 吸纳3万多致富带头人返乡创业。建立志智双扶长效机制，启动农村转移就业"收入增百计划"，推动培训就业全覆盖，"一对一"帮扶收入1万元以下且有劳动力的70万户脱贫户。2021年，云南322万脱贫劳动力实现转移就业，44.32万脱贫劳动力聘用到公益岗位；2022年，开展了133.3万人次的脱贫劳动力技能培训，344.58万人实现转移就业，其中113.2万人实现省外转移就业，帮助2.1万返乡务工人员就近再就业，稳岗就业规模首次跃居全国第一。④ 2021~2022年，云南脱贫人口和监测对象人均纯收入从12266.75元提高到14147元，增长15.9%，其中，工资性收入和经营性收入分别占66.5%和

---

① 宗霞：《"开好局、强信心、促发展——贯彻落实党的二十大精神"系列新闻发布会省农业农村厅专场发布会》，云南省人民政府网站，2023年7月14日，https://www.yn.gov.cn/ynxwfbt/html/2023/zuixinfabu_0713/5708.html。
② 沈靖然：《2022年云南省脱贫群众人均纯收入增长15.9%》，《人民日报》2023年2月22日，第13版。
③ 郜晋亮：《激活发展潜力 蓄能乡村振兴——云南壮大村级集体经济纪实》，《农民日报》2022年6月9日，第1版。
④ 阮紫嫣、张勇：《稳岗就业规模首次居全国第一》，《光明日报》2023年2月20日，第10版。

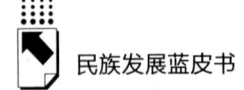

22%，增幅分别为16.4%和21.5%，人均纯收入1万元以下且有劳动力的户数降至17.2万户，①累计消除防止返贫监测对象风险16.3万户61.6万人，实现年人均纯收入7000元以下有劳动能力的脱贫家庭和防止返贫监测户动态清零。②

（三）全产业链发展推动乡村重点产业提质增效

实施乡村振兴战略以来，云南省持续高位推动，建立健全政策支撑体系，加快完善农业基础设施，持续增强农业科技和装备支撑，稳面积增单产确保粮食供给安全，强链补链全面推进乡村优势重点产业高质高效发展，万亿级高原特色现代农业产业体系加快构建，绿色优质农产品供给能力得到稳定提高，云南高原特色农业成为更有效益、更有奔头的产业。

1. 持续高位推动，强化顶层设计

2018年以来，云南由省委书记、省长牵头高位推进高原特色产业发展，聚焦"1+10+3"农业重点产业，③以种业、设施、加工、冷链物流、"旅游+"等5个方面作为发力重点，明确责任分担，建立"六个一"工作机制，④全力实施"一二三"行动，从抓产品到抓产业、从抓生产到抓链条、从抓环节到抓体系转变，⑤全面推动农业重点产业转型升级、提质增效、实现全产业链发展。围绕"绿色高效、做优一产，加工增值、做强二产，融

---

① 林碧锋：《云南61.6万名防止返贫监测对象消除返贫风险！》，新华网，2023年3月27日，http://www.yn.xinhuanet.com/reporter/2023-03/24/c_1310705303.htm。
② 林碧锋：《云南61.6万名防止返贫监测对象消除返贫风险！》，新华网，2023年3月27日，http://www.yn.xinhuanet.com/reporter/2023-03/24/c_1310705303.htm。
③ "1+10+3"优势重点产业是指："1"是粮食，"10"是茶叶、花卉、蔬菜、水果、坚果、咖啡、中药材、牛羊、生猪、乡村旅游10个特色优势产业，"3"是烟草、蔗糖、天然橡胶3个传统重要产业。
④ "六个一"工作机制，即每个重点产业成立一个工作专班、组建一个专家团队、制定实施一个三年行动方案及配套支持政策、建设一批重点基地、培育一批龙头企业、运行一个定期调度机制。
⑤ 云南省网上新闻发布厅：《"云南这十年"系列新闻发布会·高原特色农业专场发布会》，云南省人民政府网站，2022年8月24日，https://www.yn.gov.cn/ynxwfbt/html/2022/zuixinfabu_0823/4906.html。

合发展、做强三产"的发展思路,强化政策支撑体系,先后制定和出台了系列行动方案以及对不同产业有针对性的政策措施,加大设施农业、产业基地的建设力度,以科技和创新为核心实施倍增计划、育强主体,全力推动16项重点工程落地见效,[1] 促使重点产业持续做强、新主体蓬勃发展、新平台支撑有力。

2. 聚焦重点产业,多渠道加大投入力度

近年来,云南省将农业农村作为财政优先保障领域,撬动更多金融和社会资本投入,聚焦14个农业重点产业,"政、企、银、担、保"共同发力,为高原特色农业发展提供有力支撑。2022年,云南省农业投资2000多亿元,同比增长32.5%,投资总量和增速均居全国前列,占全省投资的比重达12.0%。[2] 第一,省级财政统筹各类资金发展重点产业。据不完全统计,2022年中央及省级财政共统筹投入重点产业资金467.18亿元,其中保障粮食和重要农产品供给安全统筹投入119.98亿元,占25.68%,分别是新建和改造提升高标准农田58.2亿元;农机购置与应用补贴资金5.33亿元,支持农户购置先进适用的农业机械;支持种质资源保护、良种良法技术推广和农作物重大品种推广等8.14亿元;耕地地力保护和实际种粮农民补贴44.26亿元;支持实施大豆玉米带状复合种植、杂交稻旱种、重点作物绿色高效行动等方面4.05亿元。生猪调出大县奖励资金2.36亿元,抗旱救灾、农作物重大病虫害防治及动物防疫6.39亿元。[3] 建设联农带农富农机制,统筹中央衔接资金178.3亿元和省级衔接资金80亿元,占55.29%。其余中央和省级财政支持重点产业资金投入分别为:整体提升农业产业链供应链现代化水

---

[1] 云南省网上新闻发布厅:《"云南这十年"系列新闻发布会·高原特色农业专场发布会》,云南省人民政府网站,2022年8月24日,https://www.yn.gov.cn/ynxwfbt/html/2022/zuixinfabu_ 0823/4906.html。
[2] 《2023年云南省人民政府工作报告(全文)》,中共云南党史网,2023年1月18日,https://www.ynds.yn.gov.cn/html/2023/zuixindongtai_ 0118/1413.html。
[3] 宗霞:《"开好局、强信心、促发展——贯彻落实党的二十大精神"系列新闻发布会省农业农村厅专场发布会》,云南省人民政府网站,2023年7月14日,https://www.yn.gov.cn/ynxwfbt/html/2023/zuixinfabu_ 0713/5708.html。财政投入农业重点产业总计资金根据分项资金加总而来,财政分项投入资金。

平争取中央资金3.3亿元，支持农业市场主体能力的提升和发展壮大16.24亿元（其中省级直补经营主体奖补资金7.6亿元），重点支持渔业资源养护、水产养殖绿色发展、农作物秸秆综合利用和地膜科学回收利用等2.86亿元，政策性农业担保投入57.75亿元，分别占中央和省级财政重点产业资金投入的0.71%、3.48%、0.61%、12.36%。[1] 第二，持续加大金融支持力度。2019年以来，金融机构创新支持农业产业的金融产品，从抵押贷向信誉贷转变。2022年末，云南涉农贷款余额1.45万亿元、同比增长14.4%，高于全省各项贷款平均增速4.5个百分点；涉农企业贷款余额1万多亿元、同比增长13.4%。[2] 第三，深化"政银担"联动机制，引导政府性融资担保机构降费让利，省财政兜底对建立政银分担机制的县，执行零担保费率。2022年，云南新增担保1.87万户，新增担保金额57.75亿元（上述财政资金中已包含），办理"零费率"担保业务984笔，实现融资11亿元，免除担保费1800万元。[3] 第四，创新农业政策性保险。2022年，云南投入12.61亿元省级以上农业保险保费补贴资金，为农业提供风险保障311.13亿元、同比增长8.4%，[4] 为全省计划投保的1756.79万头牲畜、2777.53万亩农作物提供风险保障。[5] 此外，云南还加大国外省外招商引资力度。开发"云南省绿色食品牌招商引资重点企业服务平台"，156户重点企业入驻，168个

---

[1] 宗霞：《"开好局、强信心、促发展——贯彻落实党的二十大精神"系列新闻发布会省农业农村厅专场发布会》，云南省人民政府网站，2023年7月14日，https:///www.yn.gov.cn/ynxwfbt/html/2023/zuixinfabu_ 0713/5708.html。财政投入农业重点产业总计资金根据分项资金加总而来，财政分项投入资金。

[2] 宗霞：《"开好局、强信心、促发展——贯彻落实党的二十大精神"系列新闻发布会省农业农村厅专场发布会》，云南省人民政府网站，2023年7月14日，https://www.yn.gov.cn/ynxwfbt/html/2023/zuixinfabu_ 0713/5708.html。

[3] 宗霞：《"开好局、强信心、促发展——贯彻落实党的二十大精神"系列新闻发布会省农业农村厅专场发布会》，云南省人民政府网站，2023年7月14日，https://www.yn.gov.cn/ynxwfbt/html/2023/zuixinfabu_ 0713/5708.html。

[4] 宗霞：《"开好局、强信心、促发展——贯彻落实党的二十大精神"系列新闻发布会省农业农村厅专场发布会》，云南省人民政府网站，2023年7月14日，https://www.yn.gov.cn/ynxwfbt/html/2023/zuixinfabu_ 0713/5708.html。

[5]《2022年云南省第一产业增加值达4012亿元》，人民网，2023年2月11日，http://yn.people.com.cn/n2/2023/0211/c378439-40297489.html。

招商引资项目实际落地金额达 121 亿元①；引入的 570 家涉农领域外资企业实际利用外资累计达 6.6 亿美元，与 2012 年相比增长 60%，引资规模创历史新高。②

3. 着力完善农业生产基础设施

为加快高原特色现代农业发展，近年来全省各地大力推进农田水利建设，农田灌溉条件不断改善。在农田水利设施方面，2022 年，全省水利工程蓄水总量 90.75 亿立方米，比上年提高 6.6%。③ 2021 年，全省拥有水库 7189 座，比 2017 年增加 805 座；水库库容量 146.55 亿立方米，比 2017 年增加 14.13 亿立方米；有效灌溉面积 3034.05 万亩，比 2017 年增加 256.95 万亩。④ 在农业机械化方面，云南开展主要农作物生产全程机械化示范点建设提升单产，加快绿色环保机械化技术装备推广应用，全链条协同推动研发制造和推广应用两端发力，农机购置与应用补贴政策实行优机优补，鼓励支持开展农机生产托管和跨区作业服务，提升农机安全监管综合治理效能。在设施农业发展方面，云南加大投资力度，喷滴灌、温室大棚等设施农业快速增加，在一定程度上提高了农业生产效率和农产品质量。

4. 严格制度与提升收益并重，保障粮食供给

近年来，云南严格落实粮食安全党政同责，细化明确各级党政领导班子

---

① 云南省网上新闻发布厅：《"云南这十年"系列新闻发布会·高原特色农业专场发布会》，云南省人民政府网站，2022 年 8 月 24 日，https://www.yn.gov.cn/ynxwfbt/html/2022/zuixinfabu_0823/4906.html。

② 云南省网上新闻发布厅：《"云南这十年"系列新闻发布会·高原特色农业专场发布会》，云南省人民政府网站，2022 年 8 月 24 日，https://www.yn.gov.cn/ynxwfbt/html/2022/zuixinfabu_0823/4906.html。

③ 云南省统计局：《云南省 2022 年国民经济和社会发展统计公报》，云南省统计局微信公众号，2023 年 7 月 21 日，https://mp.weixin.qq.com/s?__biz=MzIyNDc4NDAyOQ==&mid=2247496045&idx=1&sn=41c07d0eecd2e14b6304386d15cedb0f&chksm=e80b0a9fdf7c838930e67bb35dbf74b99e57c77e4288af2c0e8c10cb4f9f66fc4dc3568dd834&scene=27。

④ 云南省统计局：《喜迎二十大系列报道：十八大以来云南农业发展报告》，云南统计局微信公众号，2022 年 8 月 29 日，https://mp.weixin.qq.com/s?__biz=MzIyNDc4NDAyOQ==&mid=2247493007&idx=1&sn=899b96f8bc623b9dfb48ca9a3392d289&chksm=e80b1e7ddf7c976b02823351618d2934472e3c80be8f03878a2c9845088b6cece36a3f9bbeb4&scene=27。

及其成员粮食安全工作职责任务，逐级分解粮食生产底线任务，强化考核措施，确保粮食面积、产量只增不减。深入实施"藏粮于地、藏粮于技"战略，持续推进高标准农田建设和耕地保护，全省划定耕地保护7858.46万亩、永久基本农田保护5731.26万亩[1]；落实通报、挂牌、约谈、冻结、问责"五项机制"，整治乱占耕地；科学规划、规范管理、持续稳步推进高标准农田建设，推广培肥地力、改良土壤、保水保肥等技术，持续提升耕地质量。强化各项强农惠农政策落实，创建主要粮食作物单产提升示范县，抓好灾害防御、病虫害防控等关键环节，推广大豆玉米带状复合种植，探索"粮+菜""果+粮+豆""烤烟+玉米+油菜"等粮经协同发展模式，各类农村新型经营主体为农户提供从种子到销售全程生产托管服务，提升粮食综合生产能力和种粮收益。2022年，云南累计建成高标准农田3413万亩，占耕地面积的42%；粮食播种面积达6316.5万亩，比2021年增长0.47%；完成大豆玉米带状复合种植50.09万亩，实施杂交稻旱种53.12万亩，试点实施粮经协同发展模式5万亩；筹措130.15亿元支持粮食生产，种粮补贴惠及实际种粮农民708万余户、新型经营主体655个。[2]

5. 延链补链强链并举，全面推进乡村优势重点产业高质高效发展

实施乡村振兴战略以来，云南省加强森林、湿地、草地和生物物种资源可持续利用，聚焦粮食以外的"10+3"农业优势重点产业，按照产业化、规模化、标准化、绿色化、品牌化的思路，加大政策引导和资金投入力度，快速拉动农业投资；强化"菜篮子"市长负责制，建立健全重点产业"六个一"工作机制；加快推进重要农产品的品种培优、品质提升、品牌打造以及标准化生产，提升规模化水平，强化主体培育，优化提升农产品加工业，构建高效的流通体系，加快建设多元产业融合发展载体，加快推进农村一二三产业融合发展，推进高原特色优势重点产业全链条升级。

---

[1] 张勇：《我省共划定耕地保护目标7858.46万亩 永久基本农田保护任务5731.26万亩》，开屏新闻网，2023年6月28日，https：//appkp.ccwb.cn/web/info/20230628224343N43UL2.html。

[2] 冯稚进：《云南省建成高标准农田3413万亩 占耕地面积42%》，云南省农业农村厅网站，2023年1月13日，https：//nync.yn.gov.cn/html/2023/yunnongkuanxun-new_0113/394050.html。

第一，产业集群化发展格局基本形成。2018年以来，云南依托创建国家农业现代化示范区、打造"一县一业""一村一品"以及农业产业强镇、优势特色产业集群建设，持续推进农产品品牌打造和产业融合发展，提高农业产业增值收益。截至2022年末，云南创建蔬菜、咖啡、花卉、肉牛等国家级优势特色产业集群4个、国家级现代农业产业园5个，省级"一县一业"示范县30个、特色县30个，国家级产业强镇43个，全国"一村一品"示范村镇127个，国家农业绿色发展先行区6个，茶叶入选全国全产业链重点链，蒙自市、文山市分别以石榴、三七入选全国全产业链典型县，7个乡镇获2022年"全国乡村特色产业十亿元镇"称号、13个村获2022年"全国乡村特色产业亿元村"称号，[①] 初步形成"功能区+产业集群+产业园+一县一业+产业强镇+一村一品"大中小结合产业发展格局，成为全国在建的产业集群绩效评价为A档的唯一省份。[②]

第二，挖掘"土特产"，绿色化品牌化提升产业效益。2017年以来，云南省委、省人民政府通过农业种质资源普查，新征集农作物种质资源8417份、新采集制作畜禽和水产遗传材料22144份，规范保存种质资源16万余份；优势品种育种创新攻关，102个主要农作物品种和840个非主要农作物品种均通过国家审定和登记、2403个主要农作物品种通过省级审定，其中花卉产业自主培育新品种598个、引进推广新品种800余个、品种创新能力位居全国第一。[③] 建立地域特色农产品资源目录，累计获准国家地理标志保护产品65个，注册地理标志证明商标347件，登记农产品地理标志86个，

[①] 《2022年云南省第一产业增加值达4012亿元》，人民网，2023年2月11日，http://yn.people.com.cn/n2/2023/0211/c378439-40297489.html。

[②] 云南省发展和改革委员会：《2023年云南省人民政府工作报告（全文）》，中共云南党史网，2023年1月18日，https://www.ynds.yn.gov.cn/html/2023/zuixindongtai_0118/1413.html。

[③] 宗霞：《"开好局、强信心、促发展——贯彻落实党的二十大精神"系列新闻发布会省农业农村厅专场发布会》，云南省人民政府网站，2023年7月14日，https://www.yn.gov.cn/ynxwfbt/html/2023/zuixinfabu_0713/5708.html。

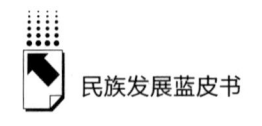

关联产业产值达128.59亿元，初步形成涵盖花卉、茶叶、蔬菜、咖啡、水果、坚果、中药材、牛羊、生猪等重点产业的地理标志保护格局。① 2018年以来，连续5年评选，树立了一批云南农业企业标杆，2021年在原来的茶、花、果、菜、药五大类的基础上增加粮油、畜禽和区域公用品牌的评选，评选维度由产品向品牌转变，支持注册"绿色食品牌"标识。实施"区域品牌+企业品牌+产品品牌"战略，依托特优区创建，加强传统品牌的整合，制定"绿色云品"品牌目录管理办法和消费指南，支持绿色食品、有机农产品、地理标志农产品和森林生态标志产品等的申请认证和扩展，集中建设一批影响巨大、效应明显的区域公用品牌作为特优区的"地域名片"，打造一批国内外知名的农产品品牌，形成"绿色食品牌"品牌集群效应。同时，组织企业在南博会、商洽会以及境内外展会上设置高原特色农业专题展馆，帮助企业畅渠道、拓市场、拿订单，并在云南境内主要旅游地机场开设"十大名品"展示销售中心，连续举办"四季云品·产地云南"系列宣传推介活动，加强农产品品牌推介。茶叶、花卉、蔬菜、水果、坚果、咖啡、中药材、肉牛8个重点产业综合产值保持了16%的年均高速增长，② 实现量效齐增。

第三，强化科技支撑培强新型主体。加快建设农产品加工园区，全产业链打造绿色食品"拳头"产业，促使高原特色农产品精深加工延链。与中国农业大学国家农业绿色发展研究院合作成立中国绿色食品产业发展研究院，打造科技支撑平台。培强市场主体，强化龙头带动作用，截至2023年6月，云南有12.63万户农业企业、1300多家规上农产品加工企业、6.8万个农民专业合作社、8万余个家庭农场。③ 引进一批国内外知名种植、养殖、

---

① 宗霞：《"开好局、强信心、促发展——贯彻落实党的二十大精神"系列新闻发布会省农业农村厅专场发布会》，云南省人民政府网站，2023年7月14日，https://www.yn.gov.cn/ynxwfbt/html/2023/zuixinfabu_ 0713/5708.html。

② 《云南省农业农村局长会议：云南"十四五"期间将实施"一二三行动"加快打造世界一流"绿色食品牌"》，云南省农业农村厅网站，2021年1月3日，https://nync.yn.gov.cn/html/2021/shouyetoubuxinwen_ 0123/376342.html。

③ 宗霞：《"开好局、强信心、促发展——贯彻落实党的二十大精神"系列新闻发布会省农业农村厅专场发布会》，云南省人民政府网站，2023年7月14日，https://www.yn.gov.cn/ynxwfbt/html/2023/zuixinfabu_ 0713/5708.html。

农产品加工企业落地云南。

第四，加快构建农产品流通体系。云计算、物联网以及移动互联网等新一代信息技术向农业农村领域快速延伸，农村电子商务进村入户，农产品供应链体系迭代升级加快，市场流通、物流配送等服务体系不断完善。2021年，云南省已建冷库6500余座，库容620余万立方米，营运冷链运输车1620辆，初步形成以蔬菜、水果、花卉生产基地为基础，以区域性和综合性冷链物流市场为依托，以大型冷链物流项目为支撑的冷链物流设施网络。2022年，云南省出台《云南省县乡村物流体系改革实施方案》，健全完善农产品流通网络，加快农村流通服务体系建设。截至2022年，全省共有较大农产品批发市场134家，年成交量超7500万吨，年成交总额超2200亿元；共有城区及乡镇农贸市场2011个；盒马鲜生、永辉超市、麦德龙、7-Eleven等一批知名连锁品牌在云南省落地发展，全省连锁便利门店增至3932家；咖啡、花卉、肉牛、橡胶、食用菌、茶叶、坚果、中药材、食糖、天麻、三七等云南特色大宗商品国际现货交易中心建设发展有序推进。[1] 同时，持续完善农村物流网络，加快构建县乡村三级物流配送体系，在全省全面布局县级物流配送中心、乡镇和行政村快递网点，开展统仓共配，提高物流时效，各种新型经营模式不断涌现，各类农村新型商业模式逐渐普及。截至2022年8月，云南健全农产品进城服务体系，建成112个县级电子商务服务中心，1154个乡镇级电子商务服务站，7278个村级服务网点，各中心（站点）集品控、品牌、认证、孵化、培训等服务于一体，推动电商集聚发展。构建农村物流服务体系，现建成103个县级电商物流配送中心，1373个乡镇快递网点，快递覆盖7356个行政村；组织返乡农民工、大学生、贫困户等开展电商普及和技能培训，培育农村电商人才累计超50万人次。[2]

---

[1] 云南省网上新闻发布厅：《"云南这十年"系列新闻发布会·高原特色农业专场发布会》，云南省人民政府网站，2022年8月24日，https://www.yn.gov.cn/ynxwfbt/html/2022/zuixinfabu_ 0823/4906.html。

[2] 云南省网上新闻发布厅：《"云南这十年"系列新闻发布会·高原特色农业专场发布会》，云南省人民政府网站，2022年8月24日，https://www.yn.gov.cn/ynxwfbt/html/2022/zuixinfabu_ 0823/4906.html。

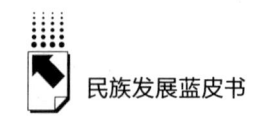

物流集散网络已覆盖95%的县（市、区），快递网点已覆盖100%的乡镇、80.12%的村。[1] 2016~2021年，云南省农村网络零售额从141.95亿元增长到732.86亿元，年均增长50.74%、高出全省网络零售额年均增幅11.15个百分点；农产品网络零售额从60亿元增长到358.24亿元，年均增长56.32%、高出全省网络零售额年均增幅16.73个百分点。[2]

6. 新业态新模式不断涌现，产业融合发展初见成效

党的十九大以来，云南全面打造"文、游、医、养、体、学、智"全产业链，推动乡村休闲康养旅游发展。2021年，全省约13%的村（社区）开展乡村旅游，创建民族特色村150多个、旅游特色村200多个、休闲农庄500多个、农家乐1万余家，开创了"民族赛事（非遗或农耕庆典）+旅游"等多种形式的农文旅融合发展，2万多名农户在网上销售农产品，2万多名农户参与休闲农业和乡村旅游。[3] 2012~2021年，全省乡村旅游接待游客增加至3.22亿人次、年均增长21.35%，乡村旅游总收入增长至1793.98亿元、年均增长23.74%，文化旅游累计带动贫困人口增收脱贫80.85万人，占全省脱贫人口的12.2%。[4] 2022年，云南首批认定省级非遗工坊35家，创建劳务品牌131个、从业人员215万人，[5] 一大批劳务品牌从传统工艺向现代产业转变，进一步带动了农村一二三产业融合发展。2022年，云南省乡村旅游接待游客3.12亿人次，乡村旅游收入达2564亿元。[6] 乡村旅游已经成为农民稳定增收的重要来源。

---

[1] 张琦敏：《云南农产品出口额十年增长111.7% 排名西部第一》，云南网，2022年8月24日，https://yn.yunnan.cn/system/2022/08/24/032246192.shtml。
[2] 云南省委网信新闻发布厅：《"云南这十年"系列新闻发布会·高原特色农业专场发布会》，云南省人民政府网站，2022年8月24日，https://www.yn.gov.cn/ynxwfbt/html/2022/zuixinfabu_0823/4906.html。
[3] 本书编写组编《希望的田野——中国农业农村十年发展成就》，中国统计出版社，2022，第209页。
[4] 《云南乡村游人气旺 来看这些村子的发展"绝招"》，云南网，2023年4月3日，https://society.yunnan.cn/system/2023/03/29/032525401.shtml。
[5] 《云南加快特色农业强省建设：发挥资源优势 做大做强产业》，人民网，http://yn.people.com.cn/n2/2023/0715/c378439-40495071.html。
[6] 史鸣飞：《发展特色产业 带动农民增收》，《人民日报》2023年8月30日，第2版。

（四）乡村建设加快补齐农村发展短板

2018年以来，云南省将推进乡村建设摆在重要位置，提升农村公共基础设施和公共服务水平，持续推进农村人居环境整治，实施城乡绿化美化三年行动，力争让全省乡村面貌实现质的飞跃。

1. 基础设施建设取得新突破

2017~2022年，云南省交通实现由瓶颈制约向基本适应的根本性转变，建设民用运输机场15个，铁路运营里程达4984公里（其中高铁运营里程1212公里），高速公路和农村公路分别突破1万公里和27万公里、居全国第2位，① 详见表1。农村饮水安全和供水保障水平加快提升，截至2019年末，1861.3万农村人口提升饮水安全保障水平（含280.5万贫困人口），农村集中供水率达96%，自来水普及率达94%②；2021年以来，实施农村供水保障三年专项行动，推行包保责任制，明晰各级地方政府、水行政主管部门、供水单位以及村委会（社区）、村民小组、农户的农村供水工程职责，配备管水员7.4万余人，加快建设农村供水保障工程并加大维修养护力度。截至2023年2月，改变了52.48万人的供水方式，解决72.28万人的供水保障问题，同步提升城乡280.66万人的供水保障水平。③ 农村供电、广播、通信网络等基础设施覆盖面不断扩大，2022年电力装机突破1.1亿千瓦，绿色能源装机占86.7%、年发电量占总发电量的90%，居全国首位、世界前列④；脱贫村全部通动力电、实现光纤宽带网络覆盖，自然村全面普及4G网络、加快建设5G基站和县级应急广播系统。持续推进农村居民安全

---

① 《2022年云南省公路总里程预计达31.6万公里 高速公路里程居全国第2位》，云南网，2023年1月12日，http://society.yunnan.cn/system/2023/01/12/032424184.shtml。
② 云南省网上新闻发布厅：《云南省决战决胜脱贫攻坚系列新闻发布会（第一场）》，云南省人民政府网站，2020年3月27日，https://www.yn.gov.cn/ynxwfbt/html/2020/zuixinfabu_0319/2603.html。
③ 《云南全力提升农村饮水安全保障水平》，云岭先锋网，2023年2月17日，http://ylxf.1237125.cn/Html/News/2023/2/17/407021.html。
④ 李茂颖：《云南全省电力装机突破1.1亿千瓦》，新浪网，2023年6月16日，https://cj.sina.com.cn/articles/view/7517400647/1c0126e47059042jzv。

稳固住房全覆盖。全面实施农村危房改造与易地扶贫搬迁，2012~2021年，云南省完成易地扶贫搬迁150万人，通过农村危房改造解决269.27万户贫困群众住房安全问题[1]；2019~2022年7月又累计建设49.67万户农村抗震安居房。[2]

表1 2017~2022年云南交通变化

年份	铁路运营里程（公里）	公路通车里程（公里）	等级公路 里程（公里）	等级公路 占比（%）	其中:高速公路 里程（公里）	其中:高速公路 占比（%）	等外公路 里程（公里）	等外公路 占比（%）
2017	3682	242546	208526	85.97	5022	2.07	34020	14.03
2018	3848	252929	220555	87.20	5184	2.05	32374	12.8
2019	4053	262409	231741	88.31	6003	2.29	30668	11.69
2020	4220	292479	272273	93.09	8406	2.87	20206	6.91
2021	4744	300890	281614	93.59	9947	3.31	19276	6.41
2022	4984	316091	301324	95.33	10249	3.24	14767	4.67

资料来源：2018~2023年《中国统计年鉴》。

2. 农村生态环境得到有效整治

2018年以来，云南省认真落实河（湖）长制，推进以长江为重点的六大水系保护修复，出境跨界断面水质达标率100%；九大高原湖泊"一湖一策"保护和治理、水质总体平稳向好，云南森林覆盖率55.25%、居全国第4位，[3] 生物多样性保护居全国前列。全面部署厕所革命、生活污水治理、生活垃圾治理、村容村貌等农村人居环境整治工程，建成一批国家园林城市、森林城市以及美丽县城、绿美乡村，城乡环境不断改善。2019~2021年，云南省累计新建改建农村卫生户厕344.06万座、农村卫生公厕15129

---

[1] 《云南住房和城乡建设这十年》，云南省住房和城乡建设厅网站，2022年8月26日，https：//zfcxjst.yn.gov.cn/gongzuodongtai2/zhujianyaowen3/287486.html。

[2] 《云南住房和城乡建设这十年》，云南省住房和城乡建设厅网站，2022年8月26日，https：//zfcxjst.yn.gov.cn/gongzuodongtai2/zhujianyaowen3/287486.html。

[3] 《云南森林覆盖率55.25% 居全国第4位》，昆明信息港，2023年5月23日，https：//m.kunming.cn/news/c/2023-05-23/13709035.shtml#/。

座，生活垃圾治理（或简易治理）覆盖1198个乡（镇）、12.7万个村①；农村生活污水治理率30%以上，受益143.63万户、513.31万人②。加快推行绿色生产方式，科学使用农业投入品，继续开展农药化肥减量行动，开展有机肥替代化肥示范，建立秸秆、农膜回收和绿色种养循环试点，实施畜禽粪污资源化利用整县推进项目34个，绿色种养循环农业试点28个，循环利用农业废弃物，提升产地环境保护水平。统筹推进以九大高原湖泊流域为重点的农业绿色转型发展，出台《云南省九大高原湖泊流域农业绿色发展总体规划》，推进产业布局结构调整，绿色产业融合发展、绿色经营主体培育等，加快推进农业绿色转型，推动农业高质量绿色发展。

3. 加快健全农村公共服务体系

第一，加快推进教育全面发展。实施乡村振兴战略以来，云南省加快建设"一村一幼"，全面实施义务教育学校标准化建设，不断提升农村学前教育普及普惠水平以及城乡义务教育一体化均衡发展水平，保障适龄儿童受教育的权利。2022年末，农村义务教育学校（含教学点）办学条件全部达标，"全面改薄"计划完成，农村孩子上学便利性持续改善，就学比重不断提高，129个县（市、区）全部实现义务教育县域基本均衡发展。建立依法控辍保学"四步法""互联网+控辍保学"等长效机制，实现义务教育阶段建档立卡辍学学生动态清零；建立从学前教育到高等教育的学生资助体系，资助家庭经济困难学生3270多万人次；实施各类贫困专项招生计划，帮助5万多名贫困家庭学子圆了大学梦。③ 通过教师"省管校用"对口帮扶、教育人才"组团式"帮扶、教育部直属高校托管帮扶、省属高校托管帮扶、州（市）内优质普通高中托管帮扶等"五个一批"，实现县中托管帮扶全覆盖，

---

① 云南省农业农村厅：《全省各州市农村厕所革命完工情况（2019—2021年）》，云南省人民政府网站，2022年8月25日，https://nync.yn.gov.cn/html/2022/shushuoyunnansannong_0825/389872.html?cid=4977。

② 《云南省深入推进农村生活污水治理》，云南网，2022年5月13日，http://yn.news.cn/newscenter/2022-05/13/c_1310591964.htm。

③ 《"云南这十年"系列新闻发布会·教育体育专场》，云南省人民政府网站，2022年9月15日，https://www.yn.gov.cn/ynxwfbt/html/2022/fabuhuiyugao_0914/1661.html。

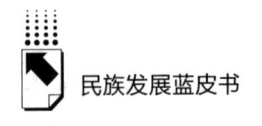

合力破解"县中困境"。

第二，持续提高卫生健康事业的服务质量和水平。2018年以来，云南全面推进农村医疗卫生服务体系建设，提升乡（镇）卫生院和村卫生室标准化水平；制定出台了省级支持瑞丽市应对疫情影响、促进经济社会平稳健康发展一揽子政策措施，投资实施重大传染病救治能力和疾控机构核心能力"双提升"工程，以及核酸检测和医疗救治"再提升"工程；不断推进优质医疗资源提质扩容与区域均衡布局，建好国家区域医疗中心、省级临床医学中心和分中心，持续开展基层综合医院、中医医院提质达标和县级"五大中心"建设，推广紧密型县域医共体模式；坚持医防融合，建设健康县城，织牢公共卫生防护网，全面提升突发公共卫生事件应急能力。2021年，云南新建慢病管理中心400家，心脑血管救治站92个，县域内就诊率达90%以上；脱贫地区县乡村医疗卫生机构持续巩固达标，救治36种大病脱贫患者20.78万人，救治率达98.99%，巩固提升了健康扶贫成果。[①] 2022年，建立健全优质医疗资源"省管县用"机制，101家县级医院入选国家首批"千县工程"，118个县（市、区）建成紧密型县域医共体。[②]

第三，建立健全农村社会保障体系，强化兜底保障能力。农村社会保障体系是保障农村居民基本生存和发展的"安全网"，也是农村社会的"稳定器"。实施乡村振兴战略以来，云南省加快完善因人而异的社会保障体系，建立健全以农村最低生活保障为核心的农村社会救助制度，以城乡居民基本医疗保险、大病保险和养老保险为重点的农村社会保险制度。2018~2020年，重点向建档立卡贫困户倾斜，实施精准分类施保，农村低保线与贫困线两线合一，各地农村低保标准均高于当年国家扶贫标准，2019年，云南农村低保标准为每人每年4200元，农村低保户保障人数提高至2人以上；财政帮助贫困户购买了城乡居民基本医疗保险、大病保险

---

① 《云南：持续推动卫生健康事业高质量发展》，新浪网，2022年1月23日，https://cj.sina.com.cn/articles/view/5890690907/15f1ccf5b01900wzzi。
② 《2023年云南省人民政府工作报告（全文）》，中共云南党史网，2023年1月18日，https://www.ynds.yn.gov.cn/html/2023/zuixindongtai_0118/1413.html。

和养老保险，实现了医疗"三重保障"和基本养老保障。2021年以来，不断完善保障制度，提高保障水平，农村低收入人口和重点监测户实行应保尽保。2023年7月1日，云南农村低保省级指导标准提高到每人每年6038元，城乡特困人员基本生活省级指导标准统一提高至每人每月947元；低保对象、特困人员、返贫人口等缴费困难群体参保城乡基本医疗保险纳入财政补贴范围。

（五）乡村治理和农村改革稳步推进

1. 全面加强乡村治理

加强农村基层党组织建设，持续加强乡镇领导班子建设，全面推行村级组织"大岗位制"，排查整顿软弱涣散村党组织1106个。健全完善乡村治理体系，90%以上的行政村运用积分制、清单制、数字化等方式开展乡村治理。扎实推进村委会规范化建设，落实"四议两公开"。全面加强农村普法宣传教育，开展矛盾纠纷大排查大化解等专项行动，扫黑除恶工作常态化，"听党话、感党恩、跟党走"宣讲成果明显，平安云南建设稳步推进。积极培育文明乡风，加强农村殡葬基础设施建设，大力整治高价彩礼、人情攀比、厚葬薄养、铺张浪费等行为，县级以上文明村镇比例达72%。

2. 稳定推进农村改革

云南省农村集体产权制度改革工作全面完成，共清查核实集体账面资产2339亿元，确认集体经济组织成员身份3890余万人、发放股权证590.99万本，有91695个村组登记赋码成立集体经济组织。完成晋宁区和维西县、启动宁洱县的第二轮土地承包到期后再延长30年的试点，有效探索出继续延包、分户承包、互换承包、退出承包4种实施路径，为后续改革推进奠定良好基础。宜良县、江川区、大理市等地稳步推进宅基地制度改革试点，全省基本建成宅基地联审联管机制。

二 农业农村现代化阶段性成效显著

乡村振兴战略实施以来，云南省农业综合生产能力持续提升，农民收入

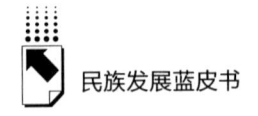

水平、生活质量快速提升，农民组织化程度不断提高，城乡融合发展稳步推进，农村生产、生活和发展环境明显改善，农业农村现代化阶段性成效显著。

（一）农业综合生产能力和竞争力持续提高

1. 粮食和重要农产品供给水平稳步提升

实施乡村振兴战略以来，云南围绕粮食安全和重要农产品供给持续发力，粮食产量始终保持平稳增长态势，粮食产能逐年提升。2022年，全省粮食总产量1957.96万吨，大豆产量32.23万吨，分别同比增长1.44%、0.2%，粮食产量再创历史新高、实现"十一连增"，稳居全国粮食产销平衡区第1位；2017~2022年，粮食综合单产从289.3千克提升至309.98千克，五年增长7.14%，年均增长1.74%①；人均粮食产量从402千克提升至417千克，年均增长0.92%，高于国际公认的人均400千克粮食安全标准线。2023年上半年，云南省夏粮总产量261.27万吨，夏粮产量稳中略减，但仍处于较高水平，居历史第三高位，实现丰收。②

在确保粮食生产的同时，云南不断探索蔬菜、茶叶、花卉、水果、坚果、咖啡、中药材等特色产业发展新模式，在政策扶持、气候适宜、结构调整到位等有利条件下，推动标准体系建设、"菜篮子"供应基地以及全国中高端水果一流产区建设，保障了市场全品类、全周期均衡供应，成为国家重要的蔬菜、水果生产供应基地和肉类食品供应大省，为全国重要农产品稳产保供做出积极贡献。2022年，云南省蔬菜总产量2857.92万吨、居全国第10位，人均蔬菜产量609千克，近七成销往全国150多个大中城市、40多个国家和地区；水果总产量1289.05万吨、居全国第9位，各类水果产量明显增长，一些错季水果全年时鲜供应；甘蔗产量1553.70万吨、居全国第2位；猪

---

① 冯稚进：《云南省建成高标准农田3413万亩 占耕地面积42%》，云南省农业农村厅网站，2023年1月13日，https://nync.yn.gov.cn/html/2023/yunnongkuanxun-new_0113/394050.html。
② 国家统计局云南调查总队：《2023年云南夏粮生产再获丰收》，云南省人民政府网站，2023年7月27日，https://www.yn.gov.cn/sjfb/sjtj/202307/t20230727_267101.html。

牛羊禽肉产量520.33万吨，同比增长6.9%，比全国高出3.1个百分点，居全国第5位，外调生猪、禽蛋和牛奶产量分别同比增长39%、3.7%、0.9%。① 2023年上半年，云南省蔬菜种植面积为1083.02万亩、产量达1432.33万吨，分别较2022年同期增长2.8%和3.3%，蔬菜产量占全国蔬菜总产量的3.57%、居全国第11位；猪牛羊禽肉产量251.1万吨，较2022年同期增长4.5%，其中，猪、牛、羊、禽肉产量分别增长4.9%、3.3%、1.0%、2.8%；牛奶产量较2022年同期增长6.1%；禽蛋产量较2022年同期增长2.3%；猪、牛、羊、禽出栏分别增长3.8%、2.2%、0.7%、2.6%。②

2. 乡村重点产业量效齐增，产业综合竞争力持续提升

随着产业化的快速推进，云南省重点突出茶叶绿色化、花卉设施化、蔬菜和水果差异化、咖啡精品化、中药材道地化、蔗糖和天然橡胶机械化，农业产业综合竞争力明显增强。2021年，粮食以外的13类乡村特色重点产业均实现量效齐增。咖啡种植面积、产量和产值均占全国98%以上，精深加工率和精品率分别由20%、8%提升至43%、14.3%；橡胶产量占全国天然橡胶总产量的比重超过50%，2012~2021年年均增长3.4%。③ 花卉面积和产值增速全球第一，是世界上最大的鲜切花产区，在全国80多个大中城市中占据70%的市场份额，2022年鲜切花产量180亿枝，全球平均人手2枝多，斗南花卉市场成为亚洲乃至世界鲜切花风向标，是中国花卉价格的"晴雨表"。④ 蔬菜、水果、咖啡等重点产业多年来种植规模和产量稳居全国第1位，甘蔗面积和产量居全国第2位。2023年上半年，蔬菜、鲜切

---

① 《2023年云南省人民政府工作报告（全文）》，中共云南党史网，2023年1月18日，https：//www.ynds.yn.gov.cn/html/2023/zuixindongtai_0118/1413.html。
② 云南省统计局：《2023上半年云南经济保持持续恢复向好态势》，云南省统计局网，2023年7月21日，http：//stats.yn.gov.cn/tjsj/jjxx/202307/t20230721_1090306.html。
③ 云南省网上新闻发布厅：《"云南这十年"系列新闻发布会·高原特色农业专场发布会》，云南省人民政府网站，2022年8月24日，https：//www.yn.gov.cn/ynxwfbt/html/2022/zuixinfabu_0823/4906.html。
④ 云南省网上新闻发布厅：《"云南这十年"系列新闻发布会·高原特色农业专场发布会》，云南省人民政府网站，2022年8月24日，https：//www.yn.gov.cn/ynxwfbt/html/2022/zuixinfabu_0823/4906.html。

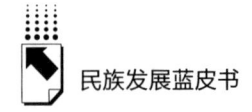

花、水果、茶叶产量同比分别增加3.5%、12%、8.9%、1%，咖啡生豆价格创造了37元每公斤的历史新高，① 茶叶、花卉、蔬菜、水果、中药材、牛羊、生猪、烟草8个重点产业全产业链产值突破1200亿元，② 绿色高效的高原特色现代农业产业体系基本形成。2021年，云南重点产业农产品加工产值与农业总产值之比为1.9∶1，农村一二三产业比例达到28∶50∶22，③ 2022年农产品加工业产值与农业总产值之比提高到2.1∶1，④ 优质特色农产品市场占有率稳步提升，农产品销往全国150多个大中城市以及110多个国家和地区。2012~2021年，出口额从20.4亿美元增加到43.2亿美元、增长111.7%，出口总额多年来一直排名西部第一、全国前列，花卉、水果、蔬菜、烟草、咖啡、茶叶、精油等大类具有较强资源优势的重点农产品，占全省农产品出口总额的85%以上，其中果品出口额均保持在全省农产品出口总额的40%以上，占全国果品出口额的25%以上。⑤

3. 农业绿色化品牌化发展成效凸显

2021年，云南省有机茶园认证面积跃居全国首位，绿色食品有效获证产品升至全国第7位，农产品地理标志累计登记86个、居全国第20位；拥有"两品一标"农产品5000多个，"两品一标"农产品基地面积1700多万亩，认定"绿色食品牌"产业基地1888个，⑥ 10个产品入选中欧地理标志

---

① 云南省统计局：《2023上半年云南经济保持持续恢复向好态势》，云南省统计局网站，2023年7月21日，http：//stats.yn.gov.cn/tjsj/jjxx/202307/t20230721_1090306.html。
② 宗霞：《"开好局、强信心、促发展——贯彻落实党的二十大精神"系列新闻发布会省农业农村厅专场发布会》，云南省人民政府网站，2023年7月14日，https://www.yn.gov.cn/ynxwfbt/html/2023/zuixinfabu_0713/5708.html。
③ 云南省网上新闻发布厅：《"云南这十年"系列新闻发布会·高原特色农业专场发布会》，云南省人民政府网站，2022年8月24日，https://www.yn.gov.cn/ynxwfbt/html/2022/zuixinfabu_0823/4906.html。
④ 郜晋亮：《云南特色农业强省建设成效渐显》，《农民日报》2023年7月13日，第1版。
⑤ 张琦敏：《云南农产品出口额十年增长111.7% 排名西部第一》，云南网，2022年8月24日，https://yn.yunnan.cn/system/2022/08/24/032246192.shtml。
⑥ 云南省网上新闻发布厅：《"云南这十年"系列新闻发布会·高原特色农业专场发布会》，云南省人民政府网站，2022年8月24日，https://www.yn.gov.cn/ynxwfbt/html/2022/zuixinfabu_0823/4906.html。

协定保护名录、6个产品入选全国名特优新农产品名录，绿色有机农产品供给能力得到极大提升，"云系""滇牌"品牌效益持续提升。2017~2022年，云南有机农产品有效认证数和获证市场主体数从全国第8位升至第1位，绿色食品重点产业综合产值年均增长15%以上。[1]

4. 高原特色农业在全国的优势更加明显，农业生产效率持续提高

实施乡村振兴战略以来，在特色产业的推动下，云南第一产业增加值和农林牧渔业总产值均持续快速增长。2017~2022年6年间，云南第一产业产值从2338.37亿元增长至4012亿元，排名从全国第13位提升至第10位，年均增长11.40%，分别比2012~2017年云南省和全国的年均增幅高出4.05和4.10个百分点，占全省地区生产总值的比重从12.65%提高至13.86%，占全国第一产业的比重从3.77%提高到了4.54%，详见表2。2023年上半年，云南第一产业增加值1195.33亿元，同比增长4.5%、高出全国0.8个百分点。[2]

表2 2017~2022年云南省与全国第一产业发展情况

单位：%

指　　标	2017	2018	2019	2020	2021	2022
云南地区生产总值/全国GDP	2.22	2.27	2.35	2.42	2.37	2.39
云南一产增加值/全国一产增加值	3.77	3.86	4.31	4.63	4.66	4.54
云南一产增加值/云南GDP	12.65	11.97	13.08	14.68	14.26	13.86
云南一产增加值相对增长率	5.07	6.86	21.57	18.48	7.54	3.66

资料来源：2017~2021年数据引自2018~2022年《中国统计年鉴》，2022年全国和云南省数据分别引自《中华人民共和国2022年国民经济和社会发展统计公报》《云南领导干部手册2023》。

2017~2021年5年间，云南农林牧渔业总产值从3872.9亿元增长至6351.8亿元，增长了64.00%，年均增长13.17%、高出全国5.48个百分点；农林牧渔业总产值占全国比重4.32%、提高了0.78个百分点，其中农

---

[1] 符皓：《近五年云南经济总量年均增长6.4%》，云南人民网，2023年1月11日，http://yn.people.com.cn/n2/2023/0111/c378439-40262571.html。

[2] 云南省统计局：《2023上半年云南经济保持持续恢复向好态势》，云南省统计局网，2023年7月21日，http://stats.yn.gov.cn/tjsj/jjxx/202307/t20230721_1090306.html。

业、牧业和渔业产值分别占全国的比重为4.39%、5.30%和0.77%,较2017年分别提高0.98、0.91和0.01个百分点;林业产值占全国的比重虽然下降了0.02个百分点,但是占全国比重仍高达7.64%,详见表3。2023年上半年,云南农林牧渔业总产值2267.08亿元,同比增长4.5%、高出全国0.6个百分点。①

由此表明,云南省第一产业和农林牧渔业的发展在全国第一产业和农林牧渔业发展中的地位和重要性在持续上升,相较于全国而言具有一定的领先优势。

表3 2021年云南省农林牧渔总产值及全国对比情况

分项	全国(亿元)	云南(亿元)	占全国比重(%) 2017年	占全国比重(%) 2021年
农林牧渔业产值	147013.4	6351.8	3.54	4.32
农业产值	78339.5	3441.5	3.41	4.39
林业产值	6507.7	497.3	7.66	7.64
牧业产值	39910.8	2113.3	4.39	5.30
渔业产值	14507.3	112.4	0.76	0.77

资料来源:2018年和2022年《中国统计年鉴》。

随着云南高原特色农业效益不断提升,云南农业的土地产出率和劳动生产率持续快速提升。2017~2022年,云南农业的亩均一产增加值、亩均农林牧渔业总产值分别从2295.63元、3802.13元增加至3656.00元、5646.90元,年均增速分别为12.34%、12.08%,分别高出全国5.17、4.77个百分点。2019年云南农业的亩均一产增加值、2020年云南农业的亩均农林牧渔业总产值先后由低于全国平均水平变为高于全国平均水平。同期,云南农业的劳均一产增加值和劳均农林牧渔业总产值的绝对值虽然低于全国平均水平,但是年均增幅分别达到17.51%、17.78%,分别高出全国平均增速5.48、5.07个百分点。②

---

① 云南省统计局:《2023上半年云南经济保持持续恢复向好态势》,云南省统计局网,2023年7月21日,http://stats.yn.gov.cn/tjsj/jjxx/202307/t20230721_1090306.html。
② 根据2018~2023年《中国统计年鉴》相关数据计算。

（二）农业现代化生产水平明显提高

生产基础设施是农业现代化水平的最直接反映。云南农田水利条件明显改善，农业机械化水平以及设施农业快速发展，农业现代化生产水平明显提高。

首先，科技成果转化推广明显加快。2021年，云南省农业科技进步贡献率达60%，农作物综合机械化水平达到50%以上，主要农作物良种覆盖率达96%。其次，农田水利条件明显改善。2022年，全省水利工程蓄水总量90.75亿立方米、比上年提高6.6%。[1] 2021年全省拥有水库7189座，水库库容量146.55亿立方米，分别比2012年增加1599座、32.36亿立方米；有效灌溉面积3034.05万亩，比2012年增加517万亩，农业生产设施不断完善，全省高原特色现代农业发展质量显著提升。再次，农业机械化水平明显提高。云南90%以上为山区地貌，机械化耕作虽然还未能得以普及，但农业机械化拥有量快速增长，农作物机械化率大幅提高，2021年，全省农业机械化总动力2839万千瓦。此外，近年来，云南喷滴灌、温室大棚等设施农业显著增长，设施农业迅速发展，在一定程度上提高了农业生产效率和农产品质量。2021年，全省设施农业种植、设施林业经营、设施畜牧和水产养殖占地面积分别约为150万亩、110万亩、10万亩和25万亩。[2]

（三）农民收入水平和生活质量同步提升

1. 农民人均收入水平增长较快，城乡居民收入差距持续缩小

2017~2022年，云南农民人均收入持续保持较快增长态势，农村常住居民人均可支配收入（以下简称农民人均可支配收入）从9862元增长至15147元，增长了5285元、年均增速8.96%，比同期全国农民人均可支配收入增长幅度高出0.53个百分点，[3] 云南与全国的农民人均收入差距持续缩小，详见表4。2023年上半年，云南农民人均可支配收入7008元、同比

---

[1] 本书编写组编《希望的田野——中国农业农村十年发展成就》，第208页。
[2] 本书编写组编《希望的田野——中国农业农村十年发展成就》，第209页。
[3] 根据2018~2023年《云南调查年鉴》相关数据整理计算。

增长8.0%，扣除价格因素实际增长7.5%。① 与同期全国农民人均可支配收入平均水平相差3543元，比2022年的差距减少了1443元。

从农民收入结构看，2017~2022年，云南农民人均可支配收入中，工资性收入、经营净收入、财产净收入和转移净收入，分别增加2133元、1966元、53元、1132元，分别年均增长12.01%、6.39%、5.43%、12.04%，对农民人均收入增收贡献率分别为40.36%、37.21%、1.01%和21.42%，分别拉动收入增长21.73、20.04、0.54、11.48个百分点，详见表5。

云南农民人均可支配收入持续保持稳定增长，究其原因主要是长期以来的农业优势重点产业的快速发展、农村劳动力转移就业以及乡村建设工程均为农民稳定增收提供了保障，过渡期脱贫地区还延续着部分到户到人的政策性转移支付。高原特色重点产业的快速发展是农民持续稳定增收强有力的支撑。2022年，云南农民经营净收入占比高达48.7%，比全国高出14个百分点，对收入增长贡献为53%；2017~2021年，云南农村居民的经营净收入中第一产业收入比重一直在80%以上，2021年，云南农民从第一产业获得的收入为5624元，比全国平均水平高1332元，详见表6。云南农民收入构成中工资性和经营性收入占比合计为81.25%，但是经营性收入占比近一半，且相较于工资性收入而言更为稳定。因此，发展高原特色农业是促进云南农民收入持续增长的重要措施和关键环节。

表4　2017~2022年云南省农村常住居民人均可支配收入来源及年均增速

单位：元，%

指　标	2017年	2018年	2019年	2020年	2021年	2022年	年均增速
可支配收入	9863	10768	11903	12843	14197	15147	8.96
工资性收入	2795	3260	3601	3975	4697	4928	12.01
经营净收入	5413	5599	6214	6523	6876	7379	6.39
财产净收入	177	187	189	198	211	230	5.43
转移净收入	1478	1722	1899	2147	2413	2610	12.04

资料来源：2018~2023年《云南调查年鉴》。

---

① 国家统计局云南调查总队：《2023年上半年云南居民收支平稳增长》，新浪网，2023年7月26日，https://k.sina.com.cn/article_2609671010_9b8c6b62019015dyb.html。

表5 2017~2022年云南省农村常住居民人均可支配收入来源及贡献率

单位：元，%

指标	2017年	2018年	2019年	2020年	2021年	2022年
可支配收入	9862	10768	11902	12842	14197	15147
增加额	842	906	1134	940	1355	950
工资性收入	2795	3260	3601	3975	4697	4928
增加额	241	465	341	374	722	231
贡献率	28.62	51.32	30.04	39.84	53.29	24.30
经营净收入	5413	5599	6214	6523	6876	7379
增加额	369	186	615	308	353	503
贡献率	43.81	20.58	54.23	32.82	26.05	53.00
其中：第一产业	4814	4770	5127	5287	5624	
第二产业	19	172	124	116	230	
第三产业	580	657	963	1120	1022	
财产净收入	177	187	189	198	211	230
增加额	24	11	1	9	14	19
贡献率	2.89	1.18	0.11	0.97	1.00	1.98
转移净收入	1478	1722	1899	2147	2413	2610
增加额	208	244	177	248	266	197
贡献率	24.72	26.89	15.62	26.37	19.65	20.73

资料来源：2018~2023年《云南调查年鉴》。

表6 2017~2022年云南省农村常住居民人均可支配收入结构变化

单位：元

指标	2017年	2018年	2019年	2020年	2021年	2022年
可支配收入	9862	10768	11902	12842	14197	15147
工资性收入	2795	3260	3601	3975	4697	4928
工资	2302	2752	3314	3822	4596	4843
实物福利	2	7	13	20	36	47
其他	491	500	274	133	65	39
经营净收入	5413	5599	6214	6523	6876	7379
第一产业经营净收入	4814	4770	5127	5287	5624	5963
1. 农业	3640	3653	3529	3720	4066	4414
2. 林业	209	255	223	149	316	317
3. 牧业	944	855	1370	1433	1241	1228
4. 渔业	20	7	5	-16	1	3

续表

指　标	2017年	2018年	2019年	2020年	2021年	2022年
第二产业经营净收入	19	172	124	116	230	345
第三产业经营净收入	580	657	963	1120	1022	1072
财产净收入	177	187	189	198	211	230
转移净收入	1478	1722	1899	2147	2413	2610
转移性收入	1678	2093	2291	2714	2859	3148
其中:养老金或离退休金	254	338	347	389	417	466
转移性支出	200	372	392	567	445	538
其中:社会保障支出	175	328	337	303	411	507

资料来源：2018~2023年《云南调查年鉴》。

2017~2022年，农民人均收入年均增速比城镇居民收入（6.25%）快2.71个百分点，城乡居民收入水平差距从3.14缩小到了2.78，缩小了0.36，相较于全国城乡居民收入比的缩小程度快了0.10。分阶段看，2017~2020年脱贫攻坚期间4年、2021~2022年脱贫攻坚与乡村振兴衔接过渡的两年，云南城乡居民收入差距缩短的程度分别比全国高了0.07、0.03，详见表7。但是，随着脱贫攻坚结束，云南省农民收入的增长速度下降，说明云南农村农业发展水平和自我发展能力仍然薄弱，加快云南农业农村现代化还任重道远。

表7　2017~2022年云南省与全国城乡居民收入变化

单位：元，%

项目	区域	2017年	2018年	2019年	2020年	2021年	2022年	年均增速 2017~2022年	年均增速 2017~2020年	年均增速 2020~2022年
城镇居民人均可支配收入	全国	36396.2	39250.8	42358.8	43833.8	47411.9	49283.00	6.25	6.39	3.98
	云南	30995.9	33487.9	36237.7	37499.5	40904.9	42168.00	6.35	6.56	3.99
农村居民人均可支配收入	全国	13432.4	14617.0	16020.7	17131.5	18930.9	20133.00	8.43	8.45	5.53
	云南	9862.2	10767.9	11902.4	12841.9	14197.3	15147.00	8.96	9.20	5.66
城乡居民收入比(农村为1)	全国	2.71	2.69	2.64	2.56	2.50	2.45	-0.26	-0.15	-0.11
	云南	3.14	3.11	3.04	2.92	2.88	2.78	-0.36	-0.22	-0.14

资料来源：根据2018~2023年《中国统计年鉴》和《云南领导干部手册2023》相关数据整理计算。

2. 农村居民生活质量明显提升

2017~2022年，云南农村居民人均生活消费支出从8027.3元增长至13309元，年均增速10.64%。从消费结构看，7项支出均持续增长，其中食品烟酒、衣着、居住、医疗保健4项支出年均增幅均高于10%；农村居民的恩格尔系数曲折上升，从2017年的32.55%持续下降至2019年的31.82%，又提高到了2021年的35.78%，再次下降到2022年的34.48%，最高的2021年比最低的2019年提高了3.96个百分点，2022年较2021年下降了1.30个百分点，但仍然维持在35%以下，说明在脱贫人口"两不愁三保障"得到有效保障的基础上，农民的生活质量明显提升，详见表8。2020~2022年，大量劳动力滞留在家中不能外出务工，对食品烟酒的消费快速增加，恩格尔系数出现波动。各项消费支出的绝对值和年均增幅均呈快速增长的趋势。

表8 2017~2022年云南农村常住居民人均消费支出结构变化

单位：元，%

指标	2017年	2018年	2019年	2020年	2021年	2022年	年均增长
消费支出	8027.3	21626.4	10260.2	11069.5	12386	13309	10.64
食品烟酒	2612.8	5845.8	3264.8	3797.1	4431.2	4589	11.92
衣着	320.6	1392.1	396.2	451.7	495.2	530	10.57
居住	1509.1	4803.9	2053.1	2115.4	2450.0	2626	11.72
生活用品及服务	459.6	1293.0	574.1	569.9	607.5	644	6.98
交通通信	1308.6	3227.9	1663.0	1691.7	1835.2	2013	9.00
教育文化娱乐	1044.0	2664.1	1254.1	1324.2	1346.4	1508	7.63
医疗保健	681.5	1875.0	936.3	980.6	1059.2	1218	12.31
其他用品及服务	91.1	524.6	118.6	138.8	161.2	180	14.59

资料来源：根据2018~2023年《中国统计年鉴》相关数据整理。

（四）农村生产、生活和发展条件大为改善

1. 农村生态环境治理成效明显

2021年，云南省主要农作物绿色防控覆盖率达38.4%，比2015年高出

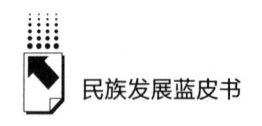

18.4个百分点。化肥农药使用量连续5年负增长，化肥使用量（折纯量）187.33万吨、较2015年减少19.2%，实现了"五年连减"；农药使用量（商品量）4.11万吨、较2015年减少8.26%，实现了"六年连减"。病虫害统防统治覆盖率45%，测土配方施肥覆盖率92.2%；农作物秸秆综合利用率由2016年的81%提升至90.38%，农膜回收率由2019年的71.9%提升至82.9%，畜禽粪污综合利用率由2016年的65%提升至76%，比全国高5个百分点；①受污染耕地安全利用率达90%，比"十三五"时期提高了8.8个百分点。②

2. 农村基础设施不断完善

2021年，云南省农村自来水普及率达93.5%；99.4%的村庄进村主要道路通硬化公路、96.2%的村庄内主要道路为硬化道路，99.7%的村小组通电话，89.9%的村实现了生活垃圾全部集中处理或部分集中处理，39%的村生活污水全部集中处理或部分集中处理，98.9%的村有公共厕所。③农村供电、广播、通信网络等基础设施基本实现全覆盖，绿色能源占比超过86%，全省自然村4G网络覆盖率达95%，建成6.6万个5G基站和79个县级应急广播系统。④农村危房问题基本解决。全省129个县（市、区）全部达到国家卫生县城标准。⑤2022年，全省创建乡村振兴示范乡镇16个、精品村203个；⑥用水、用电、电信网络、公共交通等设施的完善让农民生产生活更加

---

① 云南省网上新闻发布厅：《"云南这十年"系列新闻发布会·高原特色农业专场发布会》，云南省人民政府网站，2022年8月24日，https://www.yn.gov.cn/ynxwfbt/html/2022/zuixinfabu_0823/4906.html。

② 新华社：《奋进新征程 建功新时代·非凡十年丨云南：实干奋进，勇闯跨越式发展之路》，人民政协网，2022年8月4日，https://www.rmzxb.com.cn/c/2022-08-04/3173551.shtml。

③ 本书编写组编《希望的田野——中国农业农村十年发展成就》，第208~209页。

④ 《2023年云南省人民政府工作报告（全文）》，中共云南党史网，2023年1月18日，https://www.ynds.yn.gov.cn/html/2023/zuixindongtai_0118/1413.html。

⑤ 《云南：持续推动卫生健康事业高质量发展》，新浪网，2022年1月23日，https://cj.sina.com.cn/articles/view/5890690907/15f1ccf5b01900wzzi。

⑥ 云南省农业农村厅：《对政协云南省十二届五次会议第0278号提案的答复》，云南省人民政府网站，2022年5月30日，https://nync.yn.gov.cn/html/2022/tianjianyibanli2022_0530/386850.html?cid=4560。

便利,为农业农村发展奠定了坚实基础。

3.乡村公共服务全面提升

截至2021年末,云南有各级各类学校超35000所、在校生1000多万人,其中,乡镇拥有小学校1.1万多个、小学专任教师22.5万多人,[①] 学前教育毛入园率达90.23%、比2018年提高10.23个百分点,九年义务教育巩固率为97.16%、高出全国1.76个百分点;积极探索普职融通机制,高中阶段教育毛入学率为91.24%;高校数量增加83所,在学人数增加到150.15万人,高等教育毛入学率为53.03%,高校累计培养输送100多万高素质人才,为全省发展提供了有力的人才支撑和智力支持。[②] 同年,云南乡镇拥有医疗卫生机构2万多个,床位约25万张,执业(助理)医师8万多人;拥有村卫生室1.4万多个,执业(助理)医师近2万人。城乡居民基本医疗保险的人均补助标准达到580元,城乡居民基本养老保险的低保对象、特困人员、返贫人口等缴费困难群体实行应保尽保。2021年末,乡镇有本级政府创办的养老机构近700个,村集体创办的养老机构350多个,村集体创办的养老机构收养和救助4000多人;乡镇拥有图书馆1000多个,村拥有图书室(文化站)1.2多个;乡镇拥有体育场馆近1000个,村拥有健身场馆3.3万个。[③]

三 云南农业农村现代化面临的困难和挑战

尽管云南顺利实施完成第一个乡村振兴规划,但是仍然存在着农业发展质量不高、基础设施滞后、公共服务不足、巩固拓展脱贫攻坚成果难度大、城乡融合发展面临困境等困难和挑战。

[①] 本书编写组编《希望的田野——中国农业农村十年发展成就》,第208~209页。

[②] 赵彩琳:《云南:九年义务教育巩固率超97% 教育普及实现历史性跨越》,新华网,2022年9月16日,http://yn.news.cn/reporter/2022-09/16/c_1310663294.htm。

[③] 本书编写组编《希望的田野——中国农业农村十年发展成就》,第208~209页。

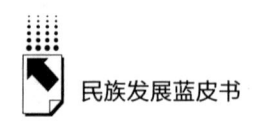

（一）农业现代化质量短板突出

农业发展水平的高低不仅要看质量效益更要看生产、经营以及支持体系的作用。云南作为农业大省，党的二十大以来，省委、省政府聚焦打造世界一流"三张牌"，促进农业农村发展取得了显著成效，发生了历史性变革。但是在显著成效的背后，仍然面临农业质量效益总体不高的问题。根据笔者的模型测算结果显示，2020年，云南产业体系水平低于生产体系1.56%，至2021年扩大到1.7%；2020年支持体系低于"五个体系"平均值1.42%，至2021年扩大到1.54%，详见表9、表10。

表9 云南农业农村现代化水平测算结果

单位：%

类型	2019年	2020年	2021年
AMDS-农业现代化水平	23.40	29.51	32.17
RMDS-农村现代化水平	20.34	25.65	27.96
A&R.MDS-农业农村现代化水平	43.75	55.16	60.13

资料来源：根据2010~2022年《云南统计年鉴》34个农业农村现代化评价指标体系相关指标，运用模型计算得出。

表10 云南农业农村现代化水平结构分解

单位：%

结构	维度	2019年	2020年	2021年
农业现代化	产业体系水平	3.96	5	5.45
	生产体系水平	5.2	6.56	7.15
	经营体系水平	4.37	5.51	6.01
	支持体系水平	3.5	4.42	4.82
	质量效益水平	6.1	7.69	8.39
	均值	4.626	5.836	6.364

续表

结构	维度	2019年	2020年	2021年
农村现代化	基础设施	4.98	6.28	6.85
	公共服务	3.98	5.01	5.47
	农村环境	4.21	5.31	5.79
	农民生活	6.95	8.76	9.55
	均值	5.03	6.34	6.915

资料来源：根据2010~2022年《云南统计年鉴》34个农业农村现代化评价指标体系相关指标，运用模型计算。

从具体指标来看，农业产业体系主要反映的是重要农产品供给保障、农业产业链以及农业产业结构情况，农业支持体系主要集中反映在财政对农业发展的支持辅助力度。地方财政农林水事务支出占第一产业增加值比重，反映了第一产业投入产出效益。2021年，云南省该比重为24.00%，同年四川为23.49%、广西为18.70%，均低于云南。主要原因是云南农业劳动生产率和土地产出率低，农产品精深加工能力不足，乡村产业存在层次低、产业链条短、经济效益相对低下、资源利用较为粗放等问题，农业质量效益总体不高，在国内外市场竞争力弱。2022年，云南土地产出率（亩均农林牧渔业总产值）和劳均生产率（劳均农林牧渔业总产值）分别为6204.03元和54169.80元，虽然土地产出率略高于全国平均水平1.36%，但是劳均生产率仅相当于全国平均水平的61.31%，比2020年下降了0.78个百分点，详见表11。① 分产业看，云南与全国及部分代表性省份重点农产品亩产值比较，仍然与发达地区存在明显差距。2021年，云南省8大重点产业中的茶叶、中药材种植面积均居全国第1位，蔬菜种植面积、产量居全国前列，但是茶、蔬菜的亩均产值分别是3017.05元、4297.00元，仅分别相当于同期全国平均水平的54.90%、53.31%，均低于广西、四川、贵州等西部省份；中药材亩均产值虽高出全国平均水平，但低于福建和山东等省，详见表12。

---

① 根据《中国统计年鉴（2023）》相关数据整理计算。土地产出率=农林牧渔业总产值/农作物播种面积，劳均生产率=农林牧渔业总产值/第一产业从业人员数。

表11 2017~2022年云南省土地产出率和劳均生产率比较

单位：元，%

	指标	2017年	2018年	2019年	2020年	2021年	2022年	年均增长
亩均一产增加值	全国	2488.98	2601.74	2831.45	3094.93	3283.46	3464.69	6.84
	云南	2295.63	2417.40	2918.51	3444.84	3656.00	3750.95	10.32
	云南与全国差距	-193.36	-184.34	87.07	349.91	372.54	286.26	3.48
	相当于全国	92.23	92.91	103.07	111.31	111.35	108.26	—
亩均农林牧渔业总产值	全国	4382.07	4564.11	4980.71	5484.29	5809.83	6120.56	6.91
	云南	3802.13	3975.24	4742.09	5646.90	6000.32	6204.03	10.29
	云南与全国差距	-579.94	-588.88	-238.62	162.61	190.49	83.47	3.38
	相当于全国	86.77	87.10	95.21	102.97	103.28	101.36	—
劳均一产增加值	全国	30598.44	33177.12	37783.40	43891.68	48667.70	50016.98	10.33
	云南	16943.33	19290.31	24098.90	29459.71	32604.63	32751.02	14.09
	云南与全国差距	-13655.12	-13886.81	-13684.49	-14431.97	-16063.07	-17265.96	3.76
	相当于全国	55.37	58.14	63.78	67.12	66.99	65.48	—
劳均农林牧渔业总产值	全国	53871.26	58201.14	66463.62	77777.12	86113.75	88357.55	10.40
	云南	28062.40	31721.53	39156.65	48291.36	53511.54	54169.80	14.06
	云南与全国差距	-25808.86	-26479.62	-27306.97	-29485.76	-32602.21	-34187.75	3.66
	相当于全国	52.09	54.50	58.91	62.09	62.14	61.31	—

资料来源：根据2018~2023年《中国农村统计年鉴》相关数据计算。

表12　云南与全国及部分省份代表性重点农产品亩产值比较

地区	2021年亩产值(元/亩)			云南相当于全国及其他省份的比重(%)		
	蔬菜	中药材	茶	蔬菜	中药材	茶
全国	8059.95	8516.60	5495.76	53.31	153.94	54.90
福建	6277.21	18543.21	6997.25	68.45	70.70	43.12
山东	10404.23	16157.00	38058.25	41.30	81.14	7.93
广西	5445.51	9500.70	5548.04	78.91	137.99	54.38
四川	9478.97	7699.15	3420.04	45.33	170.28	88.22
贵州	6587.43	11980.33	3638.58	65.23	109.43	82.92
云南	4297.00	13110.39	3017.05			

资料来源：根据《中国统计年鉴2022》相关数据计算。

究其原因，尽管云南农业现代化水平高于农村现代化水平，但是从农业产业体系来看，特别是农村一二三产的产业融合水平不高，存在产业链条短、融合度低、农产品增值能力不强等问题，将使农产品在国际市场上缺乏竞争力。截至2023年6月，云南6672户农业产业化龙头企业中，仅有58户国家级龙头企业、494户销售收入亿元以上企业、1300多家规上农产品加工企业，分别占农业产业化龙头企业总数的0.86%、7.40%、19.48%；6.8万个农民专业合作社中，仅有289个国家级示范社、1198个省级示范社，分别占农民专业合作社总数的0.43%、1.76%；8万余个家庭农场中，仅有500个省级示范家庭农场，仅占0.63%。[①]

此外，农业支持体系和农业产业体系相对滞后，将不利于农业现代化基础的巩固。图1显示在绿色生产方面，云南与其他地区相比，云南的绿色生产形势与农业农村现代化仍存在差距。未来应着力强化农业支持体系建设，提高农业支持体系对现代农业发展的保障能力，加大农业

---

① 宗霞：《"开好局、强信心、促发展——贯彻落实党的二十大精神"系列新闻发布会省农业农村厅专场发布会》，云南省人民政府网站，2023年7月14日，https://www.yn.gov.cn/ynxwfbt/html/2023/zuixinfabu_0713/5708.html。

产业结构调整力度，拓展和延伸农产品价值链持续推进农业产业体系建设。

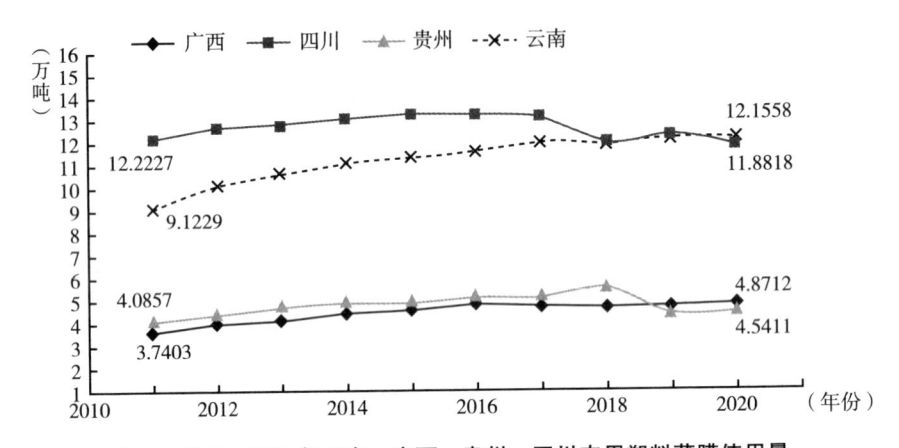

图1 2011~2020年云南、广西、贵州、四川农用塑料薄膜使用量

资料来源：根据2012~2021年《中国统计年鉴》由EPS数据系统整理绘制。

（二）农村现代化发展滞后明显

农业农村基础设施是确保快速推进农业农村现代化的重要前提。确保农业农村基础设施投入优先，是保障农业农村优先发展的关键。云南农村现代化水平总体落后于农业现代化水平。2020年云南农业现代化水平高于农村现代化水平3.86%，至2021年高了4.21%，差距进一步拉大。在农村现代化中，基础设施发展水平、公共服务水平、农村环境水平仍然是制约农村现代化的关键性因素。据测算，2020年、2021年农村基础设施发展水平分别低于平均值0.058%和0.064%，差距拉大。

据统计年鉴的相关数据计算显示，2020年全国农村人均用电1860.15千瓦时，云南农村人均用电量仅525.69千瓦时，差距较大。特别是农村地区冷链物流基础设施建设滞后，农村产地批发市场、鲜活农产品直销网点等设施相对落后。农村垃圾集收运和污水处理能力有限，先进技术要素向乡村扩散渗透力不够。2020年，云南累计建成高标准农田2444万亩，但是全省高标准农田占耕地总面积的比重仍然低于25%。① 2019年，云南每公顷农用机械动力为3.91千瓦时，低于全国平均水平2.28千瓦时；与东部的上海、浙江、广东等省（市）相比，仅仅比上海高了0.16千瓦时，但分别比浙江和广东低了5.63千瓦时和1.73千瓦时；与中、西部的海南、贵州、四川等省份相比，分别比贵州、四川、海南低了0.62千瓦时、0.92千瓦时、4.69千瓦时，详见表13。2019年，云南有效灌溉面积占农作物总播种面积比重为27.71%，比全国平均水平低了13.86%；与东部的上海、浙江、广东等省（市）相比，分别比上海、浙江低了45.29%、40.58%，也比广东低了15.27%；与中、西部的海南、四川、贵州等省份相比，仅比贵州高了6.65%，分别比海南、四川低了15.27%、2.77%，详见图2。云南耕地多为坡度较大的耕地，相较于其他地区土地整理的成本较高，加之细碎化的影响更加剧了机械化实施的难度，详见表14。

尽管云南农业农村基础设施得到较大改善，但是由于地处高原山区，绝大多数村庄地处山区、半山区，农业农村基础设施建设一方面投入成本高、历史欠账多，另一方面管护难度大、使用效率和周期受限。

表13　2014~2019年全国及部分省市每公顷农用机械动力情况

单位：千瓦时

年份		2014	2015	2016	2017	2018	2019
全国		6.53	6.72	5.83	5.94	6.05	6.19
东部	上海	3.30	3.50	4.03	4.28	3.33	3.75
	浙江	10.64	10.31	10.98	10.46	10.15	9.54
	广东	5.55	5.64	5.72	5.70	5.68	5.64
中部	海南	6.02	6.05	7.06	8.03	7.94	8.60
西部	四川	4.30	4.55	4.49	4.62	4.79	4.83
	贵州	4.46	4.65	3.64	3.85	4.34	4.53
	云南	4.47	4.64	5.07	5.20	3.91	3.91

资料来源：根据《中国统计年鉴2020》和EPS数据库整理计算得到。

---

① 据《中国统计年鉴2020》和EPS数据库数据整理计算（按播种面积算）。

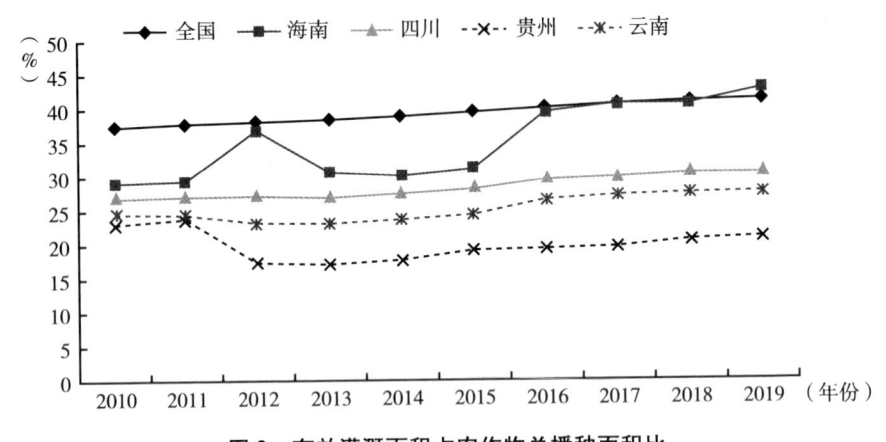

图 2　有效灌溉面积占农作物总播种面积比

资料来源：根据《中国统计年鉴 2020》和 EPS 数据库整理计算得到。

表 14　云南省耕地坡度分布情况

耕地坡度	面积（万公顷）	面积（万亩）	占全省耕地面积比重(%)
位于 2 度以下坡度(含 2 度)	60.55	908.21	11.22
位于 2~6 度坡度(含 6 度)	63.77	956.60	11.82
位于 6~15 度坡度(含 15 度)	167.75	2516.31	31.10
位于 15~25 度坡度(含 25 度)	146.89	2203.28	27.22
位于 25 度以上坡度	100.59	1508.92	18.64
合　计	539.55	8093.32	100

资料来源：云南省第三次全国国土调查主要数据公报。

（三）农村公共服务水平不高

农村公共服务能力弱是起步阶段农村现代化的短板。科学研判人口变动趋势是配置和强化农村公共服务的前提。由于云南山地居多，且一些耕地大多坡度较大导致云南乡村聚落形态相对分散，这天然地加大了公共服务配置的难度。比如笔者调研的云南石屏县牛街乡，从该乡到县城的距离是 70 多公里的山路，来回最快都需要 3 个小时的路程，更不用说该乡的一些自然村因偏远使公共服务配置非常困难。此外,很难想象在该乡居然存在供水点与用水点落差可达1500米的情况。石屏县海拔不高,山地也不算多,类似这样的地区在云南还有很多。因此公共服务如何有效配置直接决定着云南农村公共服务板块发展程度。与城镇相比,全省农村医疗卫生、文化教育、养老等基本公共服务缺口仍然较大,城乡之间教育发展水平仍不平衡,尤其是农村学前教育;医疗卫生服务能力、服务效率仍然不高;农村养老存在供需失衡、观念方式转变困难等问题。模型数据分析显示,云南每万农村人口医疗机构床位数,2019年为25.9张,2020年仅27.0张,从2018年开始到2020年每年每万人仅增加2张。[①] 如按照每万人每年增加2张估算,到2035年基本建成现代化国家,云南每万人农村人口医疗机构床位数仅57张,与乡村振兴和农业农村现代化的要求仍有较大距离。另外,云南正步入一个人口城镇化加速推进的阶段,在城乡人口加速演变的背景下,一些村庄常住人口数及农民工参保的变动,加剧了农村公共服务配置的困难。2022年,云南全省常住人口城镇化率为51.05%,比2012年的38.47%提高了12.58%。农村公共服务既可能面临供给不到位的情况,又可能面临供给与需求错配的局面。

表15 2017~2022年农民工参加医疗保险和养老保险情况

单位:%

指标	2017年	2018年	2019年	2020年	2021年	2022年
参加医疗保险情况						
新型农村合作医疗	91.4	93.6	74.8	66.6	54.9	
城镇职工基本医疗保险	2.5	2.2	1.6	2.5	2.8	16.7
城乡居民基本医疗保险	5.2	3.2	23.0	30.1	41.8	81.5
公费医疗						1.7
商业医疗保险	0.0	0.3	0.3	0.5	0.5	0.1
其他医疗保险	0.4	0.3	0.3	0.3	0.3	0.3
没有参加任何医疗保险	0.6	0.6	0.2	0.4	0.4	0.3
参加养老保险情况						0.0
新型农村社会养老保险	85.9	83.9				

---

① 根据2020~2021年《云南统计年鉴》相关数据计算整理得出。

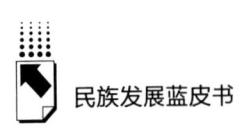

续表

指标	2017年	2018年	2019年	2020年	2021年	2022年
城镇职工基本养老保险	2.8	2.4	14.2	5.0	4.2	5.0
城乡居民社会养老保险	3.4	2.6	72.0	86.0	87.7	87.0
企业年金(职业年金)			0.8	0.2	0.4	0.3
商业养老保险	0.4	0.9	0.6	0.8	0.5	0.3
其他养老保险	0.7	0.7	1.7	1.1	0.8	0.9
没有参加任何养老保险	6.9	9.8	10.9	7.9	7.2	7.1

资料来源：《云南调查年鉴2023》。

表16　2019~2020年贫困地区农户生产生活条件

单位：%

指标	2019年	2020年
医疗		
未参加医保人口比重	0.38	0.60
有病不能及时就医人口比重	2.30	1.50
报销医疗费占医疗总支出比重	28.74	28.10
住房(及居住条件)		
居住竹草土坯房的农户比重	0.92	0.80
无卫生厕所农户比重	54.54	42.50
饮用水困难的农户比重	6.72	4.60
无电视机的农户比重	3.26	2.60
无电话(含手机)的农户比重	0.20	0.10
使用管道水的农户比重	87.78	89.60
炊用清洁能源的农户比重	65.03	69.00
使用互联网的农户比重	78.23	82.60
基础设施与公共服务		
所在自然村不通公路的农户比重	—	—
所在自然村上小学不便利的农户比重	7.84	3.80
所在自然村进村主干道路硬化的农户比重	97.64	99.60
所在自然村能便利乘坐公共汽车的农户比重	59.61	72.10
所在自然村通宽带的农户比重	93.88	98.00
所在自然村上幼儿园便利的农户比重	86.92	93.20
所在自然村垃圾能集中处理的农户比重	75.93	88.90
所在自然村有卫生站的农户比重	89.07	94.90

资料来源：《云南调查年鉴2021》。

（四）巩固脱贫攻坚成果仍有压力

2020年，云南农村居民生活水平比2019年有所提高，但是已脱贫地区农村居民收入仍然处于较低水平，近100万人口仍处于低收入状态，存在致贫返贫的风险。据统计年鉴数据反映，2020年云南农村常住居民人均可支配收入中，工资性收入占比30.95%，比2019年上升0.7%；经营净收入占比50.97%，比2019年下降1.42%；财产净收入占比1.54%，比2019年下降0.04%；转移净收入占比16.72%，比2019年上升0.76%。

究其原因，虽然工资性收入有所提升，但是占比仍然没有超过经营性收入，说明家庭经营仍然是农民增收的主要来源，小农生产经营的制约长期客观存在，加大了农民稳定增收、稳定脱贫的风险。2019年，云南农村居民人均可支配收入中，工资性收入占比低于全国水平10.84%，财产净收入占比低于全国水平0.77%，转移净收入占比低于全国水平4.62%，而经营净收入占比则异常高于全国水平16.24%，达52.21%。与全国部分省份相比，云南农村居民人均可支配收入中，工资性收入占比分别比东部的上海、广东、浙江等省（市）低了30.06%、21.29%、31.60%，中部的海南省虽然也是以特色农业多样化发展为方向，但是其农村居民人均可支配收入中工资性收入占比仍比云南省高出11.55%。2022年，云南农民人均可支配收入中，工资性收入的比重虽然比2020年提高了1.58个百分点，但是仍然比2019年西部省份海南省和贵州省的比重低了9.27、11.85个百分点，而经营净收入比重仍然高达48.71%，详见表17。2022年，云南脱贫县农民人均可支配收入14028元、仅相当于全省平均水平的92.61%，其中工资性收入、家庭经营净收入、财产净收入、转移净收入的比重分别是36.04%、44.01%、0.85%和19.10%，家庭经营净收入和财产净收入分别仅相当于云南平均水平的83.67%和51.74%，工资性收入和转移净收入分别相当于云南平均水平的102.60%和102.64%、略高于全省平均水平，详见表18。同时，2022年云南脱贫县农民人均消费是11741元,其中,食品烟酒、医疗保健、居住、衣着的消费支出年均增幅均在10%以上,恩格尔系数为35.99%、比全省平均水平高出1.51个百分点,教育文化娱乐所占比重比云南平均水平高出1.31个百分点,详见表19。由此可见,脱贫地区农民持续稳定增收、人均收入与全省平均水平的差距不断缩小的核心仍然是大力发展重点农业产业。随着特色农业和乡村产业发展规模的扩张,产业同质竞争不断加剧,脱贫地区农业产业质量、效益、竞争力下降问题凸显,容易因产业资金链断裂、营销渠道不畅、品牌建设内卷、市场拓展难度加大,出现区域性、规模性产业滑坡和农户减收风险。巩固拓展脱贫攻坚成果的关键在于,通过农村产业高质量发展为脱贫人口、低收入群体和重点监测人口提供稳定的收入支撑,加快完善农村低收入人口的监测和及时救助机制,加大教育和医疗保健帮扶力度,降低因收入不稳定或刚性支出增加致贫、因病因学致贫返贫风险。

表17 云南省与部分省市农村居民人均可支配收入情况及占比比较

单位:元,%

指标		农村居民人均可支配收入	工资性收入占比	经营净收入占比	财产净收入占比	转移净收入占比
2019年	全国水平	16020.67	41.09	35.97	2.35	20.58
东部	上海	33195.20	60.31	7.10	3.90	28.69
	浙江	29875.82	61.85	24.42	2.85	10.87
	广东	18818.42	51.54	23.63	2.88	21.96
中部	海南	15113.15	41.80	38.81	1.87	17.52
西部	四川	14670.09	31.78	38.45	3.11	26.66
	贵州	10756.30	44.38	31.86	1.12	22.63
	云南	11902.37	30.25	52.21	1.58	15.96
2022年	云南	15147.00	32.53	48.71	1.52	17.23

资料来源:根据《中国统计年鉴2020》和《云南调查年鉴2023》相关数据整理计算。

表18 2017~2022年云南省脱贫县农村常住居民人均可支配收入变化

单位：元，%

指标	2017年	2018年	2019年	2020年	2021年	2022年	年均增长	云南农民收入年均增速
可支配收入	8695	9594	10770	11740	13027	14028	10.04	8.96
工资性收入	2596	3059	3582	3994	4713	5056	14.27	12.01
经营净收入	4485	4657	5031	5364	5748	6174	6.60	6.39
财产净收入	77	79	80	93	105	119	9.19	5.43
转移净收入	1537	1799	2077	2289	2461	2679	11.75	12.04

资料来源：根据《云南调查年鉴2023》相关数据整理计算。

表19 2017~2022年云南省脱贫县农村常住居民人均消费支出变化

单位：元，%

指标	2017年	2018年	2019年	2020年	2021年	2022年	年均增长	云南农民消费年均增速
消费支出	6809	7677	8844	9714	10964	11742	11.51	10.64
食品烟酒	2563	2597	3037	3652	4229	4226	10.52	11.92
衣着	293	312	372	427	531	542	13.09	10.57
居住	1226	1608	1700	1819	1884	2095	11.31	11.72
生活用品及服务	383	404	460	522	563	620	10.11	6.98
交通通信	930	1010	1242	1329	1414	1686	12.64	9.00
教育文化娱乐	808	934	1084	1019	1321	1483	12.91	7.63
医疗保健	533	719	839	827	890	945	12.13	12.31
其他用品及服务	73	93	110	119	132	145	14.71	14.59

资料来源：根据《云南调查年鉴2023》相关数据整理计算。

（五）城乡融合发展面临困境

我国城乡关系演进和乡村发展脉络表明，乡村单纯依靠自身力量难以实现农业农村现代化，云南的城乡融合发展至今尚未破题，重难点问题主要表现在以下四个方面。

第一，人口规模与结构失衡，主要表现为农村空心化和老龄化日益加剧。2022年，云南城镇化率51.72%，乡村人口比重48.28%、比全国高出13.50个百分点，就业人员中一产就业人员比重为44.79%、比全国高出20.71个百分点。同年，65岁以上老人占总人口的比重为11.66%，低于全国3.22个百分点，但是6岁以上人口中，小学及以下的人口占43.25%；15岁及以上的人口中文盲人口占5.56%，分别比全国平均水平高出13.41个百分点和2.17个百分点。随着农村青壮年劳动力外出务工人数不断增加，云南农村空心化不断加剧，农村的老龄化程度比2021年进一步加剧，始终高于城市，而小学及以下和文盲人口则主要集中在农村。

第二，资源要素交换城乡不平等，主要表现在土地、资金、劳动力从农村向城市单向流动的状况仍未根本转变。城乡居民收入比居高不下、绝对差持续扩大的主要表现为经济发展失衡。2017年以来，云南农村居民收入与城市居民的收入差距虽然不断缩小，但是农民收入水平低，与城镇居民收入的绝对差距还是持续扩大。2017~2022年，云南城乡居民人均可支配收入的绝对差距从21134元增加至27021元，城乡居民人均收入比（以农村为1）从3.14缩小到2.78，但是与全国（2.45）相比仍然高出0.33，[①]从收入来源看，城乡居民收入差距最大的是财产净收入和工资性收入，详见表20。

表20 2017~2022年云南城乡居民人均可支配收入比结构变化

单位：元

指标		2017年	2018年	2019年	2020年	2021年	2022年
可支配收入	城镇居民	30996	33488	36238	37500	40905	42168
	农村居民	9862	10768	11902	12842	14197	15147
	城乡之比	3.14	3.11	3.04	2.92	2.88	2.78
工资性收入	城镇居民	16923	18744	20347	21595	24187	24993
	农村居民	2795	3260	3601	3975	4697	4928
	城乡之比	6.06	5.75	5.65	5.43	5.15	5.07

① 根据2018~2022年《中国统计年鉴》以及《云南领导干部手册2023》相关数据整理计算。

续表

指标		2017年	2018年	2019年	2020年	2021年	2022年
经营净收入	城镇居民	3815	3855	4107	4214	4408	4490
	农村居民	5413	5599	6214	6523	6876	7379
	城乡之比	0.70	0.69	0.66	0.65	0.64	0.61
财产净收入	城镇居民	4346	4518	4959	4725	5131	5416
	农村居民	177	187	189	198	211	230
	城乡之比	24.62	24.16	26.24	23.91	24.29	23.55
转移净收入	城镇居民	5911	6371	6824	6966	7179	7269
	农村居民	1478	1722	1899	2147	2413	2610
	城乡之比	4.00	3.70	3.59	3.24	2.97	2.79

资料来源：根据2018~2023年《云南调查年鉴》相关数据整理和计算。

第三，城乡社会发展失衡加剧，主要表现在城乡基础设施和公共服务覆盖不全、质量不均现象仍然明显。云南不少村组至今还未通硬化路，晴通雨阻的情况仍然普遍存在，乡村道路维护成本较高，乡村交通通畅率仍然不高。教育、医疗卫生发展水平和服务质量参差不齐，部分乡村教育硬件不足、教师紧缺、学生流失等问题较为突出。基层医疗设施条件较为落后和乡村医生数量明显不足，教师和医务人员质量不高、难以满足需求的问题仍然突出。农村的政府养老机构供给严重不足，市场化、社会化养老服务发展滞后，农村老人和留守儿童的照料问题难以解决。部分地区农村人口还存在饮水安全等问题。

第四，生态环境失衡从城市向农村蔓延日益明显，农村承载和治理压力不断加大。云南省划定的生态保护红线面积占全省面积的30.9%，农村生态环境治理修复的存量欠债较多，基础设施建设和产业发展空间严重受限。第三次土地调查结果显示，云南耕地面积中，45.9%是坡度在15度以上的陡坡耕地、比第二次土地调查时上升1个百分点，优质耕地减少，加上化肥农药滥用、耕地资源过度利用等因素影响，地力下降明显。农村一二三产业加快发展，生产生活垃圾、污水处理设施覆盖面较低，农村生态环境脆弱治理难度大，生态建设成本高。

四 预测与展望

党的二十大报告指出："全面建设社会主义现代化国家，最艰巨最繁重的任务仍然在农村。坚持农业农村优先发展，坚持城乡融合发展，畅通城乡要素流动。加快建设农业强国，扎实推动乡村产业、人才、文化、生态、组织振兴。"这是我国首次把"建设农业强国"作为"三农"工作的战略目标，对新阶段全面推进乡村振兴提出了新要求，做出了新部署，即未来"三农"工作要全面推进乡村振兴，到2035年基本实现农业现代化，到21世纪中叶建成农业强国。2022年12月召开的中央农村工作会议强调："全面推进乡村振兴，加快建设农业强国，是党中央着眼全面建成社会主义现代化强国作出的战略部署。强国必先强农，农强方能国强。没有农业强国就没有整个现代化强国；没有农业农村现代化，社会主义现代化就是不全面的。""全面推进乡村振兴是新时代建设农业强国的重要任务，人力投入、物力配置、财力保障都要转移到乡村振兴上来。"会议明确指出，农业强国是社会主义现代化强国的根基，要依靠科技和改革双轮驱动加快建设农业强国，保障粮食和重要农产品稳定安全供给始终是建设农业强国的头等大事，农村现代化是建设农业强国的内在要求和必要条件，建设宜居宜业和美乡村是农业强国的应有之义。2023年中央一号文件强调科技和制度创新，就建设农业强国、建设宜居宜业和美乡村做了系统部署，标志着乡村振兴由稳定推进、完善政策举措向强力推进、构建制度体系转变。

（一）预测

云南农村发展最大的优势是生态，未来云南农业农村现代化将围绕绿色发展持续发力。为了更好预测这一农业农村现代化发展的绿色偏向趋势，这里引入VECM（Vector Error-Correction Models）向量修正误差模型对未来发展趋势进行预测。由于向量修正误差模型进入指标对样本容量有一定限制，同时为了提高预测精准性，该模型还要求变量满足"common stochastictrend"

共同随机趋势的要求。据此研究使用 1978~2021 年云南改革开放以来 43 年的单位地区生产总值能源消耗（lne2）、人均地区生产总值（lnrgdp）、消费价格指数（lnp，以 1977 年为基期的绝对数）对未来 5 年的云南发展趋势展开预测。之所以从绿色发展方向预测，一是基于云南生态立省承担着我国西南生态安全屏障的功能；二是从发展水平与能耗的关系来看，决定和影响着云南边疆农业农村现代化的底色。由于篇幅的原因，这里严格的计量检验将不再详细展示，仅阐述模型预测结果。

从图 3 中可以发现两条虚线和虚点线存在共同变化的趋势，而实线则与其他两条存在对称变化趋势，因此通过约翰森协整检验看是否存在协整的情况，限于篇幅，约翰森协整检验、滞后期检验、残差自相关检验、残差正态性检验以及 VECM 系统稳定性检验、EG-ADF 单位根检验、拟合优度、Z 检验在此不详细展示。

图 4 是周期为 5 期（5 年）的脉冲响应变化趋势。给定一个 x1 的冲击，在 VECM 系统中单位地区生产总值的能源消耗弹性将在第二期小幅下降，第三期开始将趋于稳定，表明未来云南单位地区生产总值的能源消耗将下降，但是未来下降幅度较小，绿色发展压力仍然存在。而消费价格指数绝对值的对数在给定 x1 的冲击下，第一、二、三期都曾出现上升趋势，说明未来消费物价上升的风险仍然较高。相比之下，人均地区生产值总值的对数变化则相对平稳。从具体预测趋势来看，未来 2022~2026 年云南单位地区生产总值能源消耗将从 0.4428 吨标准煤/万元下降至 2026 年的 0.3222 吨标准煤/万元，人均地区生产总值将从 62182.36 元上升至 2026 年的 87049.76 元，消费物价指数（1977 年为基期=100）将从 2022 年的 7.6765 上升至 2026 年的 8.9273。需指出这个预测值并非说明未来实际值将与预测绝对吻合，而是尽可能靠近该预测值，在图 5 中明确标识了 95%的置信区间即"深灰色喇叭状"区域，该区域表示预测值未来最低、最高的范围，"虚线"表明即上文中报告的具体数值的平滑趋势线。预测 VECM 计量结构如式（1-1），模型下方为 VECM 计量基本参数情况。

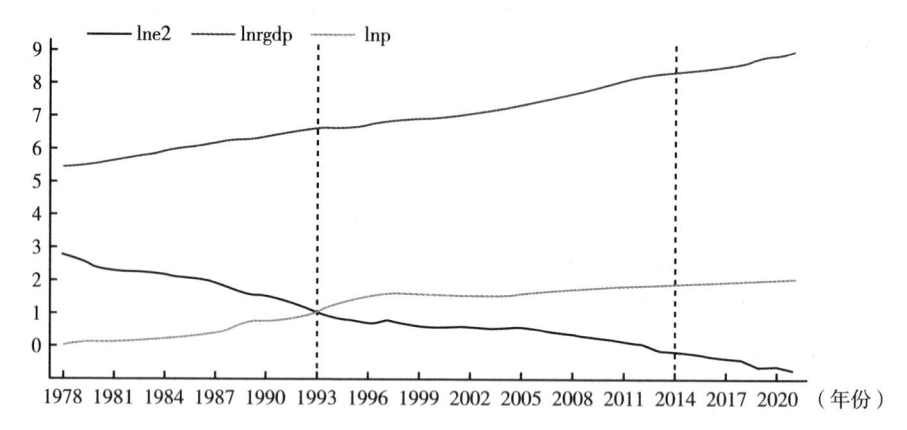

图3 1978~2021年云南单位地区生产总值能源消耗（lne2）、人均地区生产总值（lnrgdp）、价格指数（lnp）的对数趋势

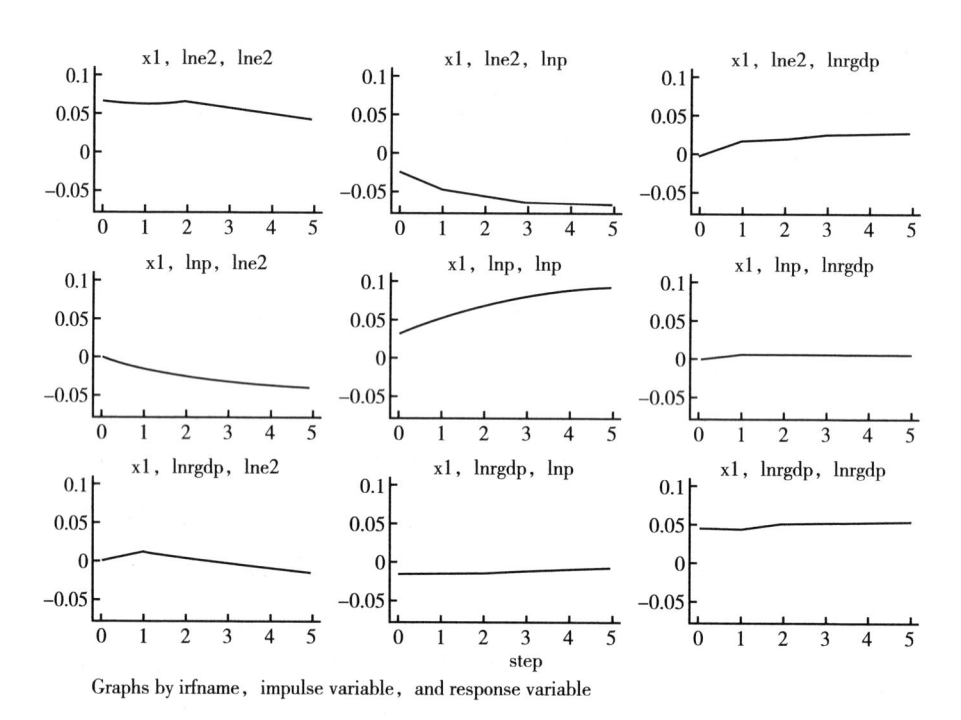

图4 云南周期为5的单位地区生产总值能源消耗（lne2）、人均地区生产总值（lnrgdp）、价格指数（lnp）的对数化脉冲响应趋势

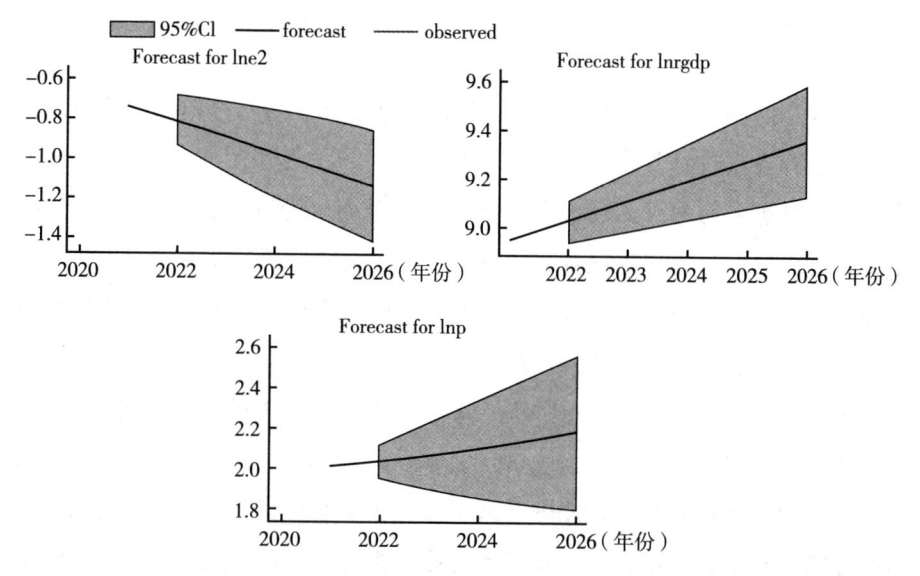

图 5　云南单位地区生产总值能源消耗（lne2）、人均地区生产总值（lnrgdp）、价格指数（lnp）的对数化预测发展趋势

综合以上分析，尽管诸多国内外不确定影响因素给农业农村现代化发展带来了压力，但总体上云南农业农村现代化将朝质量更优的方向发展，把握发展机遇、化解困难挑战、创新思路举措仍然是推动农业农村现代化发展的关键。

$$\hat{lne2}_t = -5.7576 + 0.6981 * lnrgdpp_t + 0.3744 * lnp_t$$
$$(chi2 = 701.2626, p = 0.000)(z = 7.22, p = 0.0000)(z = 2.66, p = 0.0008)$$

(1-1)

（二）展望

2023 年 3 月，云南省根据中央的精神和部署、结合云南省情，出台了《关于做好 2023 年全面推进乡村振兴重点工作的实施意见》，意见明确指出全面推进乡村振兴，聚焦"1+10+3"重点产业，提速特色农业强省建设，保障粮食和重要农产品稳定安全供给始终是头等大事，巩固拓展脱贫攻坚成果是全面推进乡村振兴的底线任务。按照中央和省的新要求、新部署，云南

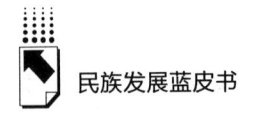

省全面推进乡村振兴、建设农业农村现代化，未来发展的着力点可归为以下六个方面。

一是全面坚持党的领导，发挥党建战斗堡垒作用保障乡村振兴的全面推进。二是补齐农村基础设施和公共服务两个短板，是巩固拓展脱贫攻坚成果、全面推进乡村振兴的前提和基础。三是全面统筹城乡融合发展是突破，全面推进乡村振兴，仅仅就乡村谈振兴、就农业讲发展、就农民论致富，是不完整的，应从城乡融合发展、加快城乡一体化进程的角度，全面推进乡村振兴，推动城乡要素市场融合发展。四是巩固拓展脱贫攻坚成果是底线。自2021年开始，中央设定的巩固拓展脱贫攻坚成果5年过渡期已过去3年，云南省要针对当前普通农户与脱贫户、低收入人口和重点监测人口主要矛盾的变化，厘清工作思路，推动减贫战略和工作体系平稳转型，统筹纳入乡村振兴战略，建立长短结合、标本兼治的体制机制。五是推动乡村产业升级增效是核心，通过全产业链拓展产业增值增效空间，着力发展乡村产业，为农民创造更多就业增收机会。六是加强乡村人才队伍建设以支撑乡村振兴，关键在人、关键在干，必须建设一支政治过硬、本领过硬、作风过硬的乡村振兴干部队伍。

B.6
内蒙古乡村振兴战略和农牧业现代化的进展及成效

张 敏[*]

摘 要： 内蒙古深化落实习近平总书记关于"三农"工作的重要论述和对内蒙古的重要指示精神，以生态优先、绿色发展为导向，以农牧业供给侧结构性改革为主线，稳步提升农畜产品供给能力，大力发展乡村产业。建设全国重要绿色农畜产品生产加工基地，牢牢守住不发生规模性返贫底线，为全面实施乡村振兴战略奠定了良好基础。

关键词： 乡村振兴 农牧业现代化 共同富裕

近年来，内蒙古各地区各部门按照党中央、国务院实施乡村振兴战略的决策部署，深入落实习近平总书记对内蒙古的重要指示精神，聚焦国家重要农畜产品生产基地建设，全方位夯实粮食安全根基，守好不发生规模性返贫底线，建设宜居宜业和美乡村，为新时代新征程全面推进乡村振兴、加快农业强国建设贡献了内蒙古力量。

一 内蒙古实施乡村振兴战略的基础与条件

习近平总书记在2014年到内蒙古考察，并参加十三届全国人大一次会议内蒙古代表团审议时，分别要求"内蒙古要着力抓好农牧业和牧区工

---

[*] 张敏，中国社会科学院大学马克思主义学院博士研究生。

作，把农牧业发展好，加快推进农牧业现代化，促进牧区又好又快发展"，"要把脱贫攻坚同实施乡村振兴战略有机结合起来，推动乡村牧区产业兴旺、生态宜居、乡风文明、治理有效、生活富裕，把广大农牧民的生活家园全面建设好"。按照习近平总书记的指示精神，内蒙古党委和政府深入贯彻落实党中央关于"三农"工作和实施乡村振兴战略的决策部署，以生态优先、绿色发展为导向，以农牧业供给侧结构性改革为主线，稳步提升农畜产品供给能力，大力发展乡村产业，全面深化农村牧区改革，加快推进人居环境整治，全区农牧业农村牧区发展取得新成效，乡村振兴实现良好开局。

农村牧区现代化水平不断提升。"十三五"期间，内蒙古地区的生产总值年均增长4.3%，且人均地区生产总值超1万美元，常住人口城镇化率达64.1%。畜牧粮食和生产连稳连丰，农畜产品加工转化率达到65%。自治区形成9个百亿级、2个千亿级农牧业主导产业。同时，脱贫攻坚取得历史性成就，80.2万贫困人口实现脱贫，57个贫困旗县、3681个贫困嘎查村全部摘帽出列。① 2022年，自治区脱贫人口人均纯收入达到16900元，位列全国第三，其中30个贫困旗县农牧民人均可支配收入增幅均高于全区农牧民收入平均增长水平。

生态安全屏障建设稳步推进。"十三五"期间，内蒙古稳步实施国家重点生态修复工程。草原建设、林业建设和沙化土地治理面积均居全国第一位，草原综合植被盖度和森林覆盖率分别达到45%和23%，沙化土地面积和荒漠化实现"双减少"，库布齐沙漠治理获得联合国环境奖。地质公园、森林公园、湿地公园等达到372个。《联合国防治荒漠化公约》第十三次缔约方大会在内蒙古召开，习近平总书记致信祝贺。以2019年为例，自治区生态产品价值（GEP）是同期地区生产总值（GDP）的2.6倍，比2015年增长了13.8%。据统计，地级及以上城市空气质量优良天数达到全年总天

---

① 《内蒙古自治区国民经济和社会发展第十四个五年规划和2035年远景目标纲要》，内蒙古自治区发展和改革委员会网站，http://fgw.nmg.gov.cn/xxgk/zxzx/tzgg/202103/t20210326_1313884.html。

数的90.8%，地表水达到或好于Ⅲ类水体比例达到69.2%，农药化肥使用量实现负增长。[1]

覆盖城乡的社会保障体系基本建成，公共服务体系不断完善。"十三五"期间，内蒙古高等教育毛入学率达到45%，义务教育实现基本均衡。城乡居民实现大病保险全覆盖，重大疫情防控体系加快完善，基本医疗保险参保率达95%，每千人口拥有的病床数、执业医师数超过全国平均水平。据统计，自治区已建成文化馆120个、公共图书馆117个、博物馆178家、美术馆25家；苏木乡镇（街道）综合文化站1086个；嘎查村（社区）综合性文化活动中心12522个，覆盖全区的五级公共文化设施网络基本形成，每万人平均拥有公共图书馆面积和群众文化设施面积均居全国前列。[2] 农村牧区人居环境持续改善，卫生厕所普及率达到35%。[3] 自治区所有乡镇（苏木）与具备条件的建制村皆通硬化路，建成"四好农村路"6.6万公里，综合交通网总里程达到22.5万公里。[4]

乡村振兴工作取得初步成效。通辽市科尔沁左翼中旗、乌兰察布市察哈尔右翼前旗、巴彦淖尔市五原县等6个旗县成功列入创建国家乡村振兴示范县范围。国务院办公厅通报的"2022年落实有关重大政策措施真抓实干成效明显地方"予以激励名单中，内蒙古赤峰市宁城县在促进乡村产业振兴、改善人居环境等乡村振兴重点工作方面和兴安盟易地扶贫搬迁后续扶持方面推动乡村振兴的工作成效明显，获得激励支持政策。在"2022年度省级党委政府巩固拓展脱贫攻坚成果同乡村振兴有效衔接考核评估"结果中，内蒙古综合评价为"好"。

---

[1] 《内蒙古持续加强生态环境治理 大力推进"三北"防护林、京津风沙源治理等工程》，中华人民共和国生态环境部网站，https：//www.mee.gov.cn/ywdt/dfnews/202106/t20210624_841505.shtml。
[2] 《细数内蒙古"十三五"公共文化发展成就》，中华人民共和国文化和旅游部网站，https：//www.mct.gov.cn/whzx/qgwhxxlb/nmg/202101/t20210112_920692.htm。
[3] 《内蒙古自治区"十四五"推进农牧业农村牧区现代化发展规划》，内蒙古自治区人民政府（内政发〔2021〕21号）。
[4] 《内蒙古：四好农村路 幸福"牵"万家》，内蒙古自治区交通运输厅网站，http：//jtyst.nmg.gov.cn/jtzx/jtyw/202209/t20220907_2127796.html。

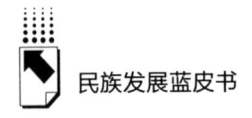

整体来看，内蒙古"十三五"期间，农村牧区社会焕发新气象，党群干群关系融洽，社会保持和谐稳定，党在农村牧区的执政基础得到进一步夯实，这些都为实施乡村振兴战略奠定了良好基础。

二 内蒙古实施乡村振兴战略的主要成效

内蒙古坚持将解决好"三农三牧"问题作为全区工作的重中之重，坚持把农村牧区和农牧业优先发展落到实处；坚持深化农村牧区综合改革，不断激发农村牧区发展动力活力；坚持把推进农牧业供给侧结构性改革作为主线，加快提高农牧业供给质量；坚持统筹城乡发展和保障改善民生，着力提高农牧民收入水平和生活水平；坚持生态优先、绿色发展，切实推动农牧业可持续发展；将建设国家重要农畜产品生产基地作为自治区五大任务之一，为"三农三牧"发展提供坚强政治保障。

（一）建设全国重要绿色农畜产品生产加工基地

内蒙古农牧业的综合生产能力稳步提升，高质量建设国家重要农畜产品生产基地。截至2022年8月，全区草食牲畜存栏突破7000万头，牛奶、羊肉、细羊毛、山羊绒产量居全国首位，"名特优新"农畜产品总数位居全国第一，[①] 建设全国重要的绿色农畜产品生产加工基地已迈出坚实步伐。近年来，自治区农牧业经济结构调整优化，逐步把永久基本农田建成高标准农田，将种业创新作为重点，强化装备和科技支撑，开展特色优势品种联合育种攻关，实现农牧林结合、粮经饲统筹、种养加一体化发展。强化农牧业面源污染治理，加大农畜产品品牌建设力度，鼓励新型农牧业经营主体发展、新产业新业态蓬勃发展、一二三产业融合发展。农村牧区改革取得新突破，积极培育国家和自治区级龙头企业、新型经营主体，持续推进农畜产品精深

---

① "中国这十年·内蒙古"主题新闻发布会实录，内蒙古自治区人民政府网站，https://www.nmg.gov.cn/zwyw/jrgz/202208/t20220823_2107845.html。

加工，完善龙头企业与农牧民利益联结机制。大力发展现代设施农牧业，加强产地仓储保鲜、冷链物流等基础设施建设。落实国家大豆、玉米等重要农产品收储制度改革方面不断取得新成效。在农牧业绿色发展方面，以察汗淖尔流域、"一湖两海"和沿黄流域等重要生态区为重点，农牧业面源污染防治，"用水用膜"实现双控制，化肥、农药使用实现"零增长"，秸秆综合利用率达90.2%，畜禽粪污综合利用率达81.5%，均高于全国平均水平。在全国率先创建绿色食品畜牧业标准化基地试点，农畜产品质量安全检测合格率达99.4%。[1]

（二）全力抓好粮食生产和重要农畜产品供给

内蒙古始终将保障国家粮食安全作为重大政治责任，全面落实"藏粮于地、藏粮于技"战略，从扩大数量、增加产量、提高质量方面，全力抓好粮食生产和重要农畜产品供给。内蒙古是全国五个耕地保有量过亿亩的省区之一，粮食产量已连续4年突破700亿斤，排名全国第6位；累计建成高标准农田4486万亩，有效支撑粮食产能430亿斤。农情调度显示，全区粮播面积11301.4万亩，大豆面积1887.5万亩，均超额完成国家任务。通过落实耕地保护党政同责，与盟市签订责任书，划定耕地保护目标1.7亿亩、永久基本农田保护任务1.3亿亩，分别较上轮增加5551万亩、4086万亩，对保护目标任务落实情况实行"一票否决制"考核。自治区出台"高标准农田十一条"专项政策，实施黑土地保护性耕作1478.3万亩、保护工程665万亩、推进盐碱地改良12.2万亩。强化耕地保护和建设，实施黑土地耕地轮作、保护性耕作和盐碱地改良，改善粮食生产基础条件，不断提高粮食产能。肉类供给保障方面，以27个肉羊养殖大县和34个肉牛养殖大县为重点，推进肉羊提质增效、肉牛扩群增量，已创建65家国家级生猪产能调控基地。奶产品供应方面，通过制定实施"奶九条"专项政策，设立奶业振兴基

---

[1] 内蒙古自治区农牧厅：《强农富民 风景正好——我区推进农牧业高质量发展综述》，《内蒙古日报》2023年2月15日，第1版。

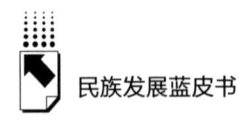

金，自治区级财政投入9.8亿元，撬动各类资本82.2亿元投入奶业振兴项目。截至2022年底，已建成3000头以上规模化养殖场56个，提升改造中小养殖场和传统乳制品试点251个，[1]保持奶牛存栏、奶产量全国领先。

（三）牢牢守住不发生规模性返贫底线

内蒙古把巩固拓展脱贫攻坚成果摆在突出位置，强化责任、政策、工作落实落地，增强脱贫地区和脱贫群众内生发展动力。一是深化防返贫动态监测和帮扶机制。对农村牧区常住人口和"十类重点人群"开展集中摸排监测，目前全区有返贫致贫风险的人口已及时纳入监测范围，并落实针对性帮扶措施，守牢不发生规模性返贫致贫底线。二是推进脱贫地区接续发展。将60%以上的衔接资金用于支持脱贫旗县产业发展，围绕玉米、奶业等重点产业集群，肉牛、肉羊、马铃薯等优势特色产业链延链补链，带动50多万脱贫人口增收。出台一揽子就业帮扶政策措施，强化外出就业补助、公益岗位开发和以工代赈项目建设，将脱贫人口（含监测对象）务工就业规模稳定在20万人左右，超额完成国家下达任务。三是加快国家乡村振兴重点帮扶旗县发展。编制完成自治区本级和15个重点帮扶旗县《巩固拓展脱贫攻坚成果同乡村振兴有效衔接实施方案》，省级领导和大型国企开展"双包联"行动。统筹涉农涉牧财政资金支持重点帮扶旗县发展，为5258户脱贫户发放"助农贷"和"富民贷"4.67亿元。四是深化东西部协作和结对帮扶。京蒙双方党政主要领导每年组织互访，召开高层联席会议研究推动京蒙协作事项。北京市本级投入自治区财政协作资金保持在14.95亿元以上，累计引进北京企业276家，落地投资240亿元，共建产业园区71个。促成京蒙两地817所学校、586家医院建立协作关系。

（四）聚焦产业积极推动乡村发展

内蒙古充分发挥资源优势，大力推进县域富民产业，不断促进农牧民就

---

[1] 内蒙古自治区农牧厅：《强农富民 风景正好——我区推进农牧业高质量发展综述》，《内蒙古日报》2023年2月15日，第1版。

业增收和产业全链条升级。一是加快全产业链建设。研究制定专项支持政策，全力打造肉羊、肉牛、马铃薯、羊绒、饲草等重点产业链。创建内蒙古西部绒山羊国家级优势特色产业集群；扎兰屯大豆和科右中旗肉牛两个国家现代农业产业园；4个国家农村产业融合发展示范园和8个国家农业产业强镇，主要农畜产品加工转化率达到70%。强化乡村旅游发展，全区已建设94个国家级、自治区级乡村旅游重点村镇，编制94条四季乡村旅游主题线路。县域商业体系基本形成，通过改造提升农村牧区物流基础设施、新建187个果蔬产地冷藏保鲜设施，建制村快递服务覆盖率已达96.14%。通过推进农畜产品"蒙"字标认证、举办农民丰收节和多场订货会、绿博会、展销会等形式，塑造"亮丽内蒙古、健康农产品"品牌形象。二是稳步提升乡村绿色发展能力。在深入实施"三北"防护林建设、天然林资源保护等生态保护修复工程基础上，扎实推进草原生态保护奖补政策，整乡整村集中开展社会化服务，乡村生态环境明显好转。三是深化农村牧区改革。通过《内蒙古自治区实施〈中华人民共和国农村土地承包法〉办法》，建设自治区土地经营权流转管理平台。全区99.2%的嘎查村经营性收入达到10万元，80%的嘎查村集体经济收入达到10万元以上，有3个旗县和21个村镇实施"红色美丽乡村"示范项目。

（五）扎实推进乡村建设

内蒙古充分尊重农牧民意愿，以基础性、普惠性、兜底性民生建设为重点，持续改善农村牧区生产生活条件。一是改善农村牧区人居环境。对2013年以来财政支持建设的98.66万个户厕开展全面摸排，发现问题户厕10.88万个，已整改6.85万个。71.44%的行政村建立生活垃圾收运处置体系。生活污水治理达到28%，超额完成国家任务。全面完成村庄布局分类，8600个嘎查村编制完成"多规合一"规划，实现应编尽编。全区农村牧区公路通达里程达到17.5万公里，农村牧区自来水普及率达79.5%。行政村5G网络覆盖率达85.4%。二是提升农村牧区基本公共服务水平。持续改善乡村办学条件，新建校舍3.1万平方米，对旗县级以下

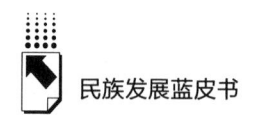

薄弱学校开展组团式帮扶。强化重点人群生活保障，农村牧区低收入人口县域政策范围内住院费用支付比例总体稳定在70%左右，低保平均标准达8040元/年，建成乡镇级养老服务中心415个。不断丰富农牧民文体生活，加强乡村健身场地设施建设，开展乌兰牧骑下基层等惠民演出7000余场。

（六）加强乡村治理和农村牧区精神文明建设

发挥农村牧区基层党组织引领作用，创新乡村治理方式，丰富农牧民精神生活，不断提升乡村文明程度。一是推进抓党建促乡村振兴。召开全区现场会，压实县级党委抓乡促村职责，推动县级领导班子成员包乡走村入户、乡镇领导班子成员包村联户。开展乡村换届"回头看"，出台嘎查村干部管理监督实施办法，抓好软弱涣散党组织整顿。组织基层党组织"比武争星"活动，表彰先进集体50个、先进个人100名，命名担当作为好支书82名。二是提升乡村治理水平。优化基层网格治理模式，划定网格近7.5万个，配备网格员15万余人。坚持和发展新时代"枫桥经验"，调解处理纠纷7600余件。推广积分制、清单制治理方式，深化移风易俗，规范村级组织工作事务、机制牌子和证明事项，编制指导目录和负面清单。鄂托克前旗黄海子村经验做法入选第四批全国乡村治理典型案例。三是加强农村牧区精神文明建设。组织开展"听党话、感党恩、跟党走"铸牢中华民族共同体意识等主题宣教活动2.9万余场。在11个旗县开展婚俗改革试点，自治区文明办、自治区民政厅联合出品公益宣传短片《婚事》，被中央文明办、民政部全国推广。持续推动违建墓地整治和公益性安葬（放）设施建设。

三 内蒙古实施乡村振兴战略的主要经验

内蒙古认真贯彻习近平总书记对内蒙古建设国家重要农畜产品生产基地的重要指示精神，制定实施方案，配套开展九大专项行动，结合《乡村振兴促进法》和《中国共产党农村工作条例》，压实五级书记抓乡村振兴责任，为实施乡村振兴战略提供坚强政治保障。

（一）加强党的全面领导　坚决扛起重大政治责任

一是高位部署推动。自治区先后多次召开党委常委会会议、政府常务会议、专题会议等，学习贯彻习近平总书记关于"三农"工作重要论述，研究谋划全局工作，部署推动任务落实。党政主要领导多次深入基层调研。有关部门通过完善政策，加强指导督促等推动工作落实。二是强化督促落实。加强议事协调机构建设，多次召开现场会、推进会，实行定期调度，发挥牵头抓总作用。组织中央一号文件贯彻落实情况督查，开展盟市、旗县乡村振兴实绩考核。三是压紧压实责任。全面落实省负总责要求，省级领导继续"一对一"联系脱贫旗县；202个自治区厅局和企事业单位定点包联15个国家及自治区乡村振兴重点帮扶旗县。向6094个嘎查村选派1.14万名干部持续驻村帮扶。市县乡把巩固拓展脱贫攻坚成果摆在突出位置持续推进，确保工作不断、劲头不松、力度不减。

（二）带动脱贫人口增收　筑牢防止规模性返贫安全网

一是加大投入促增收力度。围绕习近平总书记交给内蒙古的五大任务，制定出台财政衔接推进乡村振兴补助资金管理办法，进一步拓展资金用途，明确使用方向。在85个旗县（脱贫人口和监测对象超过100人的旗县）投入衔接资金64.52亿元，集中支持实施956个重点帮扶项目。围绕做好"土、特、产"文章，重点支持牛、羊、奶业等优势特色产业和冷链物流建设，实施567个项目，占衔接资金总规模的62.5%，超过国家要求2.5个百分点。二是完善利益联结促增收。继续把发展产业作为巩固脱贫攻坚成果、有效衔接乡村振兴的根本举措，出台《关于进一步健全完善帮扶项目联农带农机制的实施细则》。持续深入开展消费帮扶，全区认定帮扶产品3290款，兴安盟大米、科尔沁牛肉、乌兰察布马铃薯等一批特色品牌对农牧民辐射带动力进一步增强，将465万（人次）农牧民吸附在帮扶项目产业链上。

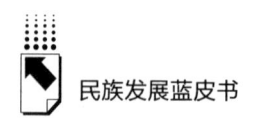

三是拓宽就业渠道促增收。聚焦脱贫户和监测对象，强化针对性培训，提升就业能力。通过京蒙劳务协作、公益岗安置、帮扶车间务工、以工代赈等多种方式稳定就业规模。

（三）深化东西部协作　借助京蒙合作为乡村振兴赋能

一是持续推动京蒙协作落地落实。北京市和内蒙古自治区坚决贯彻落实习近平总书记对内蒙古"两个屏障""两个基地""一个桥头堡"的战略定位和关于深化东西部协作工作的重要指示精神，合作共建"农副产品生产加工基地"和"清洁能源基地"，帮助内蒙古牛羊肉等农畜牧产品进入北京市场。累计建成89个果蔬粮油种植基地、44个家禽畜养殖基地和25个肉奶粮加工基地，帮助打造锡林郭勒羊肉、赤峰杂粮、兴安盟大米等多个名优品牌，2021年北京市采购、销售内蒙古农副产品超过101亿元。二是拓展消费帮扶，激发内生动力。认真贯彻落实习近平总书记的重要指示精神，广泛动员社会力量参与乡村振兴。内蒙古借助京蒙协作平台，北京市房山区与内蒙古兴安盟突泉县共同建设了农旅融合的曙光现代农业循环经济园区，通过探索"旅游+""农业+""互联网+"新业态发展模式，使田园变公园，产品变商品，产区变景区。2020年，该园区被评为国家级产业融合示范园区和国家级现代农业科技示范园区。

（四）积极开展乡村治理　有序推进衔接具体工作

一是以整治提升农牧区人居环境为切入点，推动宜居宜业和美乡村建设。立足内蒙古农牧业大区实际，把人畜分离作为农村牧区人居环境整治提升的重要内容，坚持建管用并重，统筹考虑工程建设和运行维护，同步设计、同步建设、同步落实。推动建立农村厕所、生活污水垃圾治理和村庄保洁一体化运行管护模式，采取政府适当补贴、农牧民合理付费等方式，引导鼓励各类市场主体参与农牧区人居环境运维管护机制。二是持续补齐基础建设和公共服务短板。至2021年底，全区99.8%的行政村村内主要道路完成硬化；自来水普及率达到77%；行政村光纤、4G网络通达率均达到

99.5%；快递服务实现苏木乡镇全覆盖，建制村覆盖率71.16%，基层医疗卫生服务能力有了明显提升。三是聚焦乡村治理工作。2021年在3个旗县、67个村镇开展试点示范。2022年逐步推行"积分制""清单制"等模式，不断完善村规民约，探索建立"红黑榜"等工作方式，促进文明村镇创建和社会综合治理。梳理嘎查村权力和服务清单，明确工作流程，建立监督评价体制，推动形成规范化、制度化乡村治理方式。

内蒙古持续深入贯彻党的二十大精神，坚决落实习近平总书记对内蒙古的重要指示精神，聚焦聚力国家重要农畜产品生产基地建设，全方位夯实粮食安全根基，守好不发生规模性返贫底线，建设宜居宜业和美乡村，为新时代新征程全面推进乡村振兴、加快农业强国建设贡献内蒙古力量。

B.7 贵州大数据的最新发展与经验总结

周真刚 等*

摘　要： 在信息技术快速发展的背景下，大数据应运而生。互联网、物联网、云计算、5G体系的逐渐庞大，数据规模的不断增大继而催生云时代的到来。贵州结合自然环境优势、当下社会需求、政策支撑动力抓住大数据发展机遇，将大数据技术融入日常生活。如今，高速发展的大数据产业已成为助力乡村振兴和推进经济现代化的重要动力。贵州大数据在基础设施建设、开放共享道路、数字经济与实体经济深度融合转型实践中贡献创新方案。

关键词： 贵州　大数据　数字经济　产业振兴

一　贵州大数据基本概况

（一）贵州大数据的发展历程

近年来，"大数据"这个词具有一定热度，掀起了一场新的数据技术革命。贵州借助大数据的机遇和红利实现全省经济社会快速发展，成为跨越式发展的有力支撑。《中国大数据发展报告No.1》将大数据的发展历程划分为三个阶段：萌芽期（20世纪90年代）、发展期（20世纪末到21世纪初）、

---

* 周真刚，贵州省民族研究院二级研究员，博士生导师，主要从事民族学、社会学、法学研究。参与报告撰写工作的人员还有贵州民族大学博士研究生陈礼荣、韦泽珺，贵州大学历史与民族文化学院硕士研究生白雪、罗晓辉，贵州民族大学民族学与历史学学院硕士研究生蔡回玉、杨江萍、王寒。

应用期（2011年），从大数据的起源、技术维度及外延补充分别对其进行阐述。[1] 张群、尹卓等人将我国大数据标准化发展10年历程归纳为四个阶段，分别是萌芽期、起步期、快速发展期和深入应用期。[2] 回顾过去，展望未来，贵州大数据发展主要总结为三个时期六个关键词，六个关键词即接触、雏形、探索、创新、共享、突破。

2012年，国务院印发《进一步促进贵州经济社会又好又快发展的若干意见》，贵州在全方位的政策支持下初步认识大数据，开始与大数据进行接触。2013年，随着"中关村贵阳科技园"的揭牌以及中国电信、中国移动、中国联通三大运营商落户贵州，标志着大数据产业雏形基本形成。以前，贵州大数据是摸着石头过河，一边摸索一边前进。国家层面的顶层设计和布局规划为贵州大数据打足底气，《关于加快大数据产业发展应用若干政策的意见》《贵州省大数据产业发展应用规划纲要（2014—2020年）》，及全国第一部信息基础设施地方性法规《贵州省信息基础设施条例》等政策的出台指引并推动了大数据产业向纵深发展。贵州省上下联动创新大数据产业，规划目标、数博会、招商引资、招商引智等形式发挥"大数据+"的优势，全面推动各行各业的数字产业化和产业数字化。2021年是"十四五"开局之年，贵州大数据在实体经济、农业、民生、服务业、乡村振兴等领域取得丰硕成果的基础上踏上实现数据共享的新征程，大数据未来发展前景广阔亟待释放更多价值。近年来，贵州在大数据蓝海中扬帆前行，走出了一条"无限可能"的新路，为新时代贵州数字经济高质量发展交出了一张满意答卷，成为世界认识贵州的一张靓丽名片。

（二）贵州发展大数据的优势

1. 天时地利的环境潜力

习近平总书记反复强调，"纵观世界发展史，保护生态环境就是保护生

---

[1] 连玉明、朱颖慧、张涛、宋青主编《中国大数据发展报告 No.1》，社会科学文献出版社，2017。
[2] 张群、尹卓、王为中等：《我国大数据标准化发展历程与展望》，《信息技术与标准化》2023年第7期。

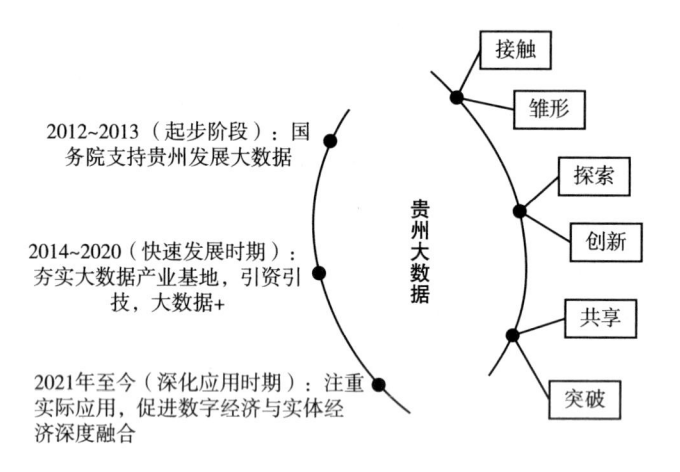

图 1　贵州大数据的发展

产力，改善生态环境就是发展生产力""绿水青山就是金山银山"，并要求我们"守好发展和生态两条底线""在生态文明建设上出新绩"。只要保护好生态环境，就可以发展生态产业化、产业生态化，实现经济价值，变成真金白银。"中国这十年·贵州"主题新闻发布会上，省委副书记、省长李炳军介绍到，优良生态环境已经成为贵州最大的发展优势和竞争优势，"绿水青山就是金山银山"的理念在贵州得到深入实践。良好的环境、清新的空气、宜人的气候既是贵州的潜力又是不断建设生态文明的丰硕成果，如获批全国生态文明先行示范区、首批国家生态文明试验区，并以"公园省""森林之城""避暑之都"等闻名全国。

数字经济风起云涌之时，贵州充分利用地理环境安全、地质结构稳定、生态环境良好、土地电力成本低等优势，率先引领建设大数据产业。数据显示，2022年贵州省数字经济核心产业企业登记户达3.2万户，提供就业岗位20.61万个，全省数字经济核心产业固定资产总投资763.45亿元，同比增长18.3%。[①] 大数据时代背景下，贵州得天独厚的自然生态环境，不仅为

---

① 马达、罗近人：《贵州：税惠添力　乘"数"而上》，多彩贵州网，2023年5月23日，http://cs.gog.cn/system/2023/05/25/018383171.shtml。

数据中心提供着力点，而且在"双碳"战略目标下，有效解决了数据中心的能耗和碳排放问题，发挥了节能降耗的作用。近年来，贵州的交通设施建设飞速发展，构建起高速公路、高速铁路、民航等综合立体交通网络。2022年底，全省新增公路4.4万公里，通车总里程达20.9万公里，其中高速公路8331公里，排全国第四，综合密度排全国第二。[①] 交通网络的互联互通，基本建成西部陆海新通道交通枢纽体系，形成连接成渝、长三角、珠三角的重要节点城市，为满足中国东部地区算力资源需求打通数据新走廊。

2. 适逢其时的需求活力

需求是推动社会发展的原动力，社会在需求与供给的相互转化过程中向前发展。一是客观存在的现实需求。大数据作为一门处理海量数据的高新技术，具有分析、处理和预测的作用，可为各主体提供有效的决策支持。2021年"东数西算"重大工程正式启动，主要目的是将东部的数据流动到西部存储计算，实现数据要素的跨域流动，这是一个双向奔赴的新发展之路，在满足更多投资需求的同时，也为西部开辟了产业发展的重要途径。据国际数据公司（IDC）的报告，2030年全球数据存储量将达到2500ZB（1ZB=1021字节）。[②] 当前，需要处理的数据量已经大大超过处理能力的上限，从而导致大量数据未被发掘或价值不明形成"暗数据"。因此，在这种大数据资源倒逼应用和技术变革的重压环境中，将为全社会带来新一轮发展机遇。二是不容忽视的潜在需求。据《数字中国发展报告（2022年）》显示，截至2022年底，我国网民规模达到10.67亿人，较去年同期增长3549万人，互联网普及率达75.6%。我国网民规模的持续扩大，不仅体现出我国在信息基础设施建设方面已经取得了非常显著的成果，而且也为数字经济发展打下了坚实的用户基础，展现强大的增长潜力。互联网的高速发展带动了数据中心的发展，并对数据中心的运维和服务模式提出新的要求。正如贵州省量子

---

① 程曦：《截至2022年底 贵州公路通车总里程达20.9万公里》，多彩贵州网，2023年1月18日，http://www.gog.cn/zonghe/system/2023/01/18/018303980.shtml。

② 沈阳、田浩、曾海军：《大数据时代的教育：若干认识与思考——访中国科学院院士梅宏教授》，《电化教育研究》2020年第7期。

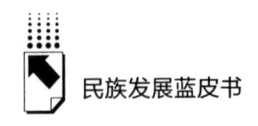

信息和大数据应用技术研究院副院长潘伟杰所说，在西部建设数据中心，不仅能够创造新型信息消费市场，还能为经济增长提供更多动能。由此可见，贵州发展大数据具备丰富的资源和条件，堪为大数据产业的风水宝地。

3. 把握先机的政策动力

国家为发展贵州大数据提供了不少政策优势。作为中国的"大数据元年"，2013年也是贵州迎来新发展的重要时刻。2013年9月8日，贵阳市人民政府与中关村科技园区管理委员会在贵阳签署战略合作框架协议，双方共同打造的"中关村贵阳科技园"揭牌，拉开了贵阳发展大数据的序幕。2014年，则是贵州的大数据元年，贵州省大数据产业发展领导小组贯彻《关于加快大数据产业发展应用若干政策的意见》《贵州省大数据产业发展应用规划纲要（2014—2020年）》等政策，通过落户奖励到项目投资服务等多项优惠政策推动大数据及关联企业发展壮大，为贵州大数据创造良好发展环境。按照《贵阳大数据科创城建设发展工作方案》，到2025年，贵州将引进培育大数据及关联企业3000家，汇集科技创新和公共服务平台100家，聚集软件及相关人才10万人。

自2012年国务院明确提出鼓励贵州发展新一代电子信息网络技术的战略性新兴产业至今已有十余年，回顾贵州大数据的发展历程，一路无经验可循，从零开始，归来仍是勇立潮头。2015年，习近平总书记在"大数据之都"贵阳考察时说"贵州发展大数据确实有道理"。2022年，国务院印发《关于支持贵州在新时代西部大开发上闯新路的意见》明确贵州建设"数字经济发展创新区"的战略定位，为推动我省数字经济高质量发展指明了前进方向，注入了强大动力。

（三）贵州大数据的发展应用

1. 信息化农业

自古以来的农业生产活动"靠天吃饭"，如今已经通过各种信息技术手段开始向"知天而作"突破，借助互联网、大数据、人工智能等技术振兴农村产业革命，形成数字化、网络化、智能化三者融合的发展新态势。如贵阳贵安利用新一代信息技术建设"食用菌种植与互联网融合运营管理平台""数字化肉鸡养殖云服务平台"等13个项目，做到了数据与农业的全面深度融合应用。此外，贵州省气象局打破传统困境，基于气象大数据，通过贵州农业气象App，为7万多户新型农业经营主体提供农业气象服务。大数据不仅提供生产方面的应用，而且解决农产品的售卖，培育出许多农村电商主体。同时，贵州积极推广农业物联网应用，建设"一张图"整合16个物联网基地，带动全省75个农业园区开展146个物联网建设项目，6个县启动"农村一、二、三产业融合发展先导区创建县物联网建设项目"，实现大数据助推农业现代化。[①]

2. 数字化治理

数字化治理，提升效能，就是让数据多跑路，百姓少跑腿。从2015年开始打造"互联网+政务服务"平台，贵州依托大数据先行发展优势，建成全国首个省级政务数据"一云一网一平台"，省市县三级4100多个部门，1500多个乡镇，1.7万余个村居通过"一张网"发布信息、提供服务。[②] 截至2022年底，全省政务服务事项100%网上可办，贵州的数字服务能力明显提升，数字政府建设水平连续多年位居全国前列，省域政府数据开放综合指数排名全国第三，全方位展示出数字贵州的应用价值。随着不断创新数字化治理模式，贵州开辟出诸多贴近群众生活的数字化治理应用场景，如智慧垃圾站、智能储物柜、无人智慧微菜场、智能充电桩、智慧停车、闲置农房盘活平台"村村"App、"黔农e村"等一系列智慧成果，利用数据分析为数字治理贡献新力量，真正实现治理变"智理"。

3. 科技化旅游

贵州省作为文旅资源大省，发展数字文旅具有很大优势和特色。《全国县域旅游研究报告2022》中显示，旅游产业化在贵州高质量发展格局中发

---

① 王新伟、吴秉泽：《"加"出新空间 融出新动能》，《经济日报》2019年5月26日，http://paper.ce.cn/jjrb/html/2019-05/26/content_392103.htm。
② 杨静：《"数"中有理 精准"智治"》，《贵州日报》2022年5月26日，http://jgz.app.todayguizhou.com/paper/1368160.html。

挥重要作用。据中研普华产业研究院发布的《2022—2027年贵州旅游业市场深度调研与行业投资前景预测报告》显示：2021年贵州旅游及相关产业增加值突破1000亿元、占GDP的比重达5.2%，成为贵州支柱产业之一。2020年，自"贵州旅游·一码游贵州"平台上线以来，访问量超4.27亿人次，总用户近2900万人，"一部手机尽享文化服务"的旅游模式已实现。大数据在旅游行业的应用，为贵州旅游升级增添了新的动力。[1]

二 贵州大数据发展取得的成效

随着科学技术的不断发展，大数据已成为人们生活中万物互联的新场景，数据观念突破传统获得新知。通过对大数据技术的管理和应用，大数据在政务服务、群众办事、产业发展方面均取得较大成效。贵州大数据产业实现了从无到有、从有向优的完美转变，多方面的社会应用见证了贵州在数据、网络等相关方面的"硬实力"。

（一）优化政务，提质增效

当前，随着互联网、大数据、人工智能等新技术的发展，大数据已成为转变政府职能、提升政务服务能力的重要途径。贵州作为全国"互联网+政务服务"试点示范省份，依托大数据的资源优势，打破了数据孤岛的困境，立足于政务数据"一云一网一平台"，形成了具有贵州特色的政务数据治理体系，政务数据在"重构、共享、应用"中发挥价值，省级政府电子服务能力综合指数获全国第一。据《国家大数据（贵州）综合试验区发展报告2022》显示，贵州数字政府建设水平居全国第五，政府数据开放综合指数居全国第三。

政府借助大数据技术改革政务服务水平与管理措施，体现出贵州数字政

---

[1] 王莹：《"一码游贵州"全域智慧旅游平台适老服务弥"鸿沟"》，中国旅游新闻网，2022年12月19日，http://www.ctnews.com.cn/content/2022-12/19/content_134577.html。

府之实践。大数据蓝皮书《中国大数据发展报告 No.2》显示，2017 年贵阳大数据发展总指数在各城市中排名第七，其中政用指数得分 26.35，居各城市首位。[1] 在数字政府服务能力评估中，贵阳市人民政府网荣获全国省会城市第三名，数字政府服务能力被评为优秀等级，"政府网站集约化平台大数据智能决策分析"案例入选省级政府网站"十佳"优秀创新案例。2022 年毕节市、黔西市作为数据直达基层试点以来，共开设 159 个"一窗通办"窗口，有医保、社保、残联、民政等领域 93 个事项，截至 2022 年"一窗通办"收件办理约 27210 件。[2] 从 2016 年贵州打响政府数据"聚通用"攻坚会战后，已有上万个业务系统迁入"云上贵州"。政府部门在政务数据汇聚、共享、安全管理等领域的治理能力不断提升。

（二）普惠群众，服务民生

作为中国首个国家大数据综合试验区和内陆开放型经济试验区，贵州正逐步建成公平普惠、便捷高效的民生服务体系。贵阳率先提出让大数据服务大民生，构建"大数据+大民生"的发展格局，用数字发现问题、分析问题、改善和解决问题。"云上贵州多彩宝"提供高频政务和民生服务 2067 项，累计服务 5.12 亿人次；"劳务就业扶贫大数据平台"为农村 29.4 万人提供就业服务；政府和社会数据累计开放高质量数据集 8393 个，提供数据服务 22 万批次，从基本上解决了民众"办事难、出行难、看病难"等问题，利用大数据手段满足人民群众日益增长的个性化、多样化需求。[3]

按照《省大数据发展领导小组办公室关于印发〈贵州省大数据战略行动 2022 年工作要点〉的通知》要求，贵州利用大数据洞察民生需求，

---

[1] 连玉明、张涛、宋希贤主编《中国大数据发展报告 No.2》，社会科学文献出版社，2018。
[2] 张弘弢：《黔西市：国家政务数据直达基层》，《贵州日报》2022 年 12 月 19 日，http://gz.zhonghongwang.com/show-3-2999-1.html。
[3] 钱丽：《贵州数字经济增速 连续六年排名全国第一》，《贵阳晚报》2022 年 1 月 6 日，https://wb.gywb.cn/epaper/gywb/html/2022-01/06/content_1239.htm。

以大数据创新民生服务方式，按照"1+N"模式，倾力打造智慧交通、智慧教育、智慧物流、智慧买菜、智慧医院等应用场景，让数据更贴近民生、服务民生，在质量和应用水平方面同步提升。2022年，贵州软件和信息服务业营业收入增长90.5%，连续17个月保持全国第一，规模居全国第17位、较上年提升两位。① 2022年，贵州数字民生省级示范项目共有十个项目入选，涉及多场景、多内容、多功能，切实提升了人民群众的获得感和幸福感。

表1 2022年数字民生省级示范项目统计

序号	项目名称	服务内容
1	贵州省预防接种信息管理系统建设项目	接种前、中、后，数智化全覆盖，多功能取号机、留观智能提醒、疫苗预约、接种信息查询等
2	安顺市医学影像云平台建设	实现市、县、乡医学影像数据共享，通过互联网省内外的专家进行会诊、查询医学影像信息等
3	基于全民健身的贵体智慧赛道项目	铜仁马拉松智慧赛道：可通过人脸识别和芯片识别自动记录运动成绩，设计有陪跑灯光、自动感应淋浴系统、智慧AED救援站、智能心率柱、智能存包柜等
4	码上黔南建设项目	实现全州旅游景区实时VR导游导览，实现"吃住行游购娱"六要素预订，可提前了解旅游目的地的相关情况
5	贵州省化屋村"5G"数字乡村项目	依托5G、云计算和大数据优势打造"5G+数字乡村治理信息平台"，聚焦数字治理、数字联户连心、文明实践、元宇宙电商、元宇宙旅游、智慧停车场六大功能
6	遵义市农产品产销对接服务智慧云平台	实现农产品产销对接、本地农产品种植养殖调控、农产品交易溯源监管、农产品农残安全监管、财政资金使用监管、农产业金融普惠贷六大功能
7	盘州智慧城市（大数据信息生活服务平台）	包括企业商家服务、网上购物商城、社区交流平台、便民惠民四大功能
8	贵阳市"刷脸支付"平台	全城地铁站、30个BRT站点实现刷脸乘车功能

---

① 曾书慧：《全省大数据电子信息产业持续快速发展》，贵州省人民政府网站，2023年2月11日，http://www.guizhou.gov.cn/home/gzyw/202302/t20230211_78190504.html。

续表

序号	项目名称	服务内容
9	"贵惠荟"产地仓冷链+终端配送线上线下融合项目	通过贵惠荟商城下单,有自提或者送货到家多种提货方式
10	黔南智慧司法	通过"黔南智慧司法"App申请法律援助,进行线上调解、文书送达等线上全流程办理

资料来源：整理自贵州省大数据发展管理局官网。

（三）创新融合，赋能兴业

以大数据、物联网、人工智能为代表的新一代信息技术的融合发展，让传统行业迎来新的数字经济时代。据《数字中国发展报告（2022年）》显示，我国数据产量达8.1ZB，大数据产业规模达1.57万亿元，同比增长18%，大数据产业日益成为推动数字经济发展的重要动力。《国家大数据（贵州）综合试验区发展报告2022》指出，贵州数字经济增速连续七年位居全国第一，数字经济增加值占全省地区生产总值比重达37%左右。贵州通过深入实施"万企融合"大行动，2022年度省级融合标杆项目共108个，其中工业61个、农业13个、服务业34个，融合发展的成效凸显。① 2023年，中国国际大数据产业博览会上发布《数实相融助力数字经济高质量发展——以贵州省"万企融合"大行动为例》一书，展示出数实融合的"贵州模式"成果。

大数据+工业的深度融合为工业经济高质量发展提供了原动力。数据显示：2022年全省"两化融合"发展水平达到53.4，较上年提高3.6，增幅为近5年来最高。② 例如，中安科技经过智能化改造后，生产周期缩短一半，质效提高50%；贵州雅光电子科技运用大数据手段和工业互联网设备，建立6

---

① 方亚丽：《深耕数字蓝海 加速"云"端聚势——贵州奋力在实施数字经济战略上抢新机》，《贵州日报》2023年2月3日，http://szb.gzrbs.com.cn/pc/cont/202302/03/content_85296.html。

② 吴雨：《数实相融 引领贵州工业加"数"发展》，新华网，2023年5月11日，http://gz.news.cn/2023-05/11/c_1129605951.htm。

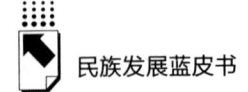

条生产线，平均每8秒采集一次生产数据并实时传输到系统，进一步降低了生产成本。2022年，贵州获批国家级工业互联网试点示范项目、典型案例和解决方案等80余个，打造"5G+工业互联网"应用项目65个，形成"工业云""能源云""电梯物联网"等10个典型应用平台，实现生产效率大幅提升。①

大数据+农业的融合发展为乡村振兴提供更多"智慧"机遇。贵州省聚焦茶叶、蔬菜、水果、禽蛋等特色产业，初步形成大数据服务全过程的安全体系。2022年，累计建成数字农业示范基地3个以上，实现了农业产业数据可视化。贵州科学院的"食品安全云"为38个县、74个特色品种、458户农产品生产企业提供质量追溯技术服务。正如山王果集团总经理李剑介绍，2022年，我们凭借"数实融合"的应用，产能达到2.3亿元，销售达到1.6亿元，环比增长均超过30%。② 二者相融助力贵州农业实现跨越赶超。

大数据+服务创造新业态，推动"一站式"服务建设水平。现代信息技术的应用，催生一系列适宜贵州本土发展的新业态，促进了旅游、物流、电子商务等领域经济转型。2022年，全省服务业增加值比上年增长1.0%。规模以上服务业企业营业收入比上年同期增长10.3%，其中互联网和相关服务营业收入增长134.7%。③ 旅游业作为服务行业的重要组成部分，贵州大数据与服务业融合水平已达42.2%。此外，贵州省农业企业电子商务应用比例达47.4%，3个市州、70个县（市、区）入选国家级电子商务进农村试点示范，实现网货下乡、农货进城、黔货出山，形成电商培训、产品开发、平台运营、物流配送等电商全产业链发展体系，展现出云运用的大数据优势。④

---

① 刘昌馀、邓娴：《数实融合 打造贵州数字经济产业升级新引擎》，新华网，2023年5月23日，http://gz.news.cn/2023-05/25/c_1129643888.htm。
② 张恒新：《融合创新，加"数"转型！贵州全领域、全行业、全社会拓展5G应用场景》，新华网，2023年1月27日，http://gz.news.cn/2023-01/27/c_1129314541.htm。
③ 《贵州省2022年经济运行情况》，贵州省统计局，2023年1月31日，http://stjj.guizhou.gov.cn/tjsj_35719/zxsj_35810/202301/t20230131_78052788。
④ 王新伟、吴秉泽：《"加"出新空间 融出新动能》，《经济日报》2019年5月26日，http://paper.ce.cn/jjrb/html/2019-05/26/content_392103.htm。

（四）数字赋能，成效显著

贵州的数字建设在政务、交通、医疗、文旅、乡村、民生等领域已发挥巨大作用，并在社会发展中积累了许多宝贵实践经验，为推进全省数字经济高质量发展，建设"中国数谷"打下了坚实基础。贵州的 HCB 和江苏的 YMM 始于 O2O（Online To Offline，即"线上到线下"的商业模式）创业热潮，2017 年它们合并为 MB，依托"互联网+物流"的服务模式发展。经过近十年的探索，MB 集团已经发展成为中国干线物流重要平台，构建起从车货匹配到车后服务再到全产业链的物流生态系统（见图2）。MB 集团荣获"2019 中国物流金融 50 佳企业"，成为物流金融生态圈标杆案例。据《中国互联网企业综合实力研究报告（2020）》统计，MB 集团 2020 年排名第 58 位，已经连续两年入围且排名不断提升，凸显 MB 在贵州大数据东风下，迅速发展壮大成为西南地区首家"超级独角兽"企业。

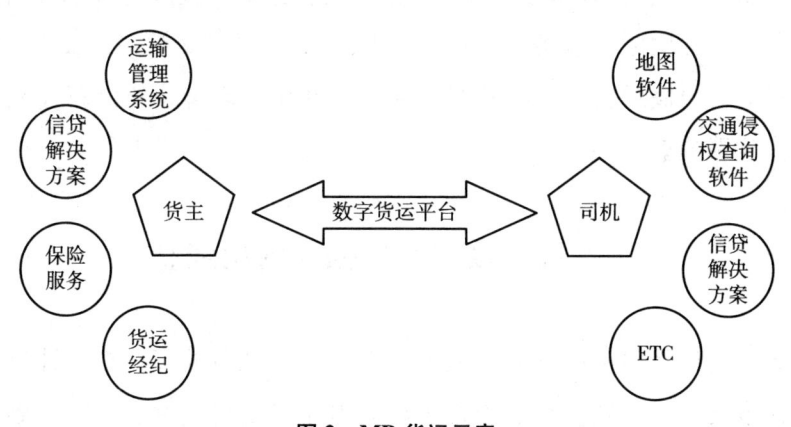

图 2　MB 货运示意

数字货运平台搭建乡村振兴桥梁，助力黔货"出山自由"。MB 平台将大数据、云计算、人工智能技术引入物流行业，汇整大量货运运输需求，从而提高农产品物流效率，助力牛肉、辣椒、刺梨等贵州特色产品外销。例如，2022 年贵州刺梨综合产值达 150.8 亿元；全省辣椒交易额达到 800 亿元，老干妈、贵山红等品牌辣制品远销 100 多个国家和地区。MB 平台通过

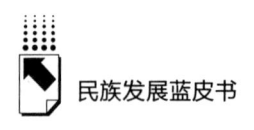

测算提高匹配效率，构建了货主和司机的智能化数字货运平台，保证了贵州特色农产品外销不断档，市场规模不断扩大。根据中国物流与采购联合会公布的《2022年货车司机从业状况调查报告》，87%的货车司机通过货运互联网平台寻找货源。MB作为数字货运平台的领军者，充分体现出行业价值。

数字赋能助力科技减碳，倡导协同绿色出行。通过海量大数据，MB平台快捷、精准地匹配人、车、货，在提高物流效率的同时，一定程度上降低了公路货运的"三空"率（空驶、空置、空载），从而推动整个物流行业高效运转和节能减排。近年来，该平台为司机节约46.5亿升燃油，相当于减少碳排放达1000万吨，平均为每个司机节省1万至2万元燃油费支出。以2020年累计减少碳排放1168万吨为例，相当于种植约5亿棵树，将近42万公顷绿色面积。2022年，由MB集团牵头编制的《公路货运智能匹配系统的温室气体减排量评估技术规范》正式发布，并推出"双碳"目标"MB碳路计划"，在解决公路货运碳减排难题方面发挥重要作用。在国家"双碳"目标指引下，MB平台凝聚数字力量让公路物流更智慧、更高效，进而共筑绿色交通，在生态环境、物流行业领域输出重大实践成效。

三 贵州发展大数据的成功经验

大数据作为国家的基础性战略资源，贵州先行先试，在云计算大数据应用发展方面领跑。得益于贵州在取得原有成绩之上加强对基础设施的建设、借助数博会平台扩大开放共享渠道、与国家政策同频共振落到实处、"数实相融"推进产业创新等举措。当前，作为中国大数据产业发展的典型，大数据已成为世界认识贵州的一张新名片。

（一）发挥设施建设固本强基作用

全国首个大数据交易所、首个国家大数据工程实验室等落地贵州，为高质量发展提供重要保障。大数据蓝海离不开信息基础设施的建设，以华为云全球总部为代表的多个世界级大数据企业落户贵州。如今，贵州已成为在国家大数据战略引领下跻身国家八大算力枢纽节点、国家"东数西算"工程重要算力基地，已建成中国国家互联网骨干直连点、国际数据专用通道、根服务器镜像节点和中国国家顶级域名节点，完成了从无到有再到强的华丽转身。信息基础设施建设为大数据产业聚集及发展提供了重要支撑。贵州省大数据发展管理局发布《面向全国的算力保障基地建设规划》，并提出2023~2025年要打造面向全国的算力保障基地，进一步巩固贵州超大规模数据中心集群的地位。

发挥贵州独特优势积极探索践行，为数据存算协调、数字应用提供坚实保障。继大数据成为信息技术的热点在贵州启航后，国家和省级多部门接续出台多项政策助推大数据发展，包括产业规划、布局、立法及关联企业等多项优惠政策。其中，2014年颁布实施《贵州省信息基础设施条例》，对信息基础设施建设的统筹规划做出明确指示。数字基础设施在传统设施基础上不断融合，创造出新的突破点，根据各地的实际条件建设工业互联网示范区、5G+工业互联网融合应用先导区，从基础上落实开发区数字化建设。贵州不仅关注当下的发展，对未来大数据的发展前景同样具有清晰定位，《新型基础设施三年行动方案（2022—2024年）》要求贵州在基础设施建设方面适度超前，推动交通、能源等基础设施智能化改造升级。目前，根据前瞻产业研究院统计，贵州省大数据产业园区数据库共有25个，其中8个数据中心已进入国家绿色数据中心名单，广泛分布在7个市州，信息基础设施水平从全国第29位提升至第15位。同时，企业的入驻使智能产品制造、大数据分析应用、数据金融、智慧医疗等产业经济业态从无到有，从弱到强。贵州对大数据产业发展的探索和布局不仅为企业提供了良好的发展空间，而且可以更有效地组织和使用大数据，进一步发挥数据要素作用以促进社会发展。

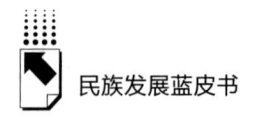

表 2 贵州省大数据产业园情况

城市	园区名称	占地面积(亩)	企业数量
贵阳市	国家大数据综合试验区	63	260
	南明大数据电商产业聚集区	8	291
	贵州(乌当)大数据智慧产业基地	35	225
	勤邦大数据·大健康产业园	15	104
	观山湖大数据服务外包及呼叫中心产业园	52	83
	贵阳大数据呼叫中心产业基地	—	80
	贵阳大数据及服务外包产业示范基地	—	71
	云岩区大数据双创中心	6	57
	大数据产业生态示范基地	—	7
	大数据安全产业园	91	11
	观山湖大数据中心	154	35
	贵州广电大数据园区综合体	—	—
	高新区高科国际西部国际软件园&大数据中心	85	295
	贵阳大数据科创城	50	383
	贵阳浪潮大数据产业园	63	1
遵义市	遵义大数据应用创新中心	55	41
	大数据运用中心务川电子商务产业园	365	—
黔东南苗族侗族自治州	凯里大数据产业园	310	42
	汉天下大数据产业园	—	3
黔西南布依族苗族自治州	册亨香蕉大数据扶贫产业园	—	2
	晴隆旅游大数据中心	—	1
黔南布依族苗族自治州	精英健康大数据产业园	1082	—
铜仁市	铜仁市大数据产业园	12	60
毕节市	威宁大数据服务外包产业示范基地	—	5

资料来源：整理自前瞻产业研究院统计数据（截至2023年）。

（二）资源开放共享价值形成合力

共享开放是打破信息封闭、消除"数据孤岛"的重要途径，大数据只有开发和利用才能创造价值，从而实现数据利用效率的最大化。从2015年开始，中国国际大数据产业博览会（以下简称数博会）始终秉持"全球视野、国家高度、产业视角、企业立场"的办会理念，从多层面、多角度积极展开大数据技术和应用的交流合作，展示大数据产业的最新成果和发展趋势。2016年，数博会全面升级，成为大数据领域的国际性交流盛会、世界级分享平台，成为世界认识贵州的新渠道。习近平总书记连续两次向数博会发来贺信，充分体现了党中央对数博会的高度重视、对贵州的亲切关怀和深情厚爱。2015年至今，数博会见证了大数据产业发展的中国声音、中国方案、中国行动。

数博会以会招商、以会聚才，为国内国际大数据交流合作创造条件。近年来大数据应用取得重要进展，收集、存储、分析海量的数据资源是基本技术体现，融合应用是实现数据价值的基本要义。以数博会为界，大数据产业分享成果，总结经验，开拓新的天地。从创办之初，数博会就吸引无数国内国际大数据领域的厂商机构展示成果和技术，同时得到政府领导、业界专家、企业家和广大观众的关注支持。数博会观众人数逐年上涨，其中2023年创下历史新高，参会观展超过18万人次，2020年和2022年受新冠疫情影响，数博会转至云端召开，同样获得几十亿人次的曝光量。2022年，数博会采取线上活动的形式，通过视频的方式公布了55项领先科技成果奖的项目，以及获得"十佳大数据案例"称号的企业及案例，其成果涵盖工业、农业、旅游业等领域，并发布了大数据蓝皮书《中国大数据发展报告No.6》等一系列理论创新成果。如今，数博会作为全球大数据和互联网领域的重要交流平台，在推进数据资源整合和开放共享的同时，也成为诸多专业人员探讨大数据产业发展未来走向的思想聚集地。

（三）结合贵州实际加快发展步伐

政策体系的不断完善为大数据保驾护航。自2014年大数据首次写入政府工作报告，到《促进大数据发展的行动纲要》升级成为国家战略，再到《关于构建更加完善的要素市场化配置体制机制的意见》，大数据

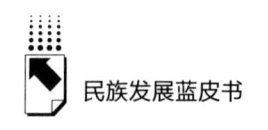

被正式列为新型生产要素，大数据产业的发展得益于国家政策的大力支持。大数据逐渐成为全国乃至全球的重要竞争力，贵州将先行先试优势转化为领先优势，在全国率先布局大数据产业。《数字中国发展报告（2022年）》指出，2022年我国数字经济规模达50.2万亿元，总量稳居世界第二，贵州作为数字经济兴国战略的重要支点，在巩固现有大数据成就之上拓展传统优势领域寻求突破，为数字中国的建设提供了生动实践。

政府政策和创新工作机制的加持，为贵州大数据产业营造了良好发展环境。贵州作为首个全省协同推动大数据立体发展的省份，省政府决定成立贵州省大数据产业发展领导小组，形成由省长任组长，省委常委、省委政法委书记等任常务副组长的工作格局。在实践上先行探索，从条、块上分别负责各地区工业、农业、服务业领域大数据融合工作，推动各地区全行业数字化转型。贵州省政府量身定做一系列政策措施鼓励和支持大数据发展，以政策为导向目标，推出如《贵州省大数据产业发展应用规划纲要（2014—2020年）》《贵州省加强科技创新加快科技进步奖励补助办法实施细则》《关于支持贵州在新时代西部大开发上闯新路的意见》等举措，从多层面、多角度为各行各业融合大数据应用提供有力指导以支撑大数据发展。此外，贵州率先探索地方大数据立法，先后颁布施行《贵州省大数据发展应用促进条例》《贵州省大数据安全保障条例》等地方性法规，完善了大数据安全产业体系，并为其他地区提供了丰富的法治经验。

四　未来发展与展望

"云服务"逐渐成为贵州数字经济的"首位产业"。正如贵安新区大数据局副局长禄涛介绍，贵安新区将围绕全国一体化算力网络国家（贵州）枢纽节点建设，重点发展跨区域算力调度、算力协同，探索云算力服务新模式。预计到2025年，云服务产业规模达700亿元以上。贵安作为大数据发展的"排头兵"，2022年大数据与实体经济融合水平发展指数达55.16，带动了 690 户企业开展融合。① 据统计，2022 年全市"两化"融合水平达到 62.5，其生产设备数字化率、数字化研发设计工具普及率等均排名全省第一。② 2022 年，贵州印发《支持工业领域数字化转型的若干政策措施》，计划围绕企业、区域、生态等多个角度加大对工业领域数字化转型的支持力度。同时，《贵州省"十四五"大数据电子信息产业发展规划》明确了贵州大数据电子信息产业的总体目标及四个方面的发展目标，以"3+5"任务框架为导向实现产业融合赋能。

依托大数据发展优势，推动大数据与实体经济深度融合。2018 年以来，贵州通过实施千企改造、万企融合等行动，至 2022 年底超 2.5 万家企业实现上"云"用"云"，大数据与实体经济深度融合指数达 44.5，较 2018 年增长 20.6%。③ 大数据赋能各行各业，利用数字技术助力实体经济转型升级是可持续发展的重要途径和先发优势。以实施"东数西算"工程为新的契机，协同推进"一硬一软"两大产业发展，以创新大数据应用场景带动数字产业规模，把大数据产业做大做强，实现数字资源、数字算力、数字产业、数字服务等数字经济生态的合理布局。大数据服务使许多传统企业迎接新机遇，并在经济实力和抵御风险能力方面得到较大提升，进而促进全省实体经济数字化、智能化转型。

作为首个国家大数据综合试验区，贵州充分利用多重优势条件在算力、存力、数据、算法等方面凸显示范引领作用，在大数据服务方面取得一系列成效，政府治理效能名列前茅、带动相关产业的融合发展、促进传统企业的转型升级、提升民众服务获得感、推动数字经济的发展。尽管贵州发展大数据产业已有十年，但一些企业和百姓对大数据的认识程度不深，社会大众的

---

① 吴秉泽、王新伟：《大数据与实体经济深度融合》，《中国日报》2021 年 6 月 7 日，https：//cn.chinadaily.com.cn/a/202106/07/WS60bdc6cda3101e7ce9753ab7.html。
② 钱丽：《数实相融 算启未来！贵阳贵安奋力打造更具国际竞争力的数字产业集群》，人民网，2023 年 3 月 15 日，http：//gz.people.com.cn/n2/2023/0315/c407342_40337364.html。
③ 江婷婷：《贵州以融合为方向，全面推进大数据与实体经济深度融合——"数实"加速相融 发展引擎"轰鸣"》，《贵州日报》2023 年 5 月 23 日，http：//szb.eyesnews.cn/pc/cont/202305/23/content_93997.html。

大数据意识有待提高。人才是第一资源，特别是对于大数据行业，具备一定经验和技能的专业人才是当前大数据产业发展的迫切需求。贵州教育水平也相对较低，如何留住人才还须深入思考。今后，贵州须牢牢把握大数据发展的重要机遇，坚定不移实施大数据战略行动，利用好现有优势资源，实现大数据与实体经济、乡村振兴、服务民生、社会治理等领域的场景融合，加大力度推动高质量发展，奋力开创数字经济的美好未来。

专题报告

B.8
民族地区生态文明建设政策与实践

蒋 尉[*]

摘 要： 以碳达峰碳中和实践为视角，民族地区生态建设的具体路径涵盖两个大的方面，即四项传统宏观布局和近年来的清洁能源基地建设。具体来看，四项传统宏观布局的路径包括：第一，逐步淡出传统能源，大力发展可再生能源，构建低碳清洁能源体系；第二，产业结构低碳化和产业运营低碳化；第三，提高生态建设领导能力，进一步强化绿色低碳发展政策保障；第四，市场建设与公众生态意识的培养。清洁能源基地建设路径具体包括：加强电网建设，鼓励和推动技术创新，优化清洁能源的空间规划。民族地区的生态文明建设和经济发展不能脱离全国生态功能区划的定位，应结合自身能源资源禀赋，因地制宜采取最适合的生态建设路径。具体建议包括：第一，低碳能源结构、发展智能电网，建设全国统一绿电市场；第二，立足本地资源禀赋，加快产业结构的绿色低碳转型；第三，利用空间错位实现地区协同互补；第四，加深"双

---

[*] 蒋尉，中国社会科学院民族学与人类学研究所藏学与西藏发展研究室研究员，主要研究方向为气候变化与可持续发展。

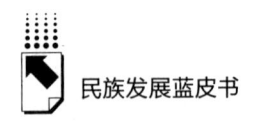

碳"实践与生态环境保护的深度融合；第五，生态建设与铸牢中华民族共同体意识相融合。

关键词： 民族地区　生态文明　"双碳"　可再生能源

一　民族地区经济发展现状及其在全国生态功能区划中的空间分布

我国民族地区人均GDP、城市化率等均低于全国平均水平，同时在民族地区内部也存在较大的差异，经济社会发展的差异决定了民族地区在生态文明建设共同目标下的不同路径。民族地区在全国生态功能区划中具有重要地位，与生态屏障、气候屏障（有的甚至是亚洲和全球范围的生态气候屏障）高度重叠；同时民族地区大多为可再生能源和生态资源富集区，具有清洁能源开发利用和储备的巨大潜力，绿色电力的就地消纳和外送均为我国的"双碳"提供了坚实的基础。

（一）民族地区产业结构与能源结构在全国中的发展水平

民族地区面积占全国总面积的64%，人口占全国总人口的14.4%，而国内生产总值（GDP）比例仅为10%；民族地区的人均GDP平均为5.3万元，低于全国平均水平的7.2万元；此外，民族地区的城市化率平均为54.3%，低于全国平均水平63.9%。[①] 这表明在"十四五"时期乃至于21世纪中期，民族地区仍将有相当规模的人口从农村转移到城市，基础设施扩张、生活水平提高需要能源保障，这部分能源需求应该以碳中和为取向，优先发展可再生能源，从而在确保满足能源需求的同时实现二氧化碳等温室气体的

[①] 整理计算自各省区统计年鉴、统计公报，以及环境保护部中国科学院《全国生态功能区划（修编版）》（2015年版）数据。

净零排放。事实上，民族地区的二氧化碳排放差异明显。2020年，内蒙古二氧化碳排放达到7.89亿吨，而青海仅有4422.6万吨，西藏约809.1万吨，并且各民族地区的能源结构调整速度也因化石能源比例而有所不同。[①] 这意味着民族地区在生态文明建设的过程中，在共同的目标下须遵循不同的路径。

从产业结构上看，民族地区的产业结构与全国均值较为一致，基本维持在"三产＞二产＞一产"的态势。一产比例约为13%，二产约为37%，三产约为50%。然而，作为重工业基地的内蒙古自治区和宁夏回族自治区，由于制造业和传统工业在经济中占据主导地位，其第二产业的比例分别为40%和41%，相对要高于其他的民族省区。

表1 民族地区2020年社会经济统计数据

民族地区	人口（万人）	人均GDP（万元/人）	城市化率（%）	能源消费总量（万吨标准煤）	二氧化碳排放（万吨）
内蒙古	2404.9	7.22	67.5	27133.65	78964.7
新疆	2585.2	5.34	52.4	18981.81	45108.3
西藏	365.6	5.2	32	/	809.1
宁夏	720.3	5.44	64.96	8166.7（2019）	21030.8
广西	5018.7	4.41	54.20	11806.05	24051.7
青海	592.4	5.07	60.08	4150.36	4422.6
云南	4722.2	5.19	50.05	12157.65	21216.0
贵州	3857.9	4.62	53.15	10111.12	23338.2
合计	20267.2	/	/	/	/
全国	141178	7.2	63.89	498000	989930
比例	14.4%	/	/	/	/

资料来源：各省区统计年鉴、统计公报，各地区碳排放数据来自清华大学中国多尺度排放清单模型数据库，全国碳排放来自BP世界能源统计（2021）。

从能源消费结构上看，民族地区的能源消费结构呈现两极分化特点。以内蒙古、宁夏为代表的重工业省份，化石能源消费仍然占据主导地位，

---

① 张坤、陈梦玫、蒋尉等：《民族地区碳达峰碳中和的潜力、挑战及建议》，《阅江学刊》2023年第2期。

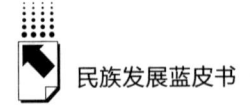

以青海、贵州为代表的清洁能源基地省份，可再生能源比例超过化石能源，成为省内能源消费的主要供给来源。而在能源生产方面，民族地区可再生能源资源丰富，发展潜力巨大，同时也是化石能源富集区。如内蒙古风能和太阳能资源技术可开发量分别为14.6亿千瓦和94亿千瓦。同时，内蒙古也是煤炭生产大省，2022年煤矿产能达12.2亿吨，前10个月煤炭产量9.7亿吨，外调量5.8亿吨，肩负国家能源供应安全重任，能源转型难度大。宁夏的能源消费中煤炭比例达到82%，非化石能源比例仅有10%。这也表明了上述省区在生态建设中具有较大的发展空间，碳中和目标要求能源系统由化石能源转向可再生能源，而民族地区拥有良好的可再生能源资源禀赋，不仅能够满足自身发展所需要的能源需求，还能够为中、东部地区提供风电、光伏、生物质能等可再生能源，故碳中和目标刚性约束也给民族地区带来了重要的发展机遇。如内蒙古自治区10米、50米高度可开发利用的风能储量占全国风能储量的40%；宁夏已成为我国新能源发展最快的省区之一，新能源也成为宁夏新的经济增长极，绿色清洁能源成为推动宁夏经济社会发展的重要动力；新疆不仅拥有"九大风区"，而且是全国太阳能日照时间最多的地区之一。民族地区风能资源储量、太阳能年辐射总量均居全国前列，技术可开发量分别达到25.46亿千瓦和2.34亿千瓦。①

民族地区虽然可再生能源资源富集，但是由于经济资本和技术条件基础较为薄弱、交通区位优势欠佳，资源优势并未实现有效转化，生态承载能力低。民族地区需要根据自身能源资源禀赋，在全国一盘棋的框架下，因地制宜采取最适合自己的生态建设路径。内蒙古在降低内部煤炭需求的基础上，应该加强可再生能源的供给水平，同时与其他清洁能源省份开展合作。此外，青海、贵州等省份应该加大内部可再生能源发展力度，不断提高清洁能源在终端能源需求中的供应能力。

---

① 张坤、陈梦玫、蒋尉等：《民族地区碳达峰碳中和的潜力、挑战及建议》，《阅江学刊》2023年第2期。

表 2　民族地区 2020 年能源消费结构

民族地区	能源消费总量（万吨标准煤）	能源消费结构(%)					
	能源消费总量	煤炭	石油	天然气	一次电力	电力净调入(+)调出(-)量	其他能源
内蒙古	27133.65	101.86	4.83	2.55	10.80	-20.18	0.14
新疆	18981.8	68.9	10.7	6.7	13.7		
西藏	466.22(2017)	/	/	/	40.8(2020)		
宁夏	7933	81.7	3.6	4.3	10.4		
广西	11806.05	48.2	12.7	/	39.0		
青海	4150.36	27.06	10.95	14.79	47.20		
云南(2019)	12157.65	34.57	17.63	1.8	44.55		
贵州	10111.12	29.1	21.8	4.5	44.6		
全国	498000	56.8	18.9	8.4	15.9		

资料来源：各省区能源统计年鉴，其中统计年鉴显示，内蒙古作为主要电力调出省份，电力调出口径为负，并且煤炭消费份额统计口径超过100%。

（二）在全国生态功能区划中的空间分布及功能定位

民族地区大多处于我国生态屏障、气候屏障，有的甚至是亚洲和全球范围的生态气候屏障。民族地区多个省份都蕴含冰川，除冰川外，还拥有大量草原，其中内蒙古拥有天然草原13.2亿亩，占全国草原面积的22%。[1] 民族地区往往地形复杂，包括盆地、高原、平原等，其中大多为高海拔地区，海拔3000米以上的区域约占民族地区总面积的30%。[2] 特殊的地理位置和生态气候条件令民族地区与全国生态功能区划中的生态调节功能区高度重叠，主要包括水源涵养、生物多样性保护、土壤保持、防风固沙、洪水调蓄

---

[1] 娜日苏、于婧、朵兰娜：《气候变化对内蒙古草原生态经济的影响评述》，《北方经济》2011年第2期。
[2] 史世姣：《环境规制下我国民族地区经济高质量发展研究》，博士学位论文，西南民族大学，2022。

民族发展蓝皮书

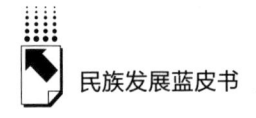

等方面，用以维持生态平衡、保障全国和区域生态安全。①在63个全国重要生态功能区中，民族地区有34个，占了53.97%。其中在17个水源涵养兼生物多样性保护重要区中，涉及民族地区的有12个；在12个土壤保持或防风固沙的重要生态功能区中，涉及民族地区的有9个。②

此外，民族地区多位于我国边疆，处于"一带一路"倡议的主要节点和我国固边强边的重要战略地带；同时大部分民族地区又是可再生能源和生态资源富集区。因此，民族地区既是践行习近平生态文明思想、实现绿色共同富裕的重要基地，也是铸牢中华民族共同体意识的前沿阵地。

二 民族地区生态文明建设的政策发展

根据第一节的分析可见，民族地区需要根据自身能源资源禀赋，在全国一盘棋的框架下，因地制宜采取最适合自己的生态建设路径。实际上，为深入贯彻习近平生态文明思想，坚持"绿水青山就是金山银山"的发展理念，近十年来各民族省区在加强生态立法、完善已有的法规体系，逐步细化地方具体政策措施等方面取得了显著进展，为民族地区的生态环境保护、生态文明建设提供了日益完备的法治体系，这与民族地区的经济社会发展条件及其在全国生态功能区划中的定位是基本一致的。

（一）民族八省区生态文明建设地方性政策的共性和特异性

1. 生态文明建设促进条例

从地方政府公开文件上看，先后有贵州、青海、云南、西藏四个民族省区制定并颁布了生态文明建设的地方性法规条例，广西的促进条例处于草案阶段，内蒙古、宁夏、新疆未颁布，如图1所示。

---

① 环境保护部中国科学院：《全国生态功能区划（修编版）》，新疆维吾尔自治区生态环境厅，2015年11月，http://sthjt.xinjiang.gov.cn/xjepd/eportal/fileDir/xjepb/resource/cms/2016/10/20161024184809333146.pdf。
② 根据环境保护部中国科学院《全国生态功能区划（修编版）》数据计算。

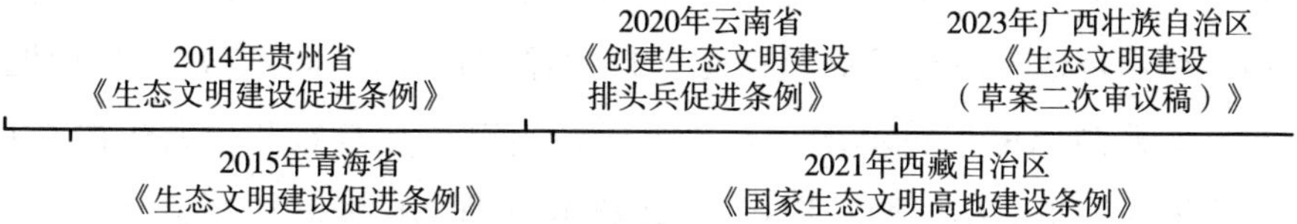

民族地区生态文明建设政策与实践

```
2014年贵州省              2020年云南省              2023年广西壮族自治区
《生态文明建设促进条例》    《创建生态文明建设        《生态文明建设
                        排头兵促进条例》          （草案二次审议稿）》

        2015年青海省                    2021年西藏自治区
        《生态文明建设促进条例》          《国家生态文明高地建设条例》
```

图 1 民族地区的生态文明建设条例的颁布

资料来源：根据各民族省区颁布的条例绘制。

从已颁布的条例上看。贵州省 2014 年颁布的《生态文明建设促进条例》提到要坚持节约优先、保护优先、自然恢复为主的方针，坚持政府引导与社会参与相结合、区域分异与整体优化相结合、市场激励与法治保障相结合的原则，实现资源利用效率提高、污染物产生量减少、经济社会发展方式合理、产业结构优化、生态系统安全。① 青海省 2015 年颁布的《生态文明建设促进条例》中强调应当坚持生态保护第一，正确处理保护与发展的关系，把生态文明建设放在优先地位，融入经济建设、政治建设、文化建设、社会建设各方面和全过程，构建节约资源和保护环境的空间格局、产业结构、生产方式和生活方式。② 2020 年，云南省颁布《创建生态文明建设排头兵促进条例》，提到生态文明建设应当坚持党的领导，贯彻落实创新、协调、绿色、开放、共享的新发展理念，尊重自然、顺应自然、保护自然，坚持生态惠民、生态利民、生态为民，坚持节约优先、保护优先、自然恢复为主的方针，遵循科学规划、区域统筹、分类指导、整体推进、社会参与、共建共享的原则。③ 2021 年，西藏自治区颁布《国家生态文明高地建设条例》，提出要建设国家生态文明高地，并强调应当以习近平生态文明思想为指导，树立"绿水青山就是金山银山"的理念，尊

---

① 《贵州省生态文明建设促进条例》，国家法律法规数据库，https://flk.npc.gov.cn/detail2.html?ZmY4MDgwODE2ZWIxYWZiODAxNmViYmM5NGYwYzI2MjI。
② 《青海省生态文明建设促进条例》，国家法律法规数据库，https://flk.npc.gov.cn/detail2.html?NDAyOGFiY2M2MTI3Nzc5MzAxNjEyODY0ZWUxYzIzZDY。
③ 《云南省创建生态文明建设排头兵促进条例》，国家法律法规数据库，https://flk.npc.gov.cn/detail2.html?ZmY4MDgwODE3MjlkMWVmZTAxNzJiNWM4NmZjNjBjNDE。

重自然、顺应自然、保护自然，建设国家生态安全屏障战略地、人与自然和谐共生示范地、绿色发展试验地、自然保护样板地、生态富民先行地，守护好青藏高原的生灵草木、万水千山，实现人与自然和谐共生的现代化，全面建成美丽中国西藏样板。[1] 2023年8月，广西壮族自治区《生态文明建设促进条例（草案二次审议稿）》在广西人大网公布，向社会公开征集意见，提出了明确的目标即建设美丽广西和生态文明强区，筑牢国家南方重要生态屏障。在具体措施上提到要完整、准确、全面贯彻新发展理念，坚持节约优先、保护优先、自然恢复为主的方针，坚持人与自然和谐共生、"绿水青山就是金山银山"、良好生态环境是最普惠的民生福祉、统筹生态系统治理、用最严格制度最严密法治保护生态环境的原则，把生态文明建设融入经济建设、政治建设、文化建设、社会建设各方面和全过程。[2]

表3 民族省区生态文明条例的共同点和不同定位

颁布生态文明建设条例的民族省区	共同特点	显著特色
贵州	坚持人与自然和谐共生、"绿水青山就是金山银山"的原则；坚持节约优先、保护优先、自然恢复为主的方针；生态文明建设放在优先地位，融入经济建设、政治建设、文化建设、社会建设各方面和全过程；主体功能区规划和生态文明建设规划相结合	构建覆盖全社会的资源循环利用体系，2021年修订版增强了水资源管理的效率，实现从总量控制到单位强度的转变
青海		实施生物多样性保护行动计划，建立高原生物资源数据库，强化对青藏高原典型生态系统特有珍稀物种保护
云南		提出明确的目标：创建生态文明建设排头兵
西藏		建设国家生态安全屏障战略地
广西		筑牢国家南方重要生态屏障

资料来源：根据各民族省区颁布的条例制。

---

[1]《西藏自治区国家生态文明高地建设条例》，国家法律法规数据库，https://flk.npc.gov.cn/detail2.html?ZmY4MDgwODE3NzRjN2EzZDAxNzc2YjMzZjUyZTEzM2U。
[2]《广西壮族自治区生态文明建设促进条例（草案）（二次审议稿）》，国家法律法规数据库，https://www.gxrd.gov.cn/html/art178229.html。

如表3所示，已颁布条例的四个省区，其条例在内容上具有明显的共同点，但是又具有鲜明的特色，并且在目标上后颁布的省区比前者更显著。贵州省由于制定的时间早于2015年的《全国生态功能区划（修编版）》，提出了构建覆盖全社会的资源循环利用体系，在当时的背景下是非常积极的，并且贵州省在2021年专门针对水资源的保护和管理做了修订。如，《贵州省水资源保护条例》第八条中的"应当"后增加"以国土空间规划为基础"，第十一条第一款中的"用水总量控制指标"后统一增加"和消耗强度控制指标"。修订版提高了水资源管理的效率，实现了从总量控制到单位强度的转变。

同理，青海省的生态文明建设条例也立足和突出了本地特色。如实施生物多样性保护行动计划，建立高原生物资源数据库，强化对青藏高原典型生态系统特有珍稀物种保护等。云南省提出明确的创建生态文明建设排头兵目标，西藏提出建设国家生态安全屏障战略地的目标，广西在生态文明建设促进条例（草案）中提出要筑牢国家南方重要生态屏障。上述省区都结合自己的实际情况，提出相应的符合时代要求特征的生态建设目标。

2. 推动生态建设的具体细则条例

从各民族地区省区推动生态建设的具体细则条例上看，各民族省区都根据全国生态文明建设的布局，结合各自的具体挑战、立足本地资源禀赋，与时俱进出台了相应的政策，并对之前的政策措施进行了调整和修订。

表4　民族地区八省区生态文明建设的政策措施

省份	时间	文件名称	具体措施
贵州	2019年5月31日	《贵州省生态环境保护条例》	遵循人与自然和谐共生、山水林田湖草是生命共同体的理念，坚持保护优先、预防为主、综合治理、政府主导、公众参与、损害担责的原则
贵州	2020年12月4日	《贵州省固体废物污染环境防治条例》	固体废物污染环境的防治，坚持源头防治优先，实行减少固体废物产生量、提高固体废物资源化利用率和无害化处置率以及污染担责的原则
贵州	2021年9月29日	《贵州省林业有害生物防治条例》	林业有害生物防治坚持预防为主、科学防控、综合治理、分类施策的原则，实行政府主导、部门协作、属地管理、社会参与的工作机制

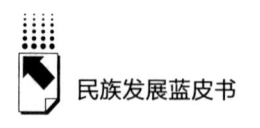

续表

省份	时间	文件名称	具体措施
贵州	2021年11月26日	《贵州省水资源保护条例》	水资源保护应当坚持人水和谐、全面规划、保护优先、水量水质水生态并重的原则,优先保护饮用水水源,预防、控制和减少水资源污染,推进生态文明建设
	2022年3月30日	《贵州省石油天然气管道建设和保护条例》	管道保护工作坚持安全第一、预防为主、综合治理的原则,建立政府领导、部门监管、社会监督和管道企业负责的机制,以保障石油、天然气管道建设,保护石油、天然气管道运行安全,维护能源安全和公共安全
	2022年12月1日	《贵州省乌江保护条例》	乌江流域经济社会发展应当坚持生态优先、绿色发展,共抓大保护,不搞大开发;乌江保护应当坚持统筹协调、科学规划、创新驱动、综合施策、系统治理
广西	1990年8月11日（2016年11月30日第三次修订）	《广西壮族自治区森林和野生动物类型自然保护区管理条例》	加强区森林和野生动物类型自然保护区的管理
	1995年5月30日（2016年11月30日第二次修订）	《广西壮族自治区农业环境保护条例》	防治农业环境污染和生态破坏,合理开发和利用农业自然资源
	1999年3月26日（2016年5月25日第二次修订）	《广西壮族自治区环境保护条例》	自治区实行环境保护目标责任制和考核评价制度,开展和推行自然资源资产离任审计和生态环境损害责任终身追究制,落实任期及年度环境保护目标和任务,使本行政区域环境质量达到规定的标准
	2013年5月30日（2016年11月30日）	《中华人民共和国节约能源法》办法	自治区实行节能目标责任制和节能考核评价制度,将节能目标完成情况作为对各级人民政府和有关部门及其负责人、重点用能单位进行考核评价的内容
	2014年11月28日	《广西壮族自治区湿地保护条例》	湿地的保护应当遵循生态优先、科学规划、合理利用和可持续发展的原则
	2018年9月30日	《广西壮族自治区红树林资源保护条例》	红树林资源保护和管理应当遵循生态优先、科学规划、社会参与、合理利用和可持续发展的原则

续表

省份	时间	文件名称	具体措施
广西	2018年11月28日	《广西壮族自治区大气污染防治条例》	以改善大气环境质量为目标,坚持源头管控、防治结合、综合治理、损害担责的原则,建立政府主导、单位施治、社会协同、全民参与、联防联控的防治机制
	2020年1月17日	《广西壮族自治区水污染防治条例》	水污染防治应当坚持预防为主、防治结合、综合治理、公众参与、损害担责的原则,优先保护饮用水水源,严格控制工业污染、城镇生活污染,防治农业面源污染,积极推进生态治理和修复,预防、控制和减少水环境污染和生态破坏
	2021年7月28日	《广西壮族自治区土壤污染防治条例》	土壤污染防治应当坚持预防为主、保护优先、分类管理、风险管控、污染担责、公众参与的原则
	2022年5月13日	《广西壮族自治区固体废物污染环境防治条例》	固体废物污染环境防治应当坚持源头防治优先,实行减量化、资源化、无害化和污染担责的原则
新疆	1996年7月26日(2018年9月21日修订)	《新疆维吾尔自治区环境保护条例》	环境保护应当坚持保护优先、预防为主、综合治理、公众参与、损害担责的原则,推进绿色、循环、低碳发展,使经济社会发展与环境保护相协调
	1997年1月22日(2018年9月21日修订)	《新疆维吾尔自治区自然保护区管理条例》	保护典型的自然生态环境和珍贵的自然资源
	2006年9月29日(2018年9月21日第二次修订)	《新疆维吾尔自治区野生植物保护条例》	对野生植物资源坚持以保护恢复为主、积极发展和合理利用的方针
	2008年5月29日(2020年9月19日修订)	《新疆维吾尔自治区实施〈中华人民共和国防沙治沙法〉办法》	预防土地沙化,治理沙化土地,维护生态安全
	2008年11月29日(2020年9月19日修订)	《新疆维吾尔自治区平原天然林保护条例》	平原天然林保护遵循政府主导,社会参与,全面保护,生态优先,合理利用,自然恢复与人工恢复相结合,生态效益、社会效益、经济效益相统一的原则
	2009年9月25日(2018年9月21日修订)	《新疆维吾尔自治区义务植树条例》	开展义务植树活动,实行政府统一领导,主管机构组织,单位具体实施,公民广泛参与的组织形式;坚持因地制宜,统筹规划,科学栽植,加强管护的原则

续表

省份	时间	文件名称	具体措施
新疆	2011年5月25日	《新疆维吾尔自治区天山自然遗产地保护条例》	天山自然遗产地保护与管理,应当遵循科学规划、统一管理、严格保护、永续利用的原则,妥善处理与自然遗产地经济建设、当地居民生产和生活的关系
	2012年7月27日（2020年9月19日修订）	《新疆维吾尔自治区湿地保护条例》	湿地保护应当遵循自然规律,坚持科学规划、保护优先、合理利用、持续发展的原则
	2014年7月25日（2018年9月21日修订）	《新疆维吾尔自治区煤炭石油天然气开发环境保护条例》	煤炭、石油、天然气开发环境保护工作,实行全面规划、保护优先、预防为主、污染防治与生态保护相结合的方针,坚持谁开发谁保护,谁受益谁补偿,谁破坏谁恢复,谁污染谁治理的原则
	2020年9月19日	《新疆维吾尔自治区气候资源保护和开发利用条例》	气候资源保护和开发利用应当遵循自然生态规律,坚持统筹规划、保护优先、科学开发、趋利避害、合理利用的原则,预防、控制和减少人类活动对生态环境的破坏
	2020年11月25日	《新疆维吾尔自治区地质环境保护条例》	保护和改善地质环境,推进生态文明建设,维护生态环境安全
宁夏	1990年4月17日（2019年3月26日第四次修订）	《宁夏回族自治区环境保护条例》	以保护、改善生活环境和生态环境,促进经济社会全面协调可持续发展
	2008年9月19日（2018年11月29日修订）	《宁夏回族自治区湿地保护条例》	湿地保护应当遵循全面保护、科学修复、合理利用、持续发展的原则
	2018年7月27日	《宁夏回族自治区绿色建筑发展条例》	促进绿色建筑发展,节约资源,提高人居环境质量
	2018年11月29日（2023年8月2日修订）	《宁夏回族自治区生态保护红线管理条例》	生态保护红线管理应当坚持科学划定、严格保护、稳定功能、部门协调的原则
	2019年7月17日	《宁夏回族自治区河湖管理保护条例》	河湖管理保护应当坚持科学规划、保护优先、综合施策、系统治理、合理利用的原则
	2020年1月4日	《宁夏回族自治区水污染防治条例》	水污染防治应当坚持预防为主、防治结合、综合治理、公众参与、损害担责的原则
	2021年9月24日	《宁夏回族自治区土壤污染防治条例》	土壤污染防治应当坚持预防为主、保护优先、分类管理、风险管控、污染担责、公众参与的原则

续表

省份	时间	文件名称	具体措施
宁夏	2022年1月23日	《宁夏回族自治区建设黄河流域生态保护和高质量发展先行区促进条例》	先行区建设坚持生态优先、绿色发展，量水而行、节水优先，因地制宜、分类施策，统筹谋划、协同推进的原则
	2022年11月30日	《宁夏回族自治区固体废物污染环境防治条例》	固体废物污染环境防治坚持源头防治优先，遵循减量化、资源化、无害化和污染担责原则
	2023年8月2日	《宁夏回族自治区机动车和非道路移动机械排放污染防治条例》	机动车和非道路移动机械排放污染防治坚持源头防范、标本兼治、综合治理、突出重点、联防联控的原则，以保护和改善大气环境
内蒙古	1991年3月23日	《内蒙古自治区环境保护条例》	保护和改善生活环境与生态环境，防治污染和其他公害，保障人体健康，促进自治区经济建设的发展
	2000年12月12日（2018年12月6日第二次修订）	《内蒙古自治区珍稀林木保护条例》	保护、发展和合理利用珍稀林木资源，保护生物多样性，维护生态平衡
	2003年7月25日（2021年7月29日修订）	《内蒙古自治区地质环境保护条例》	地质环境保护坚持预防为主、防治结合，生态优先、绿色发展，科学规划、综合治理和谁开发谁保护、谁破坏谁治理、谁投资谁受益的原则
	2007年5月31日（2018年12月6日修订）	《内蒙古自治区湿地保护条例》	湿地保护工作应当遵循保护优先、科学规划、合理利用和持续发展的原则
	2011年9月28日（2016年3月30日修改）	《内蒙古自治区基本草原保护条例》	基本草原保护实行科学规划、保护优先、重点建设、合理利用、严格管理的原则
	2012年7月21日	《内蒙古自治区实施〈中华人民共和国节约能源法〉办法》	节能工作应当实施节约与开发并举，把节约放在首位的能源发展战略，坚持政府引导、市场调节、科技推动、社会参与和依法管理的原则
	2012年9月22日	《内蒙古自治区节约用水条例》	节约用水应当坚持统一规划、统筹兼顾、合理调配、高效利用的原则，实行总量控制和定额管理相结合的制度

续表

省份	时间	文件名称	具体措施
内蒙古	2013年9月29日（2021年5月27日修订）	《内蒙古自治区大青山国家级自然保护区条例》	保护区的保护和管理应当坚持全面规划、严格保护、有序建设、科学管理、合理利用、持续发展的原则，妥善处理与当地经济社会发展和居民生产生活的关系
	2015年7月26日	《内蒙古自治区水土保持条例》	水土保持工作实行预防为主、保护优先，全面规划、综合治理，因地制宜、突出重点，科学管理、注重效益的方针；坚持谁利用谁保护，谁造成水土流失谁治理的原则
	2016年7月29日（2021年5月27日第二次修订）	《内蒙古自治区呼伦湖国家级自然保护区条例》	保护区的管理应当坚持保护优先、科学规划、合理利用、永续发展的原则，妥善处理生态环境保护与当地经济社会发展以及居民生产生活的关系
	2018年9月6日	《内蒙古大兴安岭汗马国家级自然保护区条例》	保护区的建设和管理应当坚持全面规划、严格保护、科学管理、合理利用、持续发展的原则，妥善处理与当地经济社会发展和居民生产生活的关系
	2018年12月6日	《内蒙古自治区大气污染防治条例》	防治大气污染，应当以改善大气环境质量为目标，遵循规划先行、源头治理、预防为主、防治结合、政府主导、公众参与、损害担责的原则
	2019年5月31日	《内蒙古自治区民用建筑节能和绿色建筑发展条例》	民用建筑节能和绿色建筑发展应当坚持节约资源、减少排放、生态环保、技术先进、安全可靠、经济合理和因地制宜的原则
	2019年11月28日	《内蒙古自治区水污染防治条例》	水污染防治应当坚持统筹规划、预防为主、防治结合、综合治理、公众参与、损害担责的原则
	2020年11月26日	《内蒙古自治区土壤污染防治条例》	防治土壤污染，保障公众健康，推动土壤资源永续利用，推进生态文明建设，促进经济社会高质量发展
	2021年7月29日	《内蒙古自治区草畜平衡和禁牧休牧条例》	自治区草畜平衡和禁牧休牧工作应当坚持以生态优先、绿色发展为导向，坚持以草原生态保护为目标，以自然恢复为主的方针，坚持因地制宜、分类指导，以草定畜、动态平衡、责权明确、奖惩并举的原则
	2021年11月16日	《内蒙古自治区地下水保护和管理条例》	地下水保护和管理应当坚持以水定城、以水定地、以水定人、以水定产，遵循统筹规划、节水优先、高效利用、系统治理的原则

续表

省份	时间	文件名称	具体措施
内蒙古	2021年11月16日	《内蒙古自治区城乡生活垃圾管理条例》	生活垃圾管理坚持政府推动、全民参与、城乡统筹、因地制宜、简便易行的原则，促进生活垃圾减量化、资源化、无害化，改善人居环境，推进生态文明建设
	2022年9月28日	《内蒙古自治区固体废物污染环境防治条例》	固体废物污染环境防治坚持减量化、资源化、无害化和污染担责的原则
	2023年7月31日	《内蒙古自治区建设我国北方重要生态安全屏障促进条例》	建设我国北方重要生态安全屏障，应当以习近平新时代中国特色社会主义思想为指导，坚持中国共产党的领导，牢牢把握党中央对内蒙古的战略定位，完整、准确、全面贯彻新发展理念，以铸牢中华民族共同体意识为主线，把生态文明建设融入经济建设、政治建设、文化建设、社会建设各方面和全过程，坚定不移走好以生态优先、绿色发展为导向的高质量发展新路子
西藏	1992年6月27日（2018年9月29日修订）	《西藏自治区环境保护条例》	环境保护坚持保护优先、预防为主、综合治理、公众参与、损害担责的原则
	2018年12月24日	《西藏自治区大气污染防治条例》	防治大气污染，应当以保持自治区空气质量的优良状态为目标，坚持源头治理，规划先行，转变经济发展方式，优化产业结构和布局，调整能源结构
青海	1994年11月23日（2016年3月25日修订）	《青海省实施〈中华人民共和国水土保持法〉办法》	水土保持工作实行预防为主、保护优先、全面规划、综合治理、因地制宜、突出重点、科学管理、注重效益的方针。坚持政府主导、谁开发利用谁负责保护、谁造成水土流失谁治理谁补偿的原则
	1996年1月26日（2018年3月30日修改）	《青海省实施〈中华人民共和国森林法〉办法》	保护和合理开发利用森林资源，维护生态平衡，促进林业生产的发展
	1999年5月21日（2001年3月31日修订）	《青海省实施〈中华人民共和国大气污染防治法〉办法》	防治大气污染，保护和改善生活环境与生态环境，保障人体健康，促进经济可持续发展
	2001年6月1日（2018年3月30日第二次修订）	《青海省绿化条例》	加快国土绿化，改善生态环境

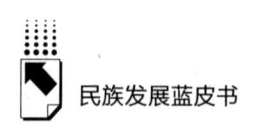

续表

省份	时间	文件名称	具体措施
青海	2003年5月30日（2018年3月30日年修订）	《青海湖流域生态环境保护条例》	青海湖流域生态环境保护以维护生物多样性和保护自然生态系统为目标，以水体、湿地、植被、野生动物为重点，妥善处理生态环境保护与经济建设和农牧民利益的关系，全面规划，统一领导，分级负责，归口管理
	2013年5月30日（2018年9月18日修订）	《青海省湿地保护条例》	湿地保护遵循科学规划、保护优先、合理利用和可持续发展的原则，维护湿地生态功能和生物多样性，促进湿地资源可持续利用，推进生态文明建设
	2016年9月23日（2022年1月13日第二次修订）	《青海省可可西里自然遗产地保护条例》	可可西里自然遗产地的保护应当遵循科学规划、严格保护、统一管理、合理利用的原则
	2018年11月28日	《青海省大气污染防治条例》	防治大气污染应当遵循规划先行、源头治理、防治结合、公众参与、损害担责的原则
	2021年9月29日	《青海省实施河长制湖长制条例》	实施河长制湖长制应当坚持生态优先、绿色发展，党政领导、部门联动，问题导向、因地制宜，强化监督、严格考核的原则
	2022年3月29日	《青海省生态环境保护条例》	生态环境保护应当牢固树立"绿水青山就是金山银山"的理念，坚持生态保护优先，坚持人与自然和谐共生，统筹山水林田湖草沙冰系统治理，坚持预防为主、综合治理、公众参与、损害担责的原则
云南	1992年11月25日（2004年6月29日第二次修订）	《云南省环境保护条例》	为保护和改善生活环境与生态环境，防治污染和其他公害，合理利用和保护各种自然资源，保障人体健康，促进我省环境保护与国民经济协调发展
	1996年11月19日（2014年7月第二次修订）	《云南省陆生野生动物保护条例》	保护、发展和合理利用野生动物资源，维护生态平衡
	2000年5月26日（2012年3月31日修订）	《云南省节约能源条例》	推进全社会节约能源，合理利用资源，保护环境，提高能源利用效率和经济效益，促进经济和社会的可持续发展

续表

省份	时间	文件名称	具体措施
云南	2001年7月28日（2015年9月25日修订）	《云南省地质环境保护条例》	地质环境保护坚持预防为主、避让与治理相结合和谁开发谁保护、谁破坏谁治理的原则
	2006年5月25日	《云南省清洁生产促进条例》	推行清洁生产,提高资源利用效率,减少和避免污染物的产生,保护和改善环境,保障人体健康,促进经济与社会可持续发展
	2013年9月25日	《云南省湿地保护条例》	湿地保护和管理应当遵循保护优先、科学规划、分类管理、合理利用、持续发展的原则
	2014年7月27日	《云南省水土保持条例》	预防和治理水土流失,保护和合理利用水土资源,减轻水、旱灾害,改善生态环境,保障经济社会可持续发展
	2018年9月21日	《云南省生物多样性保护条例》	生物多样性保护应当遵循保护优先、持续利用、公众参与、惠益分享、保护受益、损害担责的原则
	2019年9月28日	《云南省气候资源保护和开发利用条例》	气候资源的保护和开发利用应当遵循自然生态规律,坚持保护优先、统筹规划、科学利用、合理开发、趋利避害的原则
	2021年5月28日	《云南省赤水河流域保护条例》	赤水河流域经济社会发展,应当主动服务和融入长江经济带发展战略,坚持生态优先、绿色发展,共抓大保护、不搞大开发。赤水河流域保护应当坚持统筹协调、科学规划、创新驱动、系统治理
	2022年11月30日	《云南省固体废物污染环境防治条例》	固体废物污染环境防治坚持减量化、资源化、无害化和污染担责、分级分类管理的原则

资料来源：根据各民族省区颁布的条例制。

（二）各民族省区生态文明建设政策的发展趋势

近年来，各省区更强调人与自然和谐共生的原则，越来越重视应对气候变化，在节能减排以及可再生能源的开发利用上制定了一系列的政策措施。同时，和全国生态功能区划也结合得更加紧密。如2019年贵州省颁布了

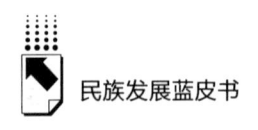

《贵州省生态环境保护条例》，主张遵循人与自然和谐共生、山水林田湖草是生命共同体的理念，坚持保护优先、预防为主、综合治理、政府主导、公众参与、损害担责的原则；2022年3月青海省人大常委会通过了《青海省生态环境保护条例》，生态环境保护应当牢固树立"绿水青山就是金山银山"的理念，坚持生态保护优先，坚持人与自然和谐共生，统筹山水林田湖草沙冰系统治理，坚持预防为主、综合治理、公众参与、损害担责的原则；2018年内蒙古自治区人大常委会第二次修订通过了《内蒙古自治区珍稀林木保护条例》，以保护、发展和合理利用珍稀林木资源，保护生物多样性，维护生态平衡；2021年2月西藏自治区在《西藏自治区国家生态文明高地建设条例》中强调要守护好青藏高原的生灵草木、万水千山，实现人与自然和谐共生的现代化，全面建成美丽中国西藏样板。广西壮族自治区人大常委会立足本地的特色自然资源，于2018年通过了《广西壮族自治区红树林资源保护条例》，强调红树林资源保护和管理应当遵循生态优先、科学规划、社会参与、合理利用和可持续发展的原则。新疆维吾尔自治区于2020年9月修订了《新疆维吾尔自治区平原天然林保护条例》，提出平原天然林保护要遵循政府主导，社会参与，全面保护，生态优先，合理利用，自然恢复与人工恢复相结合，生态效益、社会效益、经济效益相统一的原则。2022年1月宁夏回族自治区人大常委会通过了《宁夏回族自治区建设黄河流域生态保护和高质量发展先行区促进条例》，先行区建设坚持生态优先、绿色发展，量水而行、节水优先，因地制宜、分类施策，统筹谋划、协同推进的原则。2023年7月内蒙古自治区人大常委会通过《内蒙古自治区建设我国北方重要生态安全屏障促进条例》，提出要建设我国北方重要生态安全屏障。

在应对气候变化领域，各省区结合自己的产业发展实际，通过各项污染防控措施，推进节能减排。如2018年12月内蒙古自治区人大常委会通过了《内蒙古自治区大气污染防治条例》，防治大气污染，应当以改善大气环境质量为目标，遵循规划先行、源头治理、预防为主、防治结合、政府主导、公众参与、损害担责的原则；2018年11月广西壮族自治区人大常委会通过了《广西壮族自治区大气污染防治条例》，以改善大气环境质量为目标，坚持源头管控、防治结合、综合治理、损害担责的原则，建立政府主导、单位施治、社会协同、全民参与、联防联控的防治机制；2020年9月新疆维吾尔自治区人大常委会通过了《新疆维吾尔自治区气候资源保护和开发利用条例》，气候资源保护和开发利用应当遵循自然生态规律，坚持统筹规划、保护优先、科学开发、趋利避害、合理利用的原则，预防、控制和减少人类活动对生态环境的破坏；2023年8月宁夏回族自治区人大常委会通过了《宁夏回族自治区机动车和非道路移动机械排放污染防治条例》，机动车和非道路移动机械排放污染防治坚持源头防范、标本兼治、综合治理、突出重点、联防联控的原则，以保护和改善大气环境。

在推进生态建设的过程中，各民族省区也进一步明确了补偿机制和担责原则，坚持政府主导、谁开发利用谁负责保护、谁造成生态环境损失谁补偿的原则，并进一步严格了相应的干部考核机制。如青海省在《青海省大气污染防治条例》中规定防治大气污染应当遵循规划先行、源头治理、防治结合、公众参与、损害担责的原则；2021年9月又通过了《青海省实施河长制湖长制条例》，实施河长制湖长制应当坚持生态优先、绿色发展，党政领导、部门联动，问题导向、因地制宜，强化监督、严格考核的原则；云南省人大常委会于2015年9月修订了《云南省地质环境保护条例》，提出坚持预防为主、避让与治理相结合和谁开发谁保护、谁破坏谁治理的原则。

各省区都关注到生态环境保护及其政策影响与本地居民生产生活之间的平衡关系。如2018年9月内蒙古自治区出台的《内蒙古大兴安岭汗马国家级自然保护区条例》，提到保护区的建设和管理在坚持全面规划、严格保护、科学管理、合理利用、持续发展原则，妥善处理与当地经济社会发展和居民生产、生活的关系；青海省人大常委会于2018年3月修订了《青海湖流域生态环境保护条例》，提出要以维护生物多样性和保护自然生态系统为目标，以水体、湿地、植被、野生动物为重点，妥善处理生态环

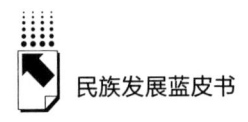

境保护与经济建设和农牧民利益的关系,全面规划,统一领导,分级负责,归口管理。上述情况可见民族各省区的生态建设政策措施在全面性和综合性上的提升。

三 民族地区生态文明建设的规划、措施及成效

(一)规划目标

从"十四五"规划可以看出,实现碳达峰碳中和、应对气候变化成为各民族省区生态建设的重要目标。西藏自治区更是在"十四五"规划中提出要在全国率先实现碳达峰碳中和;内蒙古自治区提出要实现碳排放达峰后稳中有降(即"十四五"规划期间实现碳达峰),经济社会发展全面绿色转型,应对气候变化能力显著增强;青海省提出要扎实推进全国碳达峰碳中和先行区建设,应对气候变化要达到国际一流水平,生态文明高地基本建成;云南省提出要实现绿色低碳循环水平显著提升,碳排放达峰后稳中有降;广西将应对气候变化纳入了生态环境保护"十四五"规划四类指标。

表5 民族地区八省区生态建设"十四五"规划目标

省区名称	规划出台时间	主要目标
宁夏	2021年9月	**绿色生产生活方式广泛形成,碳排放达峰后稳中有降**;黄河流域生态保护和高质量发展先行区建设取得重大战略成果。节约资源和保护环境的空间格局、产业结构、生产方式、生活方式总体形成,**绿色低碳发展水平和应对气候变化能力显著提高**;空气质量根本改善,水环境质量全面提升,水生态恢复取得明显成效,土壤环境安全得到有效保障,**环境风险得到全面管控**,山水林田湖草沙生态系统服务功能总体恢复;生态环境保护管理制度健全高效,生态环境治理体系和治理能力现代化基本实现(注:2035年远景)

续表

省区名称	规划出台时间	主要目标
内蒙古	2021年9月	综合经济实力和绿色发展水平大幅跃升,绿色生产生活方式广泛形成,**碳排放达峰后稳中有降**,经济社会发展全面绿色转型,生态环境根本好转,美丽内蒙古基本建成。环境风险得到全面管控;山水林田湖草沙生态系统服务功能稳定恢复,**国家北方重要生态安全屏障更加牢固**;生态环境保护管理制度健全高效,生态环境治理体系和治理能力现代化基本实现(注:2035年远景)
青海	2021年11月	生态文明建设实现由体系建设向融合发展,深化生态环境实现总体好转,形成良性循环,人与自然和谐共生的环境友好型社会建设取得明显进展。**全国碳达峰碳中和先行区建设扎实推进,应对气候变化达到国际一流水平,生态文明高地基本建成**
新疆	2021年12月	**生产生活方式绿色转型成效显著**,生态环境质量持续改善,环境安全得到有效保障,现代环境治理体系进一步健全,生态环境质量持续改善,**广泛形成绿色生产生活方式**,美丽新疆建设目标基本实现(注:2035年远景)
广西	2022年2月	生态环境保护建设取得明显成效,美丽广西和生态文明强区建设取得新进展,生态文明建设达到新高度,新时代中国特色社会主义壮美广西的绿色底色更加靓丽。**将生态建设目标分解为环境治理、应对气候变化、环境风险防控、生态保护4类共19项具体指标**
西藏	2022年5月	在全国率先实现碳达峰碳中和。到2025年,全区生态环境质量持续保持良好,生态安全屏障更加稳固,生态文明制度体系更加成熟,美丽西藏加快建设,国家生态文明高地建设取得重大进展,生态文明建设走在全国前列;提出了**2035年的国内国际远景目标:建成全国乃至国际生态文明高地,完成美丽西藏建设和国家生态文明示范区创建,生态环境治理体系和治理能力现代化基本实现**
云南	2022年5月	广泛形成绿色生产生活方式,生态保护、环境质量、资源利用等走在全国前列,**绿色低碳循环水平显著提升**,**碳排放达峰后稳中有降**,**生物多样性优势更加凸显,西南生态安全屏障更加牢固**,生态环境质量和生态环境治理能力要与生态文明建设排头兵要求相适应(注:2035年远景)
贵州	2022年6月	生态环境质量持续保持优良,生态环境优势进一步提升;污染防治攻坚纵深推进,生态环境风险有效管控;生态保护和修复力度持续加大,长江、珠江上游绿色生态屏障基本建立;减污降碳作用充分发挥,绿色发展格局加快形成;**生态文明建设制度体系和生态环境保护责任体系更加严密完善**;生态环境高水平保护与经济高质量发展协同并进

注:黑体字为不同民族省区最体现各自特色的目标。
资料来源:各省区人大常委会官网,按"十四五"规划出台的时间顺序。

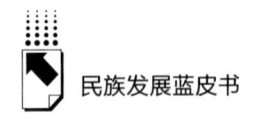

如上文所述，应对气候变化是我国生态文明建设的核心，能源转型则是其中的关键因素，加上民族地区丰富的清洁能源资源储备，发展清洁能源、建设清洁能源基地成为民族地区生态建设的一项重要实践。2020年，习近平总书记在第75届联合国大会一般性辩论上作出我国将力争于2030年前实现碳达峰、努力争取2060年前实现碳中和的重大宣示，彰显了我国积极应对气候变化、共建人类命运共同体的大国担当和加快生态文明建设的坚定决心。2021年9月，中共中央、国务院印发了《关于完整准确全面贯彻新发展理念做好碳达峰碳中和工作的意见》，随后国务院、发改委又相继下发了工作方案，形成了"1+N"政策体系，对碳达峰碳中和工作做出系统部署，"双碳"工作从中央到地方得以大力有序地推进。在此框架下，各省区陆续制定碳达峰碳中和实施方案，基于自身的经济社会发展实际和资源禀赋，进一步细化了"双碳"工作，形成了"1+N+X"的政策体系。其中，X包括但不限于开展能源绿色低碳转型、节能降碳增效、工业领域碳达峰、城乡建设碳达峰、交通运输绿色低碳转型等行动，并且以循环经济、绿色低碳科技创新、碳汇能力巩固提升以及绿色低碳全民行动等多措并举扎实推进碳达峰。

（二）具体措施

以碳达峰、碳中和实践为视角，可发现民族地区生态建设的具体路径措施均涵盖了下述方面：一是四项传统的宏观布局，二是近年来的清洁能源基地建设。

1. 四项传统宏观布局

（1）逐步淡出传统能源，大力发展可再生能源，构建低碳清洁能源体系。民族八省区涵盖了我国的可再生能源富集地，如内蒙古的风电、西藏和青海的水电、云南的水电风能太阳能、新疆的太阳能风能和地热能、广西的水电、贵州的水电等。各省区立足可再生能源的资源优势，大力发展新能源产业，发展清洁能源电力，提高非化石能源利用比重，构建新型的清洁电力系统。与此同时，一方面严格合理控制煤炭消费的增长，另一方面则强调煤炭清洁高效利用，推动煤电机组超低排放改造，持续降低煤电企业发电煤耗，加大能耗高、污染重的煤电机组整改力度，有序淘汰煤电落后产能。如贵州省出台加快煤炭工业转型升级高质量发展三年行动方案、煤炭挖潜增产"七个一批"等系列政策措施，以深入推进煤矿企业兼并重组为契机，大力淘汰落后产能，优化煤炭产业结构。通过推进煤层气勘探开发利用，推进全省页岩气勘探开发利用，推广地热能开发利用。光伏发电多元化发展，鼓励发展生物质热电联产项目，提高农林废弃物综合利用，不断提高非水可再生能源比重，优化能源结构，打造国家新型综合能源战略基地。[①]

（2）产业结构低碳化和产业运营低碳化。前者即依托地方特色的生态资源，大力发展低碳绿色产业，优化升级产业结构。产业结构绿色低碳化是指淡化关停高排放高污染的传统产业，大力发展果蔬苗木及林下经济，发展特色文旅产业，从产业结构上趋向于绿色低碳化；后者则是从部门和产业运行的角度推进绿色低碳转型。如在水泥生产以及其他工业过程中运用低温余热发电系统供电，发展循环经济；大力推广绿色低碳建筑，推动各部门实现低碳转型。如西藏自治区突出加强产业结构调整，大力发展特色优势农牧业、清洁能源、生态文化旅游业等绿色生态产业，遏制高耗能、高排放项目的无序发展。在重点行业狠抓能耗"双控"和减污降碳，积极推动绿色产业发展。突出大气污染防治，实施"拉萨南北山绿化""两江四河"造林绿化等重点工程，实施国土绿化行动，固碳增汇。[②] 新疆维吾尔自治区制定碳排放达峰行动方案，严格控制能源消费增量和能耗强度，优化能源消费结构，对重点区域实施新建用煤项目煤炭等量或减量替代。对于城镇新建公共建筑全面执行65%强制性节能标准，新建居住建筑全面执行75%强制性节能标准。开展超低能耗、近零能耗建筑试点，扩大地源热、太阳能、风能等

[①] 贵州省发改委：《贵州省"十四五"工业发展规划》，贵州省人民政府网站，https://www.guizhou.gov.cn/ztzl/ssgybzxdflsxgydtp/zcwj/202112/t20211215_72042648.html。

[②] 西藏自治区生态环境厅：《解读〈西藏自治区"十四五"时期生态环境保护规划〉印发实施》，西藏自治区生态环境厅网站，2022年5月10日，http://ee.xizang.gov.cn/ywgz/zhghystwmgg/202205/t20220510_297812.html。

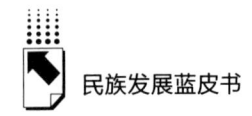

可再生能源建筑应用范围。① 内蒙古自治区工信厅制定了《内蒙古自治区工业领域碳达峰实施方案》和钢铁、有色、建材、化工4个行业碳达峰及降碳实施方案，采取多项措施推动"十四五"期间工业部门的节能降碳。此外，各省区均重视公共交通的低碳化，大力推进公共交通工具实现电动化、新能源化和清洁化，加快充电配套设施建设，推动新能源汽车与充电设施的广泛应用，加快低碳交通运输体系建设。各地还通过退耕还林植树造林，森林经营、草原生态修复等措施提高碳汇储备。

（3）提高生态建设领导能力，进一步强化绿色低碳发展政策保障。为实现碳达峰碳中和目标，各省区均发布了一系列政策文件，编制配套的实施与保障方案，并成立专门工作领导小组与各级实施部门，明确奖惩措施，完善监督机制，以确保各项政策措施的落实。为进一步推动碳达峰碳中和，各民族省区都在逐步完善考核机制，"双碳"工作也已进一步纳入地方考核体系。如宁夏回族自治区在《应对气候变化"十四五"规划》中指出，"十四五"期间将严格控制温室气体排放，要将碳强度下降目标任务和适应气候变化的各项任务分解落实到各地市，将碳达峰行动措施和任务落实情况纳入自治区生态环境保护督察。每季度预警通报各地级市及宁东基地能耗"双控"目标完成情况，严格开展重点用能单位节能目标责任评价考核，加大对考核结果的公开力度，对完成或超额完成目标任务的地级市人民政府予以表彰，对未完成任务的地级市实行区域高耗能项目缓批限批。云南省作为全国第一批低碳试点，较早成立了温室气体排放基础统计、核算和报告体系，按要求组织省内重点企业开展碳排放核算；规范开展第三方核查，完成一定期限内地重点企业碳排放数据核查。云南省在"十三五"期间已将节能目标纳入国民经济和社会发展年度规划，并将考核结果纳入省综合考评和生态文明建设年度评价。此外，各省区积极推进低碳城市、低碳园区、低碳社区和低碳企业试点示范工程，加快绿色金融、绿色贸易、绿色流通等服务体系

---

① 西藏自治区生态环境厅：《解读：〈西藏自治区"十四五"时期生态环境保护规划〉印发实施》，西藏自治区生态环境厅网站，2022年5月10日，http：//ee.xizang.gov.cn/ywgz/zhghystwmgg/202205/t20220510_ 297812. html。

建设，健全绿色发展政策法规体系。

（4）市场建设与公众生态意识的培养。各省区在推进低碳转型、加快生态建设的过程中，日益重视市场在资源配置中的作用。在政府引导下，加快发展绿色金融，建立健全碳市场管理市场制度体系和支撑体系，逐步形成更加完善、充分竞争、公平透明的市场，推动更多行业纳入碳排放权交易市场配额管理，依托市场机制倒逼高耗能、高碳排放的产能逐步淡出。如贵州省全面放开燃煤发电电量上网电价，推动工商业用户全部进入电力市场交易，有助于形成更加完善、充分竞争、公平透明的电力市场。同时，通过政府引导、媒体宣传、教育培训、公益活动等途径加强公众生态文明意识的培养，从政府、市场、企业、居民等全方位推动生态建设。如八省区都在不同程度地整合龙头企业、高校、科研院所等多方力量，加强对绿色低碳技术研发的资金支持，大力推广先进适用的技术模式、产品标准和管理经验。在公众意识培养方面，比较普及的做法包括开展绿色生活创建活动，倡导简约适度、绿色低碳的生活方式，如西藏自治区大力倡导绿色生活，拉萨市公共交通工具全部实现电动化、新能源化和清洁化，开展城市生活垃圾分类试点，绿色生活正成为新风尚。①

2. 清洁能源基地建设专项发展战略

民族地区的清洁能源基地不仅是当地能源转型、实现"双碳"目标的关键路径，而且是通过智能电网建设，西电东输、东数西算等布局，将以东西协同发展的模式有效推动全国能源低碳转型的重要举措。在国家"1+N"政策体系下，各民族省区在"双碳"实践中都做出了清洁能源基地建设的专项发展战略。

（1）加强电网建设。消纳与调度是清洁能源并网建设的核心要素和难点，各地在清洁能源基地建设过程中关注了可再生能源电力的并网、消纳和调度问题，为清洁能源电力的可持续发展提供了坚实的政策保障。如贵州省

---

① 西藏自治区生态环境厅：《解读：〈西藏自治区"十四五"时期生态环境保护规划〉印发实施》，西藏自治区生态环境厅网站，2022年5月10日，http：//ee.xizang.gov.cn/ywgz/zhghystwmgg/202205/t20220510_ 297812.html。

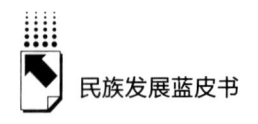

以建设全国重要的能源基地、资源深加工基地为目标，通过整合多个"基地"，着力构建水火互济、多能互补、绿色低碳、安全高效的现代能源体系。①2021年出台《贵州省风电光伏发电项目管理暂行办法》等系列文件，发挥地方和企业积极性，建立健全以风电、光伏发电为主的新能源发展机制，建立本地消纳保障+调度机制。贵州省还出台了《深入开展公共机构绿色低碳引领行动促进碳达峰实施方案》，以推动公共机构采用可再生能源，加快公共机构煤炭减量步伐；推广清洁能源和多能互补，推广新能源汽车和充电设施；实施以"企业利益共同化、全省利益最大化"为基点，以构建煤炭水电火电利益紧密联结机制、政府调控机制和预测预警机制为主要内容的能源工业运行新机制，保障能源供应稳定。②

（2）鼓励和推动技术创新。科技创新是"双碳"工作的内在支撑，各省区也将技术创新作为实现碳达峰碳中和的核心要素。如《内蒙古自治区"十四五"能源发展规划》的各项措施反映出当地依靠科技力量要建成国家现代能源经济示范区的愿景，包括着力推进绿色、数字、创新转型，着力打造风能、太阳能、氢能和储能四大新型能源产业，着力实施新能源倍增、灵活电网、控煤减碳、源网荷储、再电气化、绿氢经济、数字能源、惠民提升、科技赋能、区域合作十项工程。当地能源局还配套编制了能源领域碳达峰的3个分行业实施方案、4个保障方案，重点从大力发展新能源、构建新型电力系统、严控煤炭消费增长、推广应用先进技术、深化体制机制改革五个方面入手，推进能源领域实现碳达峰碳中和。《推动全区风电光伏新能源产业高质量发展的意见》则从多个方面提出未来新能源发展的路径和模式。《蒙西新型电力系统建设行动方案》提出推进坚强智能灵活电网建设，深入实施煤电灵活性改造，加快抽水蓄能电站建设，推广"新能

---

① 贵州省能源局：《充分发挥全国重要能源基地作用 全力建设新型综合能源基地 奋力完成新时代西部大开发闯新路使命》，贵州省能源局网站，2022年3月11日，http：//ee.xizang.gov.cn/ywgz/zhghystwmgg/202205/t20220510_297812.html。
② 贵州省能源局：《坚持持续深化改革 为能源高质量发展注入强大动力》，搜狐网，2022年4月15日，https：//www.sohu.com/a/538527914_121106902。

源+储能"建设模式，加强需求侧响应能力建设，全面提升电力系统灵活性，在全国率先建成以新能源为主体的新型电力系统。青海省提出在"十四五"期间全面建成国家清洁能源示范省，以"双主导"带动"双脱钩"，打造以非化石能源为主的"多极支撑、多元消纳、多能互补"能源生产消费体系，建立安全高效的能源保障储备体系，探索构建以新能源为主体的新型电力系统，突破清洁能源关键核心技术并加快推广，重点领域和关键环节改革取得实质性进展，促进能源开发利用方式转变的市场体系进一步完善。[1]

（3）优化清洁能源的空间规划，并与共同富裕相结合。科学合理的清洁能源空间规划，不仅能够实现不同种类能源之间的电力互补和优势结合，而且能够让周围居民从能源服务中获得更多实惠，助力共同富裕，为经济社会高质量发展提供重要支撑和保障。民族省区在实践中也越来越意识到这一问题，在清洁能源的空间布局上，各省区也都因地制宜实施了规模化与微单元相结合的模式。如《广西壮族自治区人民政府关于印发广西壮族自治区碳达峰实施方案的通知》提出了集中式与分布式相结合，全面推进风、光电力建设，打造广西北部湾海上风电基地，同时积极与能源资源富集省份合作，争取青海、西藏、甘肃等清洁能源基地送电广西，[2] 推动地区协同发展。青海省一方面推动国家级大型光伏发电和风电基地建设，有序推动市场化并网；另一方面则积极推进分布式光伏开发，出台《分布式光伏发电项目建设管理办法》，已在铁路、公路沿线布局建设分布式光伏，促进陆路交通与可再生能源实现融合发展；加快推广"新能源+"模式，在条件成熟的地区大力开展农光、牧光互补等示范试点项目建设，在全省大力推广以电锅炉、电热炕等为主的清洁取暖电能替代工作，加大农牧区清洁能源利用，因地制宜推广

---

[1] 贵州省能源局：《〈贵州省风电光伏发电项目管理暂行办法〉的通知》，贵州省能源局网站，2021年9月3日，http://nyj.guizhou.gov.cn/zwgk/gzhgfxwjsjk/gfxwjsjk/202111/t20211112_71654744.html。

[2] 广西壮族自治区人民政府：《广西壮族自治区人民政府关于印发广西壮族自治区碳达峰实施方案的通知》，广西壮族自治区人民政府网站，2022年12月29日，http://www.gxzf.gov.cn/zfwj/zxwj/t15690666.shtml。

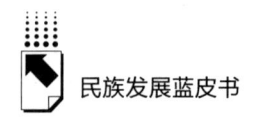

太阳灶应用，以绿电行动推动全社会清洁能源供电。① 在建设清洁能源基地的同时，给居民带来就业机会、充足能源供给和便利生活条件等福利。

（三）实践成效

在我国大力推进生态文明建设的过程中，应对气候变化越来越受到关注，"双碳"工作也已成为生态文明建设的核心内容。在此背景下，作为"双碳"工作的主线，能源体系的绿色低碳转型在民族八省区都取得了显著的成效，主要反映在各地清洁能源装机容量、绿色电力（可再生能源电力）比例的提高，以及单位GDP碳排放的降低或是单位碳产出的提升。同时绿色产业已成为民族地区经济社会的新增长极，如清洁能源及其上下游产业也带动了就业和共同富裕。

从清洁能源装机容量的增长上看，各民族省区都取得了显著进展。如2020年，广西壮族自治区的风电、光伏发电装机分别达到653万千瓦、205万千瓦，较2015年分别增加613万千瓦、193万千瓦，分别是2015年的16.3倍和17.1倍。② 2021年，贵州省发电装机容量达到7226万千瓦，其中水电装机容量达1998万千瓦，比例占27.6%；风电装机容量达580万千瓦，比例占8.0%；太阳能发电装机容量1137万千瓦，比例占15.7%。③ 截至2021年，宁夏回族自治区水电装机容量42.6万千瓦，比例占0.7%；风电装机容量1454.8万千瓦，比例占23.4%；太阳能发电装机容量1384万千瓦，比例占22.3%。④ 2022年，新疆新能源装机容量从

---

① 青海省人民政府：《青海省人民政府 国家能源局关于印发青海打造国家清洁能源产业高地行动方案（2021—2030年）的通知》，青海省人民政府网站，2021年8月12日，http://fgw.qinghai.gov.cn/zfxxgk/sdzdgknr/fgwwj/202108/t20210812_78615.html。

② 黄华烨：《广西大力发展绿色清洁低碳能源 在推动绿色发展上迈出新步伐》，广西壮族自治区发展和改革委员会网站，2022年1月10日，http://fgw.gxzf.gov.cn/fzggz/xnyhkzsny/t11123457.shtml。

③ 贵州省统计局：《贵州省政府工作报告（2022年）》，贵州省人民政府网站，https://www.guizhou.gov.cn/zwgk/zfgzbg/gzsgzbg/202202/t20220207_72464166.html。

④ 宁夏回族自治区统计局：《宁夏回族自治区政府工作报告（2022年）》，宁夏回族自治区人民政府网站，http://nxdata.com.cn/files_nx_pub/html/tjnj/2022/indexfiles/indexce.html。

年初的3661.3万千瓦，增长至年底的4065.5万千瓦，占新疆电网总装机容量的36.09%。其中新增的新能源装机容量404.2万千瓦中，新增风电装机容量占206万千瓦、光伏装机容量占198.2万千瓦。当年全年新疆电网新能源发电量累计达到768.43亿千瓦时，新能源利用率96.4%，新能源的本地消纳持续提升。① 截至2022年8月，内蒙古新能源装机容量达到3201.85万千瓦，同比上升7.27%，新能源装机容量比例39.97%，10年间，新能源装机从978万千瓦增至3156万千瓦，增幅超过200%，比例从24%增至39%，绿色清洁能源已成为当地的新增长极。② 截至2020年，西藏全区光伏发电机容量已发展至110万千瓦，占西藏自治区装机比的32%。截至2022年6月，青海省已建成和在建清洁能源装机容量2794万千瓦（其中，水电736万千瓦、光伏1573万千瓦、风电470万千瓦、光热15万千瓦），累计发电量突破500亿千瓦。③ 2022年，云南省全省水电装机由3499万千瓦提升至7820万千瓦，装机规模居全国第二。风电、光伏发电装机规模由153万千瓦提升至1278万千瓦，增长7.35倍。④

由于清洁能源电力的推广使用，化石能源也在艰难地逐渐淡出。选取2005年、2010年、2015年、2020年四个截面看省（市）际单位碳产出的变化，可发现，整体上看各省区的单位碳产出都呈现了较显著的上升，详见图2。从民族八省区（缺西藏数据）的情况看，与全国横向比较，除了宁夏、内蒙古和新疆，由于历史上能源消费结构偏重煤炭，化石能源比重较高，因而碳产出处于较低水平以外，云南、广西和贵州均高于全国平均水

---

① 杨庆：《新疆电网新能源装机容量突破4000万千瓦，占总装机容量三成六》，新疆维吾尔自治区人民政府网站，2023年1月4日，http：//www.xinjiang.gov.cn/xinjiang/bmdt/202301/45f5d5169549437aab2 e33e5e4506067. shtml。
② 内蒙古电力（集团）有限责任公司：《内蒙古电力集团电网统调装机首次突破8000万千瓦》，内蒙古自治区人民政府网站，2022年8月12日，http：//gzw.nmg.gov.cn/sjb/gzzx_ 15364/qsqy_ 15366/202208/t20220812_ 2101710. html。
③ 张海东、滕萌：《2021年底青海省电力装机持续保持全国最高》，央广网新媒体账号，2022年1月23日，https：//baijiahao.baidu.com/s? id=1722712050479932357&wfr=spider&for=pc。
④ 沈靖然：《云南省电力总装机达1.06亿千瓦》，人民日报新媒体账号，2022年8月25日，https：//baijiahao.baidu.com/s? id=1741959336336444578&wfr=spider&for=pc。

平，详见图3。如果纵向比较，云南、贵州和青海的单位碳产出更呈现显著增长态势，这得益于当地近年来大力推进清洁能源发展的政策。

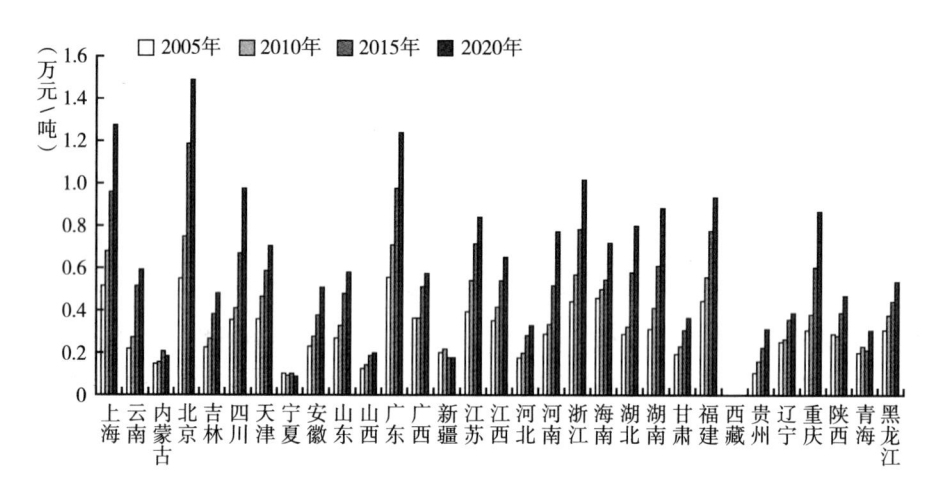

图2 省（区、市）际单位碳产出的变化

资料来源：根据国家统计局网站各省（区、市）数据汇总计算。

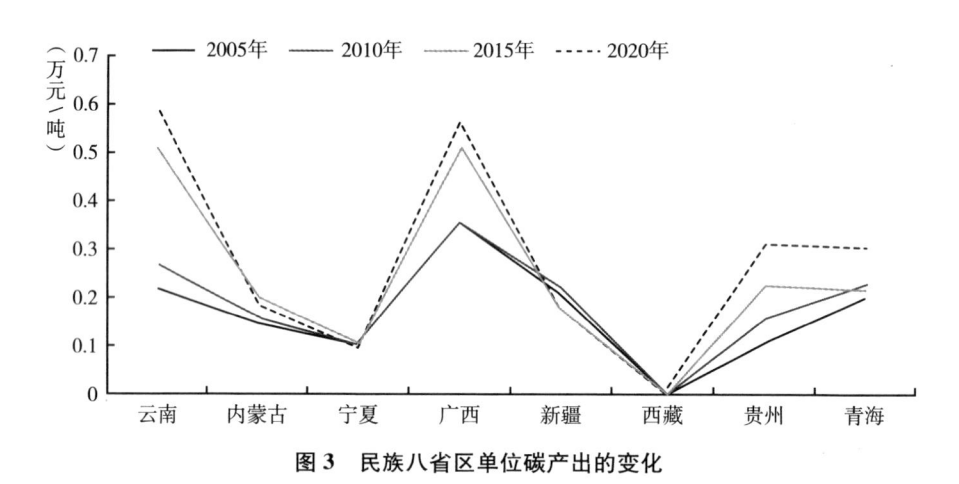

图3 民族八省区单位碳产出的变化

资料来源：根据民族八省区统计年鉴数据汇总计算。

值得一提的是，在煤炭淡出速度的比较上，青海、贵州、云南在2017~2021年期间快速下降，降幅分别达到24%、21%和10%，详见图4。这与民

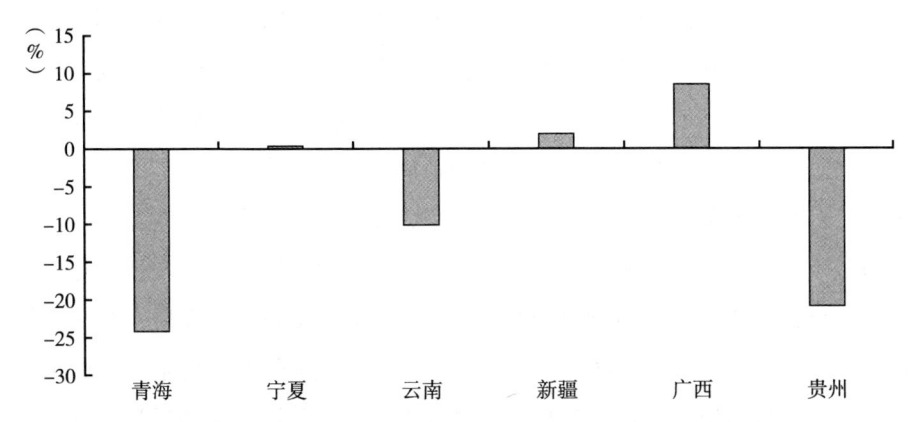

图4　民族八省区煤炭占能源消费总量的比例变化（2021年基于2017年）

资料来源：根据民族八省区统计年鉴数据汇总计算。

族八省区在制定并颁布生态文明建设地方性法规条例的步伐高度一致。在取得进展的同时，民族地区生态建设面临的挑战却是内生性和实质性的，有的源于自身资源和各种相对固定的约束条件（如地理环境以及制度和结构惯性）。

一是能源消费结构的惯性。有的民族省区，如内蒙古、宁夏，由于该地区系全国重要的传统能源基地，化石能源消费的惯性相对更大，因而能源结构调整缓慢，煤炭占比依然在能源消费结构中超过半壁江山，非化石能源消费比重仅为8.1%，显著低于全国均值的15.3%（2019年）。尽管近年来"双碳"目标已成为重要的发展指标，但是内蒙古能源消费总量依然保持着较高的增长，"能耗双控"均列全国末位。宁夏回族自治区的煤炭比例则更高，占全区能源消费总量的比例超过80%。而这些民族地区往往又处在工业化、城镇化的高速发展期，节能降碳面临较大结构性压力。①

二是传统产业结构的惯性。即长期以来依赖高耗能、资源型产业的经济发展模式使民族地区的产业结构特征呈现重型化趋势，经济发展与

---

① 张坤、陈梦玫、蒋尉等：《民族地区碳达峰碳中和的潜力、挑战及建议》，《阅江学刊》2023年第2期。

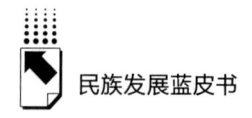

碳排放脱钩仍未显现。① 例如，内蒙古作为我国重要的能源和原材料基地，经济发展过度依赖高耗能、资源型产业，②长期以来形成了以能源重化工产业为主导的产业结构，发展了一大批煤电、煤化工、钢铁等高耗能项目。③这种重型化的产业结构确实成为当时当地的经济增长之源，是工业化发展阶段的"依附本地资源和现有技术条件下的产业选择"，然而在生态文明建设的背景下，绿色低碳转型是共识的最优路径，需要重新认识本地的资源禀赋，发展以风光为主的新能源产业，有序退出高耗能产业并摆脱对煤炭的依赖。④尽管从目前看，内蒙古、新疆、宁夏在单位碳产出以及非化石能源的比例上处于均值以下，但是从长远来看，当地清洁能源资源的科学规划和适度开发，可以为本地和我国其他地区的生态建设、"双碳"目标实现提供重要的绿色低碳的能源供给。

三是欠缺全局性可持续发展的扶持政策。实际上我国针对民族地区振兴发展制定实施了一系列大幅度的扶持政策，如西部大开发、精确脱贫准扶贫等，但转移支付重在资金，对口支援重在项目，挂职援建重在干部培养，而对于本地的技术市场培育和人才培养缺乏可持续的内在动力。

四是民族地区的发展政策缺乏全局性和东西协同性。尤其是"双碳"实践能够直接带动减污降碳，并产生连锁生态效果，而东西协同——民族地区与非民族地区的区域协同共赢发展，能够使"双碳"工作事半功倍，推动生态建设。

---

① 尤其是有些民族地区曾因处于煤炭富集地而"以煤而兴"，在生态建设的背景下，没有及时调整故而出现目前的"因煤而困"。
② 内蒙古自治区人民政府：《内蒙古自治区"十四五"节能规划》，内蒙古自治区人民政府网站，https://www.nmg.gov.cn/zwgk/zcjd/zzqzcjd/202203/t20220307_2013701.html。
③ 《内蒙古自治区"十四五"节能规划》表明，高耗能企业在内蒙古规上工业企业中接近50%，能源原材料工业增加值占规上工业比重为86.5%，六大高耗能行业占规上工业能耗比重高达87.7%，导致单位GDP能耗达到全国平均水平的3倍。
④ 内蒙古自治区人民政府：《内蒙古自治区"十四五"节能规划》，内蒙古自治区人民政府网站，https://www.nmg.gov.cn/zwgk/zcjd/zzqzcjd/202203/t20220307_2013701.html。

四 结论与建议

生态建设涉及我国社会经济各方面的系统性变革，需要统筹布局、协调推进。生态建设不是抑制发展，而是促进经济增长、推动绿色高质量发展，实现共同富裕的过程。据前文分析，民族地区的绝大部分地区与全国生态功能区划中的重点保护区高度重合，是全国甚至亚洲和世界的生态气候屏障。因而，民族地区的生态建设和经济发展不能脱离全国生态功能区划的定位，须结合自身能源资源禀赋，在全国一盘棋的框架下，因地制宜采取最适合自己的生态建设路径。

近年来，各民族省区从加强生态立法、完善已有的法规体系，逐步细化地方具体政策措施等方面为民族地区的生态环境保护、生态文明建设提供了日益完备的法制体系，同时也进一步增强了生态文明建设的治理能力。尤其是自2020年我国明确提出"双碳"目标的国际承诺以来，民族八省区在应对气候变化领域，尤其是清洁能源的发展进展显著，成为当地生态建设的主力。然而，正如前文所述，相较于全国，民族地区生态文明建设在经济基础、人才、资本和技术等要素上相对不具优势，尽管有着生态和清洁能源要素上的较大潜力，但是面临多种挑战。同时，民族八省区自身也存在着显著的差异性，在推进生态文明建设中更应因地制宜。

民族八省区目前比较突出的问题，有以化石能源为基础的能源消费结构惯性大，能源结构调整缓慢，节能降碳面临较大结构性压力；产业结构重型化问题突出，清洁能源产业发展滞后；扶持政策效率不足；东西协同效度不高；等等。民族八省区的生态建设应充分考虑各自在全国生态功能区划中的定位，结合自己的经济发展现状，在全国一盘棋的框架下，采取东西联动协同发展的模式，跳出"梯度转移"的固有路径依赖，在适用本地的高新技术条件下推动生态建设，实现绿色高质量发展。

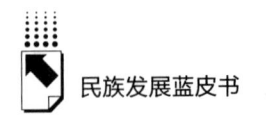

（一）低碳能源结构、发展智能电网，建设全国统一绿电市场

在发挥政府指导作用的条件下，运用碳市场和碳金融等政策工具，提供稳定的价格信号，刺激清洁能源发展，加速淡出高碳化石能源，推动"双控"政策的稳妥有序发展。继续加大产业向清洁能源富集的西部地区集聚的有序推进，促进能源与产业协同发展以及可再生能源的就地消纳，既减少输配电成本和电力损耗，又在全国范围内提高资源配置和利用效率。同时加快"卡脖子"技术的研发、进一步加强电网智能化建设，完善电力市场。目前电网结构和运行调控尚不能很好地适应可再生能源电力接入和消纳的规模及其变化。对此，一方面，需加快研发，突破储能、电力并网、运行调控等技术与非技术瓶颈，加强智能化电网建设、提升调控能力，以提高电力系统的灵活性、安全性和稳定性；另一方面，需对可再生能源发展的规模、速度做好合理规划，推动电力市场化改革，使可再生能源的发展与电网建设、电力市场培育的步骤协调一致，推进全国绿色电力的统一大市场建设。[1]

（二）立足本地资源禀赋，加快产业结构的绿色低碳转型

民族地区可再生能源资源的富集为新型绿色产业的发展提供了基础条件，应立足本地资源禀赋，大力发展绿色生态产业，延伸产业链，布局新型清洁能源基地，推动产业结构的绿色低碳转型，助力民族地区绿色高质量发展。例如，青海省"风光无限"的清洁能源资源优势显著，据此当地大力建设清洁能源高地；西藏昌都立足本地的水风光资源优势，明确"藏东清洁能源开发区"的功能定位，发展水风光储互补、源网荷储一体的清洁能源体系。[2] 云南省则大力推动传统工业的绿色转型，同时利用绿色能源发展

---

[1] 张坤、陈梦玫、蒋尉等：《民族地区碳达峰碳中和的潜力、挑战及建议》，《阅江学刊》2023年第2期。

[2] 中共西藏自治区委员会网络安全和信息化委员会办公室：《加快建设藏东国家清洁能源基地》，中共西藏自治区委员会网络安全和信息化委员会办公室网站，2023年9月13日 https：//wxb.xzdw.gov.cn/wlcb/cbgz/202210/t20221002_282220.html。

"绿色硅"等现代化制造业，建设"绿色硅谷"。

产业结构的绿色转型还需要从企业生产和消费者需求两方面予以激励。一方面，从需求侧加大对消费者绿色意识和低碳认知能力的培育，增强个人减碳意愿，提升对零碳消费的认可度，引导消费者的消费理念向绿色低碳转型；另一方面，从供给侧落实绿色低碳政策，为消费者提供更多绿色产品。通过产品高质量、形式多样化等方式，提高消费者对低碳零碳产品的支付意愿。同时政府倡导居民低碳生活，形成绿色生产生活方式，引导社会资本和企业投资绿色低碳产业，为绿色产品供给和消费保驾护航，打造绿色生产和消费模式。[1]

（三）利用空间错位实现地区协同互补

由于我国清洁能源资源需求与供给分布存在空间逆向差异，对此，利用这种空间错位，大力推动民族地区与非民族地区之间的协调互补，开展东中西新能源多元互补，有助于实现不同区域间的能源-生态和经济-社会深度融合，推动全国能源一体化和共同富裕：民族地区大力发展清洁能源发电，通过特高压输变电技术，将清洁能源电力输送到东中部地区，既有助于释放民族地区清洁电力消纳压力，又能缓解东中部经济发达地区的电力供需矛盾和绿电需求，提高清洁能源资源在全国范围的配置效率。东部较发达地区则通过与民族地区展开合作，在民族地区投资建立清洁能源基地，发展风电、太阳能等绿电技术，既能推动全国范围的"双碳"进展，又能拉动民族地区就业和经济发展，有助于实现共同富裕。

因此，一方面，要推动东中西之间的深度融合和协同合作，遵循全国统筹的原则，继续加大东部较发达地区的产业向民族地区转移的力度，尤其是有序推动高载能产业向清洁能源富集的民族地区集聚，同时西部地区利用自身清洁能源优势承接东部高耗能产业转移，降低东部地区实现"双碳"目

---

[1] 张坤、陈梦玫、蒋尉等：《民族地区碳达峰碳中和的潜力、挑战及建议》，《阅江学刊》2023年第2期。

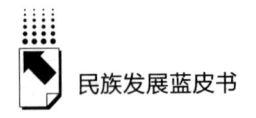

标成本，西部地区则可以通过清洁能源发展、优势产业建设，创造就业机会，拉动地区增长。这能促进能源与产业的协同发展，实现新能源就地消纳，既有助于实现承接地与转出地的"双赢"，在全国范围内提升资源配置和利用的效率，又有利于从源头控制碳排放，有效地推动民族地区"双碳"目标的实现，实现民族地区与非民族地区的互利共赢和共同富裕。另一方面，要加强民族地区不同省区之间的协作。如内蒙古在降低内部煤炭需求的基础上，应该提高可再生能源的供给水平，同时与其他清洁能源省份开展合作；青海、贵州等省份应该加大内部可再生能源发展力度，不断提高清洁能源在终端能源需求中的供应能力。

（四）加深"双碳"实践与生态环境保护的深度融合

化石能源开发利用所造成的生态环境破坏难以修复，发展可再生能源则可规避对生态环境的破坏。如通过积极推进清洁能源示范区建设，将生态保护理念融入清洁能源产业发展，在沙漠、荒滩、戈壁建设光伏基地，发挥太阳能光伏板的遮光、防风和减蒸发作用，稀疏草地变为青绿草原，绿色植被抑制沙土扬尘。各地都在探索双碳实践与生态环境保护深度融合的有效路径。民族地区不少地方已经在实施农光互补（农业种植与发展光伏相融合）、光牧互补（牧草与光伏相结合）等模式，在发展清洁能源的同时，促进环境保护和经济发展。因此，科学合理地发展清洁能源产业，不仅可以提供清洁能源电力，创造就业，拉动经济，而且有利于提升当地的生态系统自我恢复能力，改善生态环境，提升城市生活质量，以清洁能源产业发展促进生态文明高质量建设，实现"双碳"实践与生态环境保护的深度融合。

（五）生态建设与铸牢中华民族共同体意识相融合

民族地区与东部沿海等较发达地区在经济发展水平上存在一定差距，民族地区有着承接产能、加快工业化发展的迫切的内在需求，同时又是清洁能源的富集地，而东部地区则面临巨大的资源环境约束和产业转型的压力，两者之间呈现出很强的互补关系和巨大的协同共赢潜力。因而，促进区域合理分工，使民族地区与其他地区优势互补、使产业转移与清洁能源的就地消纳有机融合，增强区域协同联动效应，各美其美，共同富裕。在此过程中，不同民族之间的交流、交往、交融得以增多和加深，依据全国统一大市场建设，跳出民族地区约束，促进东中西区域优势互补深度融合。碳中和将成为东中西各地区协调发展的新机遇，促进生态建设的全要素资源在更大范围内畅通流动，有助于提高生态建设在全国范围内的资源配置效率。

下一步还应在铸牢意识框架下探索民族地区人与自然和谐共生现代化的具体实践路径、探索民族地区生态建设与共同富裕的实现路径，使"生态文明建设—推进共同富裕—增强铸牢意识"发挥协同效应，形成一个良性循环的有机体系，构建人与自然和谐共生的家园。

B.9
民族地区飞地经济的发展现状、问题与对策

曹大明 张 玉*

摘 要： 民族地区飞地经济经历了改革开放初期的萌芽阶段、探索阶段、成熟阶段，到当前的深化阶段。作为特殊的区域经济合作模式，民族地区飞地经济发展模式逐渐多样、产业链条不断完善、发展成效越发显著。本文分析了民族地区飞地经济发展存在的四大问题，即飞地经济建设发展资金筹集困难、规划不科学、机制不完善、政府统筹与市场调节不足。相应的对策建议为：拓宽融资渠道，加大基础设施建设；科学规划项目，实现园区可持续发展；合理分配资源，建立有效运行机制；发挥有效市场和有为政府作用，统筹构建新发展格局。

关键词： 飞地经济 区域经济 产业链

在政府主导下，民族地区飞地经济与脱贫攻坚、东西协作、对口援助相结合，近年来发展迅速，成为加快民族地区乡村振兴和工业化的有效新模式，提升了民族地区的自我发展能力，亦起到了缓解区域发展不平衡的作用。作为特殊的区域经济合作模式，飞地经济打破了原有体制和机制的限制，跨越空间行政管理的局限，实现了"飞入地""飞出地"的优势互补与合作共赢。虽然飞地经济发展时间不长，但在产业发展、基层治理、改善民生和文化交融等方面均取得了不错成效。

---

* 曹大明，人类学博士，三峡大学民族学院党总支书记、执行院长，教授，博士生导师，主要研究领域为区域社会经济发展；张玉，三峡大学民族学硕士研究生。

一 飞地经济的发展历程

中国历史上的飞地现象最早可追溯到战国,其在文献中被称作"插花地"[①]。"插花地"是"各种穿插交错或经界不正之地的总称"[②],虽与飞地的含义不完全一致,但二者均聚焦跨地区之意。元朝时期,"插花地"发展出不同层级且数量不少;至明清时期,卫所制度的实施催生了更多"插花地"的出现。[③] 自20世纪90年代起,我国以"插花地"这种飞地现象为基础,以"非均衡发展理论、产业梯度转移理论、区域比较优势理论和共生理论"[④] 等科学理论为支撑,开始逐步探索飞地经济的发展模式。我国飞地经济共经历四个发展阶段,依次为萌芽阶段、探索阶段、成熟阶段和深化阶段。

(一)萌芽阶段:20世纪90年代至2004年

1992年,邓小平发表"南方谈话",提到要借鉴新加坡经验。[⑤] 1994年,中国与新加坡共建了我国第一个跨国联合开发区——苏州工业园区,自此正式开启我国飞地经济的探索之路。[⑥] 当时,我国东部沿海地区经济增长迅速,中西部地区经济落后,发展极不平衡,正处于经济转型风口。受苏州工业园影响,浙江、福建、江苏及珠江三角洲等地不断探索经济发展新模式,陆续在本省实践飞地经济。1995年,经浙江省委、省政府批准,金华

[①] 史念海:《河山集 七集》,陕西师范大学出版社,1999,第504~519页。
[②] 杨斌:《历史时期插花地的基本概念讨论》,《西南大学学报》(社会科学版)2013年第5期。
[③] 徐建平:《行政区域整理过程中的边界与插花地——以民国时期潼关划界为例》,《历史地理》2010年第0期。
[④] 郑重:《走向低碳可持续的城镇规划——新型城镇化路径解读》,地质出版社,2013。
[⑤] 李猛、黄振宇:《促进区域协调发展的"飞地经济":发展模式和未来走向》,《天津社会科学》2020年第4期。
[⑥] 彭伟斌、丁伟伟:《逆向飞地经济的扶贫模式研究——基于金磐扶贫开发区的案例分析》,《西部经济管理论坛》2020年第5期。

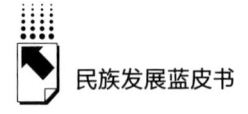

市区和磐安县共同建立金磐扶贫经济开发区,在保护磐安生态水平的同时,努力摘掉磐安县"贫困县"的帽子;2001年,在福州市委、市政府的推动下,永泰县在马洋工业园区建设标准厂房,探索飞地工业模式;2003年,在江苏省委指导下,江阴市和靖江市成立江阴-靖江工业园区,使江阴的工业化优势与靖江的土地资源和地理位置优势互补,实现经济共同发展;等等。这一时期,我国飞地经济数量较少,空间分布较零散,无明显规律可循。

在萌芽阶段,飞地经济产业结构、管理机制和政策设计均来自地方的尝试性探索,总体产业特征较为粗放,且飞地实践多为政府主导,运行模式缺少可借鉴经验,项目体系亦缺乏有力支持。该时期飞地经济虽存在多种不足,但实践意义重大,为后续飞地经济的发展提供了宝贵的启示意义和借鉴经验,也为国家探索经济发展新模式、推广飞地经济的普及应用奠定了基础。

(二)探索阶段:2005年至2010年

21世纪初,珠江三角洲产业发展趋于成熟,相比之下,粤东、粤西、粤北地区的发展缓慢。2005年3月,广东省人民政府为实现区域间平衡发展,制定《关于我省山区及东西两翼与珠江三角洲联手推进产业转移的意见》,提出将珠江三角洲部分产业转移至相对落后的省内其他地区。[1] 同年,江苏省出台《中共江苏省委、江苏省人民政府关于加快苏北振兴的意见》和《关于加快南北产业转移的意见》,希冀通过产业转移实现区域之间的互利共赢。[2] 这标志着广东、江苏等东部沿海地区开启飞地经济的区域规模化建设,我国飞地经济亦随之进入探索阶段。经过东部沿海地区对飞地经济的实践与探索,一些其他的省份和地区注意到该模式的优势,纷纷开展飞地经

---

[1] 陈桂明主编《持续发展的动力——东莞工业产业升级之路》,广东人民出版社,2005,第335页。
[2] 《省政府办公厅转发苏北发展协调小组关于加快南北产业转移意见的通知》,《江苏省人民政府公报》2005年第17期,第24页。

济建设。由此,飞地经济的试点范围从东部沿海地区扩展为东北地区、东部地区和部分中部地区。例如,2010年1月,天津市红桥区与山东省德州市联合共建红云高新技术产业园;2010年12月,沪苏浙皖共同签署《关于共同推进皖江城市带承接产业转移示范区建设合作框架协议》,将皖江示范区的一块"净地"交由沪苏浙建设、管理、经营和运作;等等。①

在探索阶段,我国的飞地经济依旧以省内合作为主,尤其是长江三角洲地区省内合作项目不断增多,如2006年"南北挂钩共建苏北开发区"的决策②;部分地区还出现跨省合作,自主探索逐步加深。各地在充分利用国家力量发展飞地经济的同时,还加入市场手段,将政府主导与市场主体相结合,以减轻政府对地方的控制力度,适度给予地方相对自由的发展空间。该阶段的飞地经济模式大多为"正向飞地",即"飞出地"经济相对发达,负责提供资金、技术、人才和管理制度等,"飞入地"经济相对落后,负责提供土地、劳动力等资源。此外,我国飞地经济进入探索阶段后,开始注重产业发展的规划与定位,在延伸产业链的同时不忘提高产业耦合度,结合各地的实际情况出台与之匹配的经济政策,并不断深化区域经济发展理念。

(三)成熟阶段:2011年至2017年上半年

经过探索阶段的区域建设规模化和应用范围扩大化,我国飞地经济发展模式逐渐成熟。越来越多的省份和地区注意到飞地经济的巨大效益,将其作为经济发展的突破口,飞地经济的应用范围也随之扩展至全国大部分地区。例如,2011年,国家发展改革委东北振兴司发表《东北三省与内蒙古东部地区合作的进展、问题及建议》,鼓励四省区互设"飞地",发展飞地经济;同年4月,南宁市西乡塘区安宁镇将"净地"交由高新

---

① 丁伟伟:《逆向飞地经济现象研究——以金磐扶贫开发区和衢州海创园为例》,硕士学位论文,杭州师范大学,2019。
② "南北挂钩共建苏北开发区"决策,即在苏北地区已有的省级以上开发区中划出一块"区中园",将其交由苏南地区进行规划开发和经营管理。

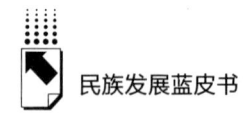

技术产业开发区代管，提升工业发展速度；2014年，西藏和青海合作共建藏青工业园，主要经营内容为矿产深加工；2017年，新疆维吾尔自治区经济和信息化委员会公布20个飞地经济首批试点名单，积极推动西部大开发；等等。①

2012年，衢州计划在杭州异地建设海创园，打造对外开放的窗口、创新创业的基地、产业对接的平台和项目孵化的摇篮。这种由欠发达地区在发达地区设立飞地园区，与"正向飞地"相反的创新型飞地模式称作"反向飞地"，代表园区有建在杭州和上海等地的衢州海创园、建在杭州的慈溪创新创意飞地等。自此，这种创新性飞地经济模式开始受到关注。此外，各地政府还积极响应"一带一路"倡议、"京津冀协同发展"规划、"粤港澳大湾区"发展规划等，不断优化飞地经济的管理机制和发展模式，使"飞入地"与"飞出地"权责更加明晰，努力推进各区域经济协调发展。

（四）深化阶段：2017年下半年至今

2017年6月2日，国家发改委、国土资源部等八个部委联合印发《关于支持"飞地经济"发展的指导意见》②；同年10月，党的十九大报告首次提出乡村振兴战略。自此，我国飞地经济发展进入深化阶段，飞地经济模式成为我国促进县域经济、带动城镇化发展的有效途径，为实现脱贫攻坚和乡村振兴贡献强大力量。③ 根据当前发展趋势判断，未来飞地经济模式将会更加完善，主要表现为以下三方面：在产业发展方面，经济项目选择更加科学、定位亦更加准确；在空间跨度方面，各级政府不再对合作地域设限，跨市县、跨省和跨国飞地产业皆可存在；在合作方面，无论是产业内容，还是合作主体及利益分配，均会努力实现多元化并存。

---

① 高幸：《区域协调发展视角下我国民族地区飞地经济研究——基于四川民族地区的实证分析》，博士学位论文，西南民族大学，2021。
② 国家发展改革委、国土资源部、环境保护部等：《关于支持"飞地经济"发展的指导意见》，《中国对外经济贸易文告》2017年第37期。
③ 高幸、张明善：《我国飞地经济运行机制的完善》，《中南民族大学学报》（人文社会科学版）2021年第11期。

二 民族地区飞地经济的发展现状

在经济方面，我国大部分民族地区参与国内或国际产业分工的能力较弱，科技引领能力亦不强，这些特点会限制民族地区发展，阻碍民族地区推进社会主义现代化进程。民族地区是我国生态文明和生态安全屏障建设的重要区域，其基本情况特殊，亟须找到适合自身的发展模式。党的十八大以来，我国东中部地区陆续开展"飞地经济"尝试，通过创新规划、建设、管理和税收分成等合作机制，打破行政区划限制，以共建或托管等方式在异地创立经济项目，形成了优势互补、互利共赢、可持续发展的经济模式。因此，应用飞地经济模式是民族地区发展的重要出路。现阶段，我国民族地区飞地经济的发展呈现出"发展模式逐渐多样"、"产业链条不断完善"和"发展成效越发显著"等特点。

（一）发展模式逐渐多样

通过东部沿海发达地区对飞地经济发展模式的先行探索，我国在发展转型升级过程中积累了丰富的实践经验。[①] 民族地区以此为基础，结合自身实际情况，形成了三种飞地经济发展模式，即"借鸡生蛋"、"筑巢引凤"和"合作建区"。这三种飞地经济发展模式在民族地区分布广泛，且合作级别涵盖国内跨省、省内跨市、市内跨县等。

"借鸡生蛋"主要是指民族地区借用其他地区的工业园区发展自己的企业或项目，民族地区既可以做"飞出地"，也可以做"飞入地"。云南省祥云县是民族地区"飞出地"的典型案例。祥云县部分地区无合适用地且不具备工业发展条件，因此，该县政府将地区项目集中引入祥云财富工业园区，对工业产业进行集中化管理，利用飞地经济模式更好地建

[①] 胡航军、张京祥：《创新型反向飞地——飞地经济模式的跨梯度创新发展》，《城市规划》2022年第9期。

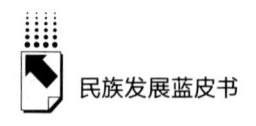

设项目，以实现互利共赢。① 与民族地区"飞出地"相比，湖北省宜昌市潘家湾土家族乡则是民族地区"飞入地"的典型。2005年，潘家湾土家族乡在陆城、聂家河、红花套等乡镇工业园区引进静女制衣厂、安吉汽修有限公司等，运用"借鸡生蛋"模式探索飞地经济，潘家湾土家族乡经济得以快速发展。②

"筑巢引凤"主要是指"飞出地"在其他地区已建成的开发区内建设自己的园区，形成"园中园"；或是在其他地区现有开发区外设立新园区，且新园区被视为现有开发区的延伸。贵州省铜仁市玉屏侗族自治县大龙石阡产业园便是典型的"园中园"发展模式。2012年，石阡县为打破交通限制，借助大龙经济开发区的交通和物流优势，划出开发区10平方公里土地创建大龙石阡产业园；2015年，大龙石阡产业园的核心产业区基本建成。③ 飞地双方对园区发展设立明确分工：在基础建设方面，园区内的基础设施由大龙开发区辅助、石阡产业园负责，园区外的建设则由大龙开发区负责；在招商和管理方面，双方共同组建"石阡产业园建设指挥部"，负责园区的招商引资和协作管理；在项目管理方面，大龙开发区负责产业园所有项目的立项、备案、审批、监管工作，石阡产业园则负责新建申报、技改和扶持项目；在利益分配方面，除入园企业的耕地占用税由大龙收取外，其余税和费用均由石阡负责征管，且石阡国税需每年向大龙开发区支付管理费（县级收入所得的10%）。④ 另一个典型案例为2017年9月在乌鲁木齐高新技术产业开发区正式建成的新疆领科物联网产业园。该产业园首批入园企业近20家，均是来自北京、上海、深圳等地的信息化相关企业。园区按照企业化、市场化模式运营，在成功吸引熟悉物联网相关产业链的企业入疆后，给入疆企业和可合作的本地传统企业牵线，加深疆内外企业合作紧密度，从而吸引更多相

---

① 高幸：《区域协调发展视角下我国民族地区飞地经济研究——基于四川民族地区的实证分析》，博士学位论文，西南民族大学，2021。
② 潘家湾土家族乡政府提供。
③ 贵州大龙经济开发区官网，http://www.dalong.gov.cn。
④ 高幸：《区域协调发展视角下我国民族地区飞地经济研究——基于四川民族地区的实证分析》，博士学位论文，西南民族大学，2021。

关企业入疆发展。[1]

"合作建区"是指"飞入地"政府与"飞出地"政府跨越行政区域限制，明确出资、建设、管理和开发等责任内容，以共建或托管的方式合作成立新工业园区。典型案例有湖北省五峰土家族自治县与枝江市合作成立的五峰民族工业园区，云南省玉溪高新区与江川区合作成立的龙泉工业园区，内蒙古自治区与河北省合作成立的内蒙古临港产业园区等。虽均为"合作建区"模式，但不同的工业园区存在不同的建设契机和分工情况。五峰民族工业园区位于宜昌市550平方公里都市工业圈的核心区域，产生于国家对民族地区的对口支援政策。[2] 2011年1月7日，五峰土家族自治县人民政府与枝江市人民政府签订《合作共建五峰民族工业园协议书》；次年12月，宜昌市人民政府出台《关于转发五峰民族工业园区合作共建实施方案（试行）的通知》，正式明确合作框架。龙泉工业园区在双方签订合作协议、明晰责任分工和利益分配的情况下建成，属于"合作建区"下的"净地托管"模式，即江川区完成场地的拆迁安置后，将"净地"托管给高新区；而高新区负责园区的建设、管理和开发。同时，园区内还成立高新区龙源开发建设有限公司以负责园区的正常运营。2011年，在中央政府的推动下，河北省划了曹妃甸新区40平方公里土地用于内蒙古临港产业园区建设。在借鉴周边曹妃甸工业区、曹妃甸新城和中新天津生态城的建设经验的基础上，飞地双方依据区域特征构建出生态产业园区的基本框架，不仅落实曹妃甸新区建设"科学发展示范区"的要求，还积极探索出内蒙古转型的发展路径。[3]

---

[1] 《新疆维吾尔自治区建立首个物联网产业园》，中国政府网，2017年9月25日，http://www.gov.cn/xinwen/2017-09/25/content_5227350.htm。
[2] 曾伟、陈政宇：《集中连片特困山区"飞地经济"发展对策研究——以湖北五峰土家族自治县为例》，《湖北大学学报》（哲学社会科学版）2014年第1期。
[3] 张阳、郭少锋、李英汉等：《临港生态产业园区规划研究——以内蒙古临港产业园区为例》，"多元与包容——2012中国城市规划年会"，云南，2012年10月17日，第91页。

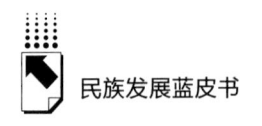

（二）产业链条不断完善

基于全国各地对飞地经济模式的探索与发展，民族地区飞地经济的产业项目逐渐丰富，产业规模亦不断扩大，产业链条不断完善。以湖北省宜昌市民族地区——五峰土家族自治县、长阳土家族自治县和潘家湾土家族乡为例，宜昌市以合作共建园区、"定制园区"等方式建设开放协作平台，创新五峰县、长阳县和潘家湾乡的"飞地""飞企"模式，促进区域联动、产业互动，吸引龙头企业、优质项目落地园区，不断完善园区产业链条，积极响应乡村振兴战略。

五峰县按照县委提出的创建全国"飞地经济"示范县要求，结合创建"国家级生态工业园"和打造"智慧型绿色新城区"的目标定位，建设五峰民族工业园区。园区集聚珠宝首饰、生物医药、新能新材、磨料磨具四大产业项目，不断完善产业链条，现有工业型生产企业48家，2021年工业总产值达38亿元。[1] 在珠宝首饰产业方面，已有利鑫、碳六等26家珠宝首饰加工和配套企业及产业平台入驻，金饰、银饰、钻石等产品全线布局、共同发展；在生物医药产业方面，已有赤诚生物、国药中联、天尔生物、安琪集团4家企业入驻；在新能新材产业方面，已有睿赛科技、红旗中益、百亮纤维、海之澜等企业入驻；在磨料磨具产业方面，则着力构建"互联网+"产业体系，已初步形成以湖北重泰、百亮特种纤维、富斯通新材料为代表的共同发展格局。[2]

长阳县依托县内的经济开发区和四个产业园区，大力发展飞地经济，助推全县发展水平，完善产业链条。长阳民族工业园加快推进湖北同济钙源科技园、党校综合体等13个项目，以"5511"工业倍增行动[3]为载体，重点

---

[1] 伍启茂、王云江、李胜：《为了土家儿女"飞地"腾飞》，《湖北政协》2022年第7期。
[2] 2021年五峰土家族自治县政府：《五峰民族工业园基本情况汇报》。
[3] "5511"工业倍增行动：培育税收过1亿元企业5家，5000万~1亿元企业5家，2000万~5000万元企业10家，1000万~2000万元企业10家；培育规上工业企业100家，高新技术企业50家，确保全县工业企业实现税收10亿元，力争实现税收15亿元。

培育生物医药、碳酸钙、清洁能源、食品饮料、绿色矿山、建筑建材等综合性产业链，不断提升产业竞争力。全县规上工业企业61家，限上商贸企业65家，国家高新技术企业29家，省级以上专精特新"小巨人"企业12家。其中，新增规上工业企业、限上商贸企业各8家，清江电气、康农种业、和远气体、三品源纳入省级第三批专精特新"小巨人"企业；新增省级龙头企业3家、市级龙头企业5家，净增量位居全市第一。①

潘家湾土家族乡始终坚持"一走两靠"发展模式，靠生态富民，靠飞地兴乡。2021年，潘家湾全乡完成招商引资新签约项目12个，新开工项目10个，新投产项目8个。②飞地经济产业主要分为三类：第一类为商贸企业（也叫总部经济），即商贸企业在乡内或陆城注册公司，租赁办公室办理经销类的业务，税收明显；第二类为非化工类的工业项目，经营项目大多是农产品加工、服饰制造、门窗制造、机械加工等；第三类为化工类企业，园区位于枝城镇，企业需经过用地规划、入园评审、项目征地等流程，而后才可进行入园建设。

（三）发展成效越发显著

民族地区发展飞地经济可激发经济发展的内生动力，既提升其工业发展的能力和竞争力，增加地方政府财政收入，又有利于扎实推进生态文明和生态安全屏障建设步伐。如今，通过发展飞地经济，民族地区在经济效益、社会效益和环境效益等方面均取得了不错成效。

在经济效益方面，同样以湖北省宜昌市的民族地区为例。截至2021年12月底，五峰民族工业园区累计签约项目119个，协议投资132.4亿元；累计完成固定资产投资78.53亿元；累计实现工业总产值164.95亿元，税收2.58亿元，出口创汇1.01亿美元。③2021年完成工业总产值38.04亿元（占全县工业总产值的60%），完成固定资产投资8.96亿元（占全县固定资

---

① 2021年长阳土家族自治县政府：《长阳民族工业园基本情况汇报》。
② 2021年潘家湾土家族乡政府提供。
③ 2021年五峰县政府：《五峰民族工业园区基本情况汇报》。

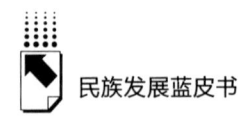

产投资的18%），完成外贸进出口总额1.53亿元（占全县进出口总额的53%），完成综合税收0.62亿元（占全县税收收入的20%）。① 2021年，长阳县依托县内的经济开发区和四个产业园区，地区生产总值同比增长17.6%；一般公共预算收入同比增长71.03%；固定资产投资同比增长26.98%；规模以上工业总产值增长53.83%，规模以上工业增加值增长40.9%；社会消费品零售总额增长29.1%。② 同年，潘家湾乡规模工业产值9.04亿元，固定资产投资17.53亿元，飞地经济贡献税收占比74.22%，地方财政公共收入实现1434.8万元，取得全市年终考核山区乡镇第一的成绩。③ 由此可见，宜昌市民族地区的飞地经济打破了行政区划的限制，重构区域发展新格局，并取得了显著的经济效益。

民族地区通过发展飞地经济，产生了巨大的社会效益，主要表现为五个方面。第一，提高民族地区土地利用率。例如，北京、上海等发达城市土地资源紧缺且使用成本较高，将产业引入新疆、西藏等自治区，不仅降低了产业发展成本，还提高了民族地区的土地利用率。第二，为民族地区引入和培养人才。青海、贵州等地的民族地区经济落后、教育水平较低，致使人才储备和人才培养能力不足。通过发展飞地经济，在吸引大量人才进入民族地区的同时，还可以建设人才培养机制，丰富人才培养资源。第三，提供更多就业岗位。民族地区作为飞出地时，建设飞地园区会有序转移劳动力，为民族地区劳动力提供更多就业机会。第四，开拓扶贫新模式。例如，湖北、四川等地的民族地区发展飞地经济，突破了自身要素的约束，提高其自主发展能力，成功实现了从"输血式"扶贫向"造血式"扶贫的转变。第五，增加地方财政税收。民族地区发展飞地经济会缩小民族地区与较发达地区的经济差距，进一步加强民族地区与非民族地区的合作，实现各民族团结进步与合作共赢。

此外，民族地区飞地经济的发展还有效保护了生态环境，产生了明显的

---

① 2021年五峰县政府：《五峰民族工业园区基本情况汇报》。
② 2021年长阳土家族自治县政府：《长阳民族工业园情况汇报》。
③ 2021年潘家湾土家族乡政府提供。

环境效益。以内蒙古临港产业园为例，内蒙古临港产业园区位于河北省唐山市双龙河河口，为北方滨海荒漠化地区，其生态基底条件脆弱、对外部干扰高度敏感，园区占地面积虽有40平方公里，但其中84.8%的用地为盐田。[1]因此，建设园区时在基地的东、北、南三侧设置了大型市政基础设施走廊，[2] 构筑园区的绿色边界和生态屏障，从而降低快速工业化对环境的消极影响。内蒙古临港产业园在维护环境稳态的同时，还建设了固体废弃物资源循环链条[3]和废弃产品及零部件循环利用链条[4]，以实现有害废物的处理和有效物质的回收再利用，减轻生态环境压力，有效化解环境与发展的矛盾。[5]

三　民族地区飞地经济发展存在的问题

近十年，民族地区飞地经济发展态势迅猛，但在发展过程中也暴露了一些问题，大致可分为四类：飞地经济建设发展资金筹集困难、飞地经济发展规划不科学、飞地经济运行机制不完善，以及飞地经济中政府统筹与市场调节不足。上述问题会延缓民族地区飞地经济发展进程，并直接影响飞地经济的发展质量。

（一）飞地经济建设发展资金筹集困难

一定程度而言，飞地经济就是从一个地方到另外一个地方创建工业园后通过引进企业与项目发展经济。因此，筹集建设和发展的资金、引进好的企

---

[1] 张阳、郭少锋、李英汉等：《临港生态产业园区规划研究——以内蒙古临港产业园区为例》，"多元与包容——2012中国城市规划年会"，云南，2012年10月17日，第91页。
[2] 基础设施走廊包括高压走廊、燃气管廊、LNG管廊、淡化水输水廊道、浓海水廊道等。
[3] 固体废弃物循环链条，主要包括废旧钢铁回收、废塑料处理、稀土材料回收等方面。
[4] 废弃产品及零部件循环利用链条，主要包括有价值的零部件的回收、拆解、再生、利用等过程。
[5] 张阳、郭少锋、李英汉等：《临港生态产业园区规划研究——以内蒙古临港产业园区为例》，"多元与包容——2012中国城市规划年会"，云南，2012年10月17日，第91页。

业与项目，是成功发展飞地经济的前提。多数民族地区是典型的"老、少、边、穷"地区，财政贫瘠、自给率低，在推进飞地园区基础设施建设时必然会面临筹集资金的难题。例如，成都-阿坝工业园的财政缺口较大，资金链长期处于"拆东墙、补西墙"的状态。除地理位置与经济条件外，许多民族地区还受到发展观念、配套资源和管理机制等因素制约，在招商引资中缺乏优势和吸引力。以宜昌市长阳土家族自治县为例，其地处武陵山区，文旅大健康、清洁能源、绿色新材料三大主导产业块头不大、品牌不响、质效不优，支柱型产业也有待进一步发展，导致长阳县谋划的飞地项目难以被发达地区看中，难以筹集建设发展资金。此外，与发达地区相比，民族地区虽生态资源丰富，但生态环境脆弱，环保与建设任务重。因此，部分民族地区在大力发展工业经济时，还存在生态保护与现实发展之间的矛盾，无形中也提高了其招商引资的难度。

（二）飞地经济发展规划不科学

作为一种合作发展模式，若双方在制定项目规划时缺乏科学合理性，易致使飞地经济的发展陷入盲目和混乱状态。部分民族地区的飞地经济发展规划不科学，主要表现为以下三个方面。

第一，急功近利，缺乏长远打算。许多民族地区作为欠发达的"飞入地"时，易以超前的空间消费和环境代价换取自身的快速发展，即依靠土地资源和廉价劳动力换取"飞出地"的资金和产业实体转移。[①] 只追求眼前利益，以消耗资源、破坏环境为代价的发展规划，会导致民族地区经济与生态彻底失衡，失去发展空间。抑或如西南部分民族地区，其飞地园区的项目规模小、税收强度低、科技含量也不高，且从未对园区发展制定长远规划，飞地经济的发展停滞不前。第二，过分依赖帮扶政策，缺乏主体创造性。大部分民族地区的飞地经济都始于政府的帮扶政策，如丽景民族

---

① 胡航军、张京祥：《创新型反向飞地——飞地经济模式的跨梯度创新发展》，《城市规划》2022年第9期。

工业园、成都-阿坝工业园等，但西北、西南等地的部分民族地区过度依赖帮扶，未充分发挥主体创造性，错失更好的发展可能。第三，跟风开展飞地项目，未做到因地制宜。一些民族地区在发展飞地经济时，没有结合自身特色并挖掘自身优势，只是选取其他地区常见的飞地项目或无筛选地接受招商引资，真正实施后才意识到"水土不服"；还有一些民族地区未找到适合自身的、可区别于竞争对手的定位，致使发展缓慢且无方向。

（三）飞地经济运行机制不完善

在飞地经济发展中，"飞出地"政府和"飞入地"政府无疑是两个关键主体，双方都会提供一定的生产要素，且都有自己的核心利益。一般而言，产业转型升级、生态环境保护、脱贫任务的完成是"飞出地"政府追求的目标；而经济的跨越式发展、GDP和财政收入增长、解决就业压力则是"飞入地"政府主要关切的内容。因此，若想实现飞地经济的长期发展，就要使飞地双方均处于正收益状态。在民族地区发展飞地园区的过程中，一些飞地主体生产要素不足，或吝啬提供生产要素；还有一些飞地主体互惠共赢意识不强，只计较短期内自身利益，不考虑合作方的基本诉求，或在飞地园区具有稳定收益后出现纠纷。在应用"合作建区"飞地经济模式下，飞地双方还出现分工不明确、管理模式不合适、相互推卸责任等情况。例如景宁与宁波合作的宁波鄞景开发区，双方在早期选择"积极支持"策略，飞地经济发展态势良好；后期改用"托管式"管理模式，即景宁政府不再参与开发区运营，宁波政府通过财政转移方式给予景宁合作分成，从"积极支持"转为"消极配合"。最终，宁波鄞景开发区的运营效果不理想，未能促成景宁民族地区"造血式"发展。[①]

总之，一些民族地区在发展飞地经济时，飞地双方存在"提供生产要

---

① 高幸：《区域协调发展视角下我国民族地区飞地经济研究——基于四川民族地区的实证分析》，博士学位论文，西南民族大学，2021。

素时吝啬、分工和管理时不当、承担责任时推脱、利益分配时贪心"等现象。上述现象的根源在于各利益主体间未进行有效协商，未能结合实际情况明确飞地经济的运行机制和利益分配制度，从而加大了跨区域合作难度，使民族地区飞地经济发展空间受阻。

（四）飞地经济中政府统筹与市场调节不足

飞地经济模式的发展突破了行政区域界线，牵扯到两地或多地政府，在行政管辖、政策对接、权责划分等方面存在横向协管瓶颈，以及飞地双方对接不畅等问题。政府是公共政策制定和执行的主体，贯穿跨界合作全过程，因此飞地双方政府的统筹能力对民族地区飞地经济的发展质量有很大影响。部分民族地区的政府统筹力度不够，不能有效监控当地各级政府的行为，无法高效且完善地解决现有问题；还有一些民族地区的政府威信力不足，该地区对飞地经济的运营产生惰性，不主动制定发展规划，过度依赖政府的优惠和补贴政策。另外，国家针对民族地区发展飞地经济的法律法规和规定政策还须完善，部分飞地项目落地难度大，飞地发展不畅且效益不高。

此外，无论是经济共赢型飞地还是发达地区支持欠发达地区的援助型飞地，都应基于"政府引导、企业参与、市场运作"发展。其中，市场是资源配置的重要机制，但是部分民族地区政府对本地的飞地经济插手过多，削弱了园区企业的话语权，干扰了市场的调节作用，致使在飞地发展过程中难以发挥客观的市场驱动力，从而产生经济负外部效应。

四 民族地区飞地经济的发展对策

现今，我国许多民族地区都已应用飞地经济发展模式，虽应用范围广且发展模式多样，但总体的发展质量不高。为提升民族地区飞地经济发展质量，针对上述发展问题，可采取如下对策：第一，拓宽融资渠道，加大基础设施建设；第二，科学规划项目，实现园区可持续发展；第三，合理分配资源,建立有效运行机制;第四,发挥有效市场和有为政府作用,统筹构建新发展格局。

(一)拓宽融资渠道,加大基础设施建设

民族地区多为经济欠发达地区,财政积弱积贫,仅依靠自身财力难以进行工业园区的开发与建设,应不断探索新型融资方式。第一,除依靠政府资金外,民族地区可通过产业链集群效应,吸引产业链上下游企业投资;第二,民族地区可借助投资融资平台,通过控股等形式与投资方结成利益共同体,吸引外部资金入股;第三,民族地区还要实施鼓励机制,有效调动地方各级政府招商引资的积极性,提高民族地区对公司和企业的吸引力;第四,民族地区可通过减免税费等方式对投资方和入驻企业予以优惠政策,减轻其投资压力。此外,园区的基础设施建设是飞地项目得以发展的大前提,民族地区可设立发展基金,利用各界援助资金完善飞地工业园区的基础设施建设。

(二)科学规划项目,实现园区可持续发展

民族地区在发展飞地经济时,应对园区建设进行科学规划。在开展飞地项目时,民族地区首先要发挥主体创造性、挖掘自身产业优势,谋划出一批成长性好、关联度高、带动力强的重大项目,形成连续有力、支撑有力的项目梯队;其次,在飞地项目落地建设和实际运营中,要将一二三产业相互融合,完善飞地园区产业链条,增强园区抗风险能力;再次,民族地区要坚持"特色立园、科技兴园"的方针,找到自身区别于其他园区的合理定位,提升园区项目的吸引力,如鼓励民族地区推进地理标志产业化、将产业项目与当地文化遗产相融合等;最后,各民族地区要联合起来,建立省级、市级、县级的多级产业发展规划系统,鼓励城市间、园区间错位发展,避免恶性竞争或重复建设。此外,在发展工业园区时,民族地区要基于自身生态安全屏障的定位,平衡好生态环境保护和工业经济发

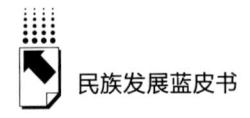

展，不能为追求短期利益对环境造成不可逆伤害，真正实现经济可持续发展。

（三）合理分配资源，建立有效运行机制

飞地经济模式打破了传统的行政区划限制，增加了合理布局空间，从而有效弥补了民族地区自身在项目用地、人才、指标、建设要素等方面的不足。因此，在发展飞地经济时，应按照"资源共享、友好协商、合作共赢"的原则，使飞地双方所掌握的生产要素实现互补。因功能区位不同、资源环境制约、规划或产业配套限制等，部分民族地区项目不适合在本地区开展，应将其转移到其他地区落户建设。如此，生产要素得以在民族地区与非民族地区间有序流动，民族地区亦成功被纳入全国统一大市场进程。此外，在开展飞地园区之前，飞地双方应明确各自的分工和管理内容，明晰规划建设、税收分成等合作机制，避免在园区运营期间产生不必要的矛盾和纠纷。同时，发展具有帮扶性质的飞地经济时，对口援助地区应将帮扶重点放到飞地经济的共建和发展上，对飞地园区进行科学规划，结合外部资源优势，与民族地区共同协作，实现飞地产业发展的多元化、特色化和高效化。

（四）发挥有效市场和有为政府作用，统筹构建新发展格局

长期以来，民族地区的市场化程度较东部沿海地区更滞后，发挥市场配置资源的基础性作用空间更小。在发展飞地经济时，应发挥政府和市场的协调统一作用，实现生产要素和资源在空间上的有序转移和合理配置，形成真正的园区建设与企业发展联合体。[1] 民族地区的地方政府应共同协调管理工业园区，以开放积极的态度构建园区运行机制，鼓励创新园区的管理模式，

---

[1] 高幸、张明善：《我国飞地经济运行机制的完善》，《中南民族大学学报》（人文社会科学版）2021年第11期。

探索符合民族地区的中国式现代化实践样板,实现民族地区经济的高质量发展。① 同时,地方政府发展的飞地经济应与国家发展战略相契合,展示出民族地区融入国家大局的自觉性,推进民族地区与非民族地区开展"共建共管共享"的全方位合作。②

此外,国家应出台民族地区发展飞地经济的有关政策。一方面,应出台发展飞地经济的支持和优惠政策,制定并完善与飞地经济有关的指导性文件;另一方面,还应出台发展飞地经济的规范性政策,限制地方政府"吸血式"建设飞地项目,以减轻中央的财政压力。此外,还应该建立国家、省级、市级、县级的飞地经济园区信息共享平台,做好政策衔接和统筹协调,使民族地区的区位、资源、生态等比较优势转化为发展优势,并将其纳入"国内国际双循环新发展格局",实现国内与国际的优质资源共享。

现阶段,民族地区飞地经济虽发展态势良好,但已陷入发展瓶颈,存在融资、建设、规划、分工分利等方面的问题。为此,无论是国家层面,还是民族地区的政府部门都需出台相关政策,寻找飞地发展新模式,统筹构建新发展格局。总之,民族地区飞地经济的发展之路还很长,仍需不断探索并加强民族地区的经济韧性,防范并化解民族地区在现代化进程中可能出现的各种风险。

---

① 李建民、贾斌昌、王金田:《新时代民族地区经济高质量发展路径研究》,《经济纵横》2022年第12期。
② 李建民、贾斌昌、王金田:《新时代民族地区经济高质量发展路径研究》,《经济纵横》2022年第12期。

B.10 民族地区巩固脱贫攻坚成果和乡村振兴的进展与成效

刘小珉 张迪 王路 吴睢*

摘 要： 本文对我国脱贫攻坚与乡村振兴的政策演变情况，民族地区巩固脱贫攻坚成果的成效，民族地区乡村振兴的进展、成效及面临的挑战进行了全面分析。中央政府和民族地区各省（区）为脱贫攻坚、乡村振兴出台了一系列政策，并依据国家宏观经济发展形势对政策进行适时调整。民族地区在党中央和各级政府的政策支持下，不仅圆满完成了脱贫攻坚任务，还以"脱贫不脱政策，摘帽不摘责任"的工作思路，推动"两不愁三保障"质量持续提升，即使遭遇突如其来的新冠疫情，民族地区也未发生大规模致贫返贫现象，巩固脱贫攻坚成果与乡村振兴的进展顺利。民族地区在巩固脱贫攻坚成果同乡村振兴有效衔接时也面临一些难题和挑战，为此需要继续围绕乡村振兴的主要任务，从产业、人才、文化、生态、组织五个方面，进一步推进民族地区乡村发展。

关键词： 民族地区 巩固脱贫攻坚成果 乡村振兴

在以习近平同志为核心的党中央坚强领导下，2020年底，我国脱贫攻坚战取得了全面胜利，顺利解决了现行标准下农村绝对贫困问题。新的发展阶段，巩固拓展脱贫攻坚成果同乡村振兴有效衔接成为"三农"工作的重

---

* 刘小珉，中国社会科学院民族学与人类学研究所研究员；张迪、王路、吴睢，中国社会科学院大学博士研究生。

点。这一工作重点的聚焦不仅是有效实现城乡均衡发展的关键,同时也是推动农业农村现代化的现实需求,更是实现全体人民共同富裕、中华民族伟大复兴的目标所向。

民族地区是脱贫攻坚的主战场,也是巩固拓展脱贫攻坚成果同乡村振兴有效衔接的重点地区。目前,民族地区在党中央和各级政府的政策支持下,积极应对经济社会发展中的不利因素,实现了经济社会平稳健康发展,未发生大规模致贫返贫现象,巩固脱贫攻坚成果与乡村振兴进展顺利的同时也面临一些难题和挑战。

一 我国脱贫攻坚与乡村振兴的政策演变情况

作为国家解决农业农村农民发展问题的两项重要制度安排,脱贫攻坚致力于实现第一个百年奋斗目标即全面建成小康社会,为全面建设社会主义现代化国家奠定坚实基础,具有特殊性、局部性、紧迫性和突击性的特点;乡村振兴则力争根本性解决"三农"问题,实现建设现代化强国,具有综合性、整体性、渐进性和持久性的特点。[1] 两者在时间安排、目标导向和政策重点等方面具有较强的内在联系和承接关系,[2] 同时具有一定的空间耦合性、参与主体一致性,以及政策机制协同性。[3] 从脱贫攻坚到乡村振兴,不同的决策部署表明不同发展阶段所面对的不同发展任务,只有实现巩固拓展脱贫攻坚成果同乡村振兴有效衔接,确保政策有序衔接,避免出现不必要的资源浪费现象,才能有效有序达成各项发展目标。

---

[1] 姜正君:《脱贫攻坚与乡村振兴的衔接贯通:逻辑、难题与路径》,《西南民族大学学报》(人文社会科学版) 2020 年第 12 期。

[2] 汪三贵、冯紫曦:《脱贫攻坚与乡村振兴有机衔接:逻辑关系、内涵与重点内容》,《南京农业大学学报》(社会科学版) 2019 年第 5 期。

[3] 张永丽、高蔚鹏:《脱贫攻坚与乡村振兴有机衔接的基本逻辑与实现路径》,《西北民族大学学报》(哲学社会科学版) 2021 年第 3 期。

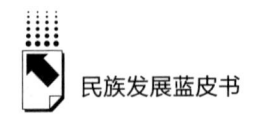

（一）相关政策梳理

2016~2022年，我国各级政府实施了一系列脱贫攻坚和乡村振兴的政策，并取得了显著成果。为确保政策文本来源的全面性与权威性，本文分别在中央人民政府及各国家部委官网和"北大法宝"数据库以"脱贫攻坚""乡村振兴"为主题词进行检索，时间范围限制为2016年1月1日至2022年12月31日。为确保政策文本的代表性、准确性、全面性，确立3条筛选标准：以中共中央、国务院及其所属部门发布的政策为主体，不包括全国人大审议通过的法律；政策主题与脱贫攻坚、乡村振兴相关；政策类型以规划、办法、意见等为主，去除报告、答复、人员结构调整、工作安排、项目申报等与研究主题不直接相关的政策文本，最终选取96份与本文研究主题高度相关、文本内在效度较高、对本研究的目标具有较强解释性的政策文本作为研究对象（见表1）。2016~2022年，民族八省区也根据地区实际制定了符合本省区实际的脱贫攻坚和乡村振兴工作方案（部分政策文件详见表2）。

表1 脱贫攻坚和乡村振兴部分政策文本库

序号	政策文件名	颁发单位	发布日期
1	人力资源社会保障部、国家发展改革委、财政部、农业农村部、国家乡村振兴局关于进一步支持农民工就业创业的实施意见	5部门联发	2022.11.09
2	中共中央、国务院关于做好二〇二二年全面推进乡村振兴重点工作的意见	国务院	2022.01.04
3	教育部、国家发展改革委、财政部、国家乡村振兴局关于实现巩固拓展教育脱贫攻坚成果同乡村振兴有效衔接的意见	4部门联发	2021.04.30
4	中华人民共和国乡村振兴促进法	全国人大常委会	2021.04.29
5	财政部、农业农村部、国家乡村振兴局关于运用政府采购政策支持乡村产业振兴的通知	3部门联发	2021.04.24
6	住房和城乡建设部、财政部、民政部、国家乡村振兴局关于做好农村低收入群体等重点对象住房安全保障工作的实施意见	4部门联发	2021.04.14

续表

序号	政策文件名	颁发单位	发布日期
7	财政部、乡村振兴局、发展改革委等关于印发《中央财政衔接推进乡村振兴补助资金管理办法》的通知	6部门联发	2021.03.26
8	中国银保监会、财政部、中国人民银行、国家乡村振兴局关于深入扎实做好过渡期脱贫人口小额信贷工作的通知	4部门联发	2021.03.04
9	中共中央、国务院关于全面推进乡村振兴加快农业农村现代化的意见	国务院	2021.01.04
10	中国银保监会办公厅关于推动村镇银行坚守定位提升服务乡村振兴战略能力的通知	中国银行保险监督管理委员会	2019.12.20
11	国务院办公厅关于深入开展消费扶贫助力打赢脱贫攻坚战的指导意见	国务院办公厅	2018.12.30
…	…	…	…
91	民政部关于推进深度贫困地区民政领域脱贫攻坚工作的意见	民政部	2018.04.07
92	教育部、国务院扶贫办关于印发《深度贫困地区教育脱贫攻坚实施方案（2018—2020年）》的通知	2部门联发	2018.01.15
93	中共中央、国务院关于实施乡村振兴战略的意见	国务院	2018.01.02
94	中国人民银行、银监会、证监会、保监会关于金融支持深度贫困地区脱贫攻坚的意见	4部门联发	2017.12.15
95	国务院扶贫开发领导小组关于广泛引导和动员社会组织参与脱贫攻坚的通知	国务院扶贫开发领导小组	2017.11.22
96	国务院关于印发"十三五"脱贫攻坚规划的通知	国务院	2016.11.23

资料来源：中华人民共和国中央人民政府官网、中华人民共和国民政部官网、国家乡村振兴局官网、中华人民共和国国家发展和改革委员会官网、中华人民共和国财政部官网、"北大法宝"数据库。

表2 民族八省区脱贫攻坚和乡村振兴部分政策文件

序号	政策文件名	颁发单位	发布日期
1	青海省科学技术厅、青海省财政厅关于印发《青海省乡村振兴科技示范县专项管理办法》的通知	2部门联发	2022.12.03
2	内蒙古自治区人民政府关于进一步加强自治区财政衔接推进乡村振兴补助资金使用管理的意见	内蒙古自治区人民政府	2022.03.18
3	宁夏回族自治区人民政府办公厅关于印发宁夏回族自治区巩固拓展脱贫攻坚成果同乡村振兴有效衔接"十四五"规划的通知	宁夏回族自治区人民政府办公厅	2021.12.07

续表

序号	政策文件名	颁发单位	发布日期
4	贵州省教育厅关于加快推进巩固拓展脱贫攻坚成果同乡村振兴有效衔接的实施意见	贵州省教育厅	2021.08.05
5	中共云南省委、云南省人民政府关于全面推进乡村振兴加快农业农村现代化的实施意见	2部门联发	2021.04.21
6	贵州省民政厅、贵州省财政厅、贵州省扶贫办关于在脱贫攻坚兜底保障中充分发挥临时救助作用的实施意见	3部门联发	2020.03.12
7	拉萨市脱贫攻坚指挥部关于印发《拉萨市关于构建防返贫预警机制的实施办法》的通知	拉萨市脱贫攻坚指挥部	2019.11.29
8	云南省人民政府关于印发云南省脱贫攻坚规划（2016~2020年）的通知	云南省人民政府	2021.07.26
9	新疆维吾尔自治区人民政府办公厅关于印发自治区"十三五"南疆特色小城镇脱贫攻坚项目专项贷款工作指导意见的通知	新疆维吾尔自治区人民政府	2017.04.29
10	内蒙古自治区人民政府办公厅关于印发《内蒙古自治区"十三五"脱贫攻坚规划》的通知	内蒙古自治区人民政府办公厅	2017.04.10
…	…	…	…

资料来源：青海省人民政府网、云南省人民政府网、内蒙古自治区人民政府网、新疆维吾尔自治区人民政府网、广西壮族自治区人民政府网等民族地区政府网站。

政策文本高频词表明了当时政策着重的方向。在脱贫攻坚相关政策文本中，出现频次超1000次的词有贫困、扶贫、脱贫，频次在500~1000次的词有发展、攻坚、服务、组织、项目、资金、支持；在乡村振兴相关政策文本中，出现频次超1000次的词有乡村、工作、管理、建设、振兴、农业、服务、项目、加强、提升。由此可以总结出四点：第一，无论是脱贫攻坚阶段还是乡村振兴阶段，乡村均为政策实施的主要阵地；第二，两阶段的政策任务略有不同，脱贫攻坚阶段脱贫是政策主要着力点，乡村振兴阶段则聚焦于乡村建设、乡村振兴；第三，两阶段的工作机制不同，脱贫攻坚任务中项目、资金均用于支持政策落地，乡村振兴则将服务、项目用于加强与提升乡村发展；第四，脱贫攻坚阶段，组织、服务、救助、教育等议题广受重视，乡村振兴阶段，农民发展、就业、产业则为重点关注议题。

民族地区巩固脱贫攻坚成果和乡村振兴的进展与成效

图1 脱贫攻坚和乡村振兴相关政策文本高频词

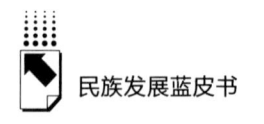

（二）政策工具使用分析

政策工具，即决策者采取的一种手段和方式，目的是为实现一定的政策目标或解决某些社会问题，[1] 通过政策工具的使用频率可以洞悉决策者的态度偏好和政府在特定阶段的重点发展内容。[2] 同时，政策工具及其使用的合理得当是政策目标能否实现的前提。基于我国脱贫攻坚和乡村振兴的相关政策文件，本文将政策工具划分为供给型政策工具、环境型政策工具和需求型政策工具。其中，供给型政策工具主要是政府向贫困地区或发展落后地区供给人、财、物等相关发展要素，如通过资金支持、完善基础设施、人才支持与培育等多样化方式推动脱贫攻坚与乡村振兴不断推进。环境型政策工具则主要是为政策的落地和实施提供良好的政策环境，从宏观层面包括目标规划、组织机制、管理机制等，营造良好的发展环境、组织架构和管理机制以便于政策有效落地实施。需求型政策工具意在为脱贫攻坚、乡村振兴的开展减少阻碍，减轻不利因素对政策实施的负面影响，如政府采购、宣传示范等，详见表3。

表3 脱贫攻坚和乡村振兴政策工具类型及其具体内涵

政策工具类型	政策工具	具体内涵
供给型	公共服务	在农村养老、医疗卫生、教育、文化、就业、人居环境等方面的制度保障
	完善基础设施	在农村交通设施、水、电、网等基础设施方面的建设
	资金支持	对地区建设完善资金保障体系，或直接提供财政资金支持
	人才支持	提供人员支持，如驻村队员、挂职干部，充实乡村振兴建设的人才队伍
	科技信息支持	以大数据、互联网等在内的信息化、数字化手段提供科技信息支持，以科学技术推动乡村发展

---

[1] 陈振明主编《政策科学——公共政策分析导论》，中国人民大学出版社，2013。
[2] 姚佳胜、宋肖肖：《政策工具视角下我国社区教育政策文本量化分析》，《教育与职业》2021年第19期。

续表

政策工具类型	政策工具	具体内涵
环境型	产业融合	鼓励农村一二三产业发展,促进当地产业链形成、升级等
	目标规划	基于脱贫攻坚和乡村振兴战略所提出的长远战略目标、行动规划安排以及相应任务等
	管理机制	包括以一系列法律法规、行政条例、管理办法等手段,约束规范脱贫攻坚和乡村振兴进程中参与主体的具体行为
	组织机制	完善党建引领工作机制,创新基层治理体制机制等
需求型	宣传示范	引领、示范主体建设
	政府采购	政府通过公开招标、直接采购等方式购买与脱贫攻坚和乡村振兴有关的产品或服务

1. 总体性分析

从消除贫困到乡村振兴,农业农村农民问题一直为我国所重视。2015年,中共中央、国务院颁布《关于打赢脱贫攻坚战的决定》,提出到2020年农村贫困人口摆脱贫困的既定目标。在脱贫攻坚任务即将完成之际,中共中央、国务院印发《乡村振兴战略规划(2018—2022年)》,对实施乡村振兴战略进行了全面部署。中共十九届五中全会进一步强调,要优先发展农业农村,实施乡村建设行动,实现巩固拓展脱贫攻坚成果同乡村振兴有效衔接,全面推进乡村振兴。2021年2月,中共中央、国务院印发《关于全面推进乡村振兴 加快农业农村现代化的意见》,对摆脱贫困的县从脱贫之日起设立五年过渡期,逐步实现由集中资源支持脱贫攻坚向全面推进乡村振兴平稳过渡。2021年4月,第十三届全国人民代表大会常务委员会第二十八次会议通过《中华人民共和国乡村振兴促进法》,乡村振兴进入有法可依阶段。在此期间,多个政策文件相继出台,通过政策文本分析可以发现如下两大特点。

其一,我国政府偏好发挥供给型政策工具的资源供给作用以支持乡村发展,同时注重以环境型政策工具为辅,为脱贫攻坚和乡村振兴提供完善的外部环境。从数据统计来看,供给型和环境型政策工具的使用相对比较均衡,分别占比48.9%和41.1%,需求型政策工具所受关注较少,占比10%。政策工具使用的安排与我国不同阶段的发展任务具有一定的关系。

一方面，在特定时间范围内快速完成摆脱绝对贫困的任务，实现农业农村现代化发展，需要配套的要素和资源供给，供给型和环境型政策工具可以填补其发展所需。另一方面，供给型和环境型政策工具双向互补，共同推动农业农村现代化进程。前者的资金支持和基础设施可以为后者产业融合提供物资保障和硬件设备，后者的管理机制和组织机制则有利于前者合法合规有序开展。

其二，各类型政策工具内部关注内容不同。就供给型政策工具而言，公共服务和资金支持受关注较高，占比分别28%、23.6%，基础设施和人才支持次之，两者较为均衡；环境型政策工具中管理机制占比最高，接近40%，组织机制次之，目标规划占比最少；需求型政策工具方面，宣传示范占比为80%，具有绝对优势，政府购买占比20%则较为薄弱，详见表4。这种政策内容安排受国家战略任务、地区现实条件的影响。一是我国部分农村地区，尤其是一些欠发达地区，受当地经济社会发展情况影响，公共服务囿于"心有余而力不足"的现实困境，财政支持能力不足，亟须国家相应方面的帮扶。二是在政策落地过程中，管理机制和组织机制可以通过行政手段，如法规管制、激励惩戒以及组织统筹协调等为脱贫攻坚和乡村振兴提供良好有序的政策实施环境。三是我国不同地区之间的经济社会发展存在较大差异，在决战脱贫攻坚和推动乡村振兴的进程中应遵循有步骤、分阶段的渐进式改革路径，以"先试点+后推广"的发展模式，逐步推动农业农村发展。

表4 政策工具分布情况

政策工具类型		供给型(48.9%)				环境型(41.1%)				需求型(10%)	
		人才支持	公共服务	基础设施	科技信息	资金支持	产业融合	目标规划	管理机制	组织机制	宣传示范	政府购买
全国	频数	65	96	70	31	81	65	33	115	75	56	14
	占比(%)	19.0	28.0	20.4	9.0	23.6	22.6	11.5	39.9	26.0	80.0	20.0
民族地区	频数	12	11	12	2	6	7	2	1	0	1	0
	占比(%)	27.9	25.6	27.9	4.6	14.0	70.0	20.0	10.0	0	100	0

2. 民族地区情况分析

对于民族地区而言，改革开放以来，国家的帮扶步伐从未停歇。1979年，全国边防工作会议通过了对口支援项目；[①] 1986年，全国人民代表大会六届四次会议明确将扶持老少边穷地区摆脱落后状况纳入"七五"计划。此后，国家对少数民族地区的政策扶持逐渐加大，并适时出台特惠性政策。发展至21世纪，我国农村地区温饱问题得到有效缓解，但还有部分地区仍存在温饱问题，且多集中于自然环境恶劣、贫困程度深、贫困发生率高的民族地区。1987年，《中国农村扶贫开发纲要（2001—2010年）》出台，并将"贫困人口集中的中西部少数民族地区"列为扶贫开发的重点。[②] 党的十八大以来，为实现中华民族伟大复兴，习近平总书记明确指出"全面实现小康，少数民族一个都不能少，一个都不能掉队"，制定《"十三五"促进民族地区和人口较少民族发展规划》，并提出确保到2020年少数民族和民族地区与全国同步实现全面建成小康社会。国家和民族地区各级政府为摆脱贫困相继出台了系列政策，配置了大量的资源和要素，包括但不限于资金、基础设施、帮扶人员、技术人才、理念与管理方式等，并依据国家宏观经济发展形势不断调整。同时，国家还结合民族地区的特殊环境，尊重地方民族差异，在一般性的发展政策基础上，因地制宜地实施了一些差异化政策。

一方面，从政策文本数据分析来看，民族地区政策工具使用以供给型政策工具为主，并主要集中于完善基础设施、人才支持和公共服务方面。如《云南省脱贫攻坚规划（2016—2020年）》中指出"交通、水利、能源、信息等基础设施薄弱，仍然是制约贫困地区经济社会发展的瓶颈"，并在规划中强调着力加强地区基础设施建设，补齐基础设施短板，筑牢脱贫攻坚基础。这种政策安排与民族地区的现实境况具有一定的关联。一是受自然、历

[①] 国家民族事务委员会、中共中央文献研究室：《新时期民族工作文献选编》，中央文献出版社，1990，第52页。
[②] 中华人民共和国中央人民政府：《国务院关于印发中国农村扶贫开发纲要（2001~2010年）的通知》，中国政府网，2016年9月23日，http://www.gov.cn/zhengce/content/2016-09/23/content_5111138.htm。

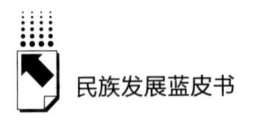

史、社会等多重因素的影响，民族地区经济社会发展相对落后，基础设施薄弱问题亦十分突出；二是民族地区产业发展薄弱，劳动力多外出务工，人才空心化现象显著；三是地方财政实力有限，公共服务建设亟待完善。在此种种限制下，民族地区若要摆脱贫困、实现乡村振兴的战略目标，国家在相应方面的政策扶持必不可少。

另一方面，国家在民族地区政策安排方面除了重视民族特色、尊重民族文化与民族传统，还应注重挖掘与保护民族资源。具体而言，一是重视民族优秀传统文化的接续、传承及其创造性转化，并注重将其与现代产业化经营和市场经济环境相结合，使其在适应当代经济社会需要的同时焕发新的生命力。如"十三五"脱贫攻坚规划中明确提出"依托各地民族特色文化、红色文化、乡土文化和非物质文化遗产，大力发展贫困人口参与并受益的传统文化展示表演与体验活动等乡村文化旅游"；在引导地区发展庭院经济方面，在国家乡村振兴局和农业农村部印发的《关于鼓励引导脱贫地区高质量发展庭院经济的指导意见》中明确鼓励民族地区"立足乡村特色资源，开发具有鲜明地域特点、民族特色、乡土特征的特色产品，满足市场多样化、特色化需求，培育乡村产业发展新的增长点"。二是重视民族地区群众的主体性，确保其在当地发展中的主人翁角色，按需供策。如《深度贫困地区教育脱贫攻坚实施方案（2018—2020年）》中提及的"加大少数民族优秀人才培养力度"，大力培养本土人才。三是关注地方性文化传统、风俗习惯和社会组织等独特资源，充分发挥其在传承与弘扬中华优秀传统文化，维系民族团结以铸牢中华民族共同体意识方面的重要作用。如《中华人民共和国乡村振兴促进法》中提到"鼓励农村住房设计体现地域、民族和乡土特色"、"十三五"脱贫攻坚规划中提到"实施少数民族特色村镇保护与发展工程，重点建设一批少数民族特色村寨和民族特色小镇。支持少数民族传统手工艺品保护与发展"等。

（三）政策目标分析

《乡村振兴战略规划（2018—2022年）》中明确指出，推动乡村全面振兴的总要求是产业兴旺、生活富裕、生态宜居、乡风文明和治理有效,是"五位一体"总体布局在农业农村领域的具体体现,也可看作是乡村发展的最终目标所在。

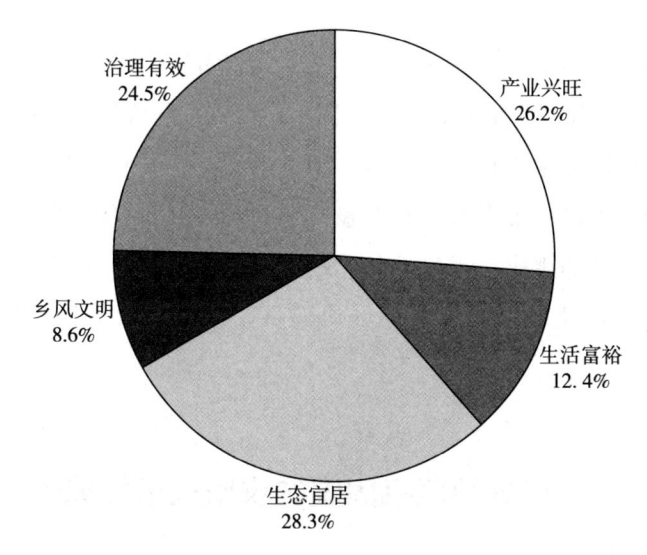

图 2 政策目标分布

根据政策文本统计分析,所选用政策工具在乡村振兴五大目标均有所涉及,但存在一定的内部差异。具体而言,生态宜居目标政策条文数量最多,占比高达 28.3%;其次是产业兴旺和治理有效,分别占比 26.2%、24.5%;生活富裕(12.4%)和乡风文明(8.6%)占比较少。这表明国家一方面致力于改善农民生产生活条件,统筹做好基本公共服务、人居环境整治、生态环境保护以及村容村貌完善等,努力提升农民生活幸福感;另一方面产业繁荣发展是有力实现乡村振兴的首要任务和重要基础,产业兴、百姓富,乡村振兴方有可能。因而,国家在脱贫攻坚和乡村振兴政策中从产业基础设施建设、资金投入、产业融合、产业布局等多个角度着墨。此外,治理有效是实现乡村振兴的关键,政策文本强调要持续加强农村基层党组织建设,着力构建党建引领、村民参与、社会协同、法治保障的乡村治理格局。若要实现生活富裕的目标,亟须全方位多角度提升村民职业能力,不断拓宽村民就业渠

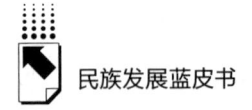

道，大力促进村民增收致富。就乡风文明建设而言，虽然政策文本数量较少，但其涉及内容较为丰富，乡土文化和传统文化发展与繁荣、思想教育、文体娱乐生活等方面均被涵括其中，从不同维度确保乡村高质量高水平振兴。

总体而言，关于脱贫攻坚和乡村振兴，我国已初步形成了较为完备的政策体系。脱贫攻坚任务完成以后，巩固拓展脱贫攻坚成果同乡村振兴有效衔接已成为现阶段的中心任务。同时，2023年之后，国内市场经济复苏，农村产业结构、人口分布格局发生变化，人口老龄化问题日益突出，农村土地资源不断面临新的挑战，面对新的发展阶段和现实挑战，有必要对政策体系做适时调整，优化政策工具之间的协调性，促进政策落地的边际效益最大化。

二 民族地区巩固脱贫攻坚成果的成效

（一）民族地区脱贫攻坚举措实施情况

2015年11月，《中共中央 国务院关于打赢脱贫攻坚战的决定》的颁布标志着脱贫攻坚的正式提出。针对原有粗放式扶贫低质低效的问题，习近平总书记创造性地提出"精准扶贫"概念，并将其作为脱贫攻坚的指导思想与理论基础。[1] 受制于经济、社会、文化、区位等条件因素，民族地区同深度贫困地区具有高度耦合的特征，而"深度贫困地区是脱贫攻坚的坚中之坚"[2]。自党的十八大以来，习近平总书记曾多次做出"一个都不能少"的重要论述，如"决不能落下一个贫困地区、一个贫困群众"[3]，"全

---

[1] 白永秀、宁启：《脱贫攻坚提出的背景、实施及难点破解》，《西北大学学报》（哲学社会科学版）2020年第4期。
[2] 《习近平：在深度贫困地区脱贫攻坚座谈会上的讲话》，中国政府网，2017年9月2日，https://www.gov.cn/xinwen/2017-09/02/content_5222125.htm。
[3] 《实现脱贫攻坚目标 决不能落下一个贫困地区一个贫困群众》，《中国青年报》2015年11月29日，第2版。

面实现小康,一个民族都不能少"① 等,但民族地区有着经济社会文化发展滞后、生态环境脆弱、自我发展能力不强等阻碍脱贫攻坚取得胜利的问题。因此,国家兼用系统性、针对性的思维与策略对民族地区实施以片区为重点、精准到农户的扶贫政策。以下是民族地区脱贫攻坚主要的实施情况。

一是顶层设计铸保障。《"十三五"脱贫攻坚规划》提出要将"精准扶贫与区域整体推进紧密结合,继续实施集中连片特困地区规划,持续加大对集中连片特困地区的扶贫投入力度,大力推进革命老区、民族地区、边疆地区脱贫攻坚"。② 次年6月,中共中央办公厅、国务院办公厅印发《关于支持深度贫困地区脱贫攻坚的实施意见》③,并指出要对"三区三州"等深度贫困地区实施特殊的扶持政策。"三区"是指西藏自治区、四省(青海、甘肃、云南、四川)涉藏工作重点地区、南疆四地州(喀什地区、和田地区、克孜勒苏柯尔克孜自治州以及阿克苏地区)。"三州"是指四川凉山州、云南怒江州、甘肃临夏州。该政策进一步明确了脱贫攻坚的责任主体以及中央对民族地区的资源倾斜与财政投入。为促进区域均衡发展、减小贫困差距,中共中央办公厅、国务院办公厅印发《关于进一步加强东西部扶贫协作工作的指导意见》④,并明确了以结对关系为依托,在产业、劳务、教育、资金等方面推动贫困民族地区同东部较发达地区实现资源流动、人员交流。在后续的攻坚中,各部门单位结合贫困民族地区的具体情况,相继出台了《深度贫困地区教育脱贫攻坚实施方案(2018—2020年)》《健康扶贫三年攻坚行动实施方案》等政策方案,以确保在各个层面保障贫困民族地区摆

---

① 《习近平在内蒙古考察并指导开展"不忘初心、牢记使命"主题教育》,《新华社》2019年7月16日,http://politics.people.com.cn/n1/2019/0716/c1024-31238176.htm。
② 《国务院关于印发"十三五"脱贫攻坚规划的通知》(国发〔2016〕64号),中国政府网,2016年12月2日,https://www.gov.cn/zhengce/content/2016 - 12/02/content_5142197.htm。
③ 《中办国办印发意见 支持深度贫困地区脱贫攻坚》,中国政府网,2017年11月21日,https://www.gov.cn/zhengce/2017-11/21/content_5241334.htm。
④ 《关于进一步加强东西部扶贫协作工作的指导意见》,中国政府网,2016年12月7日,https://www.gov.cn/xinwen/2016-12/07/content_5144678.htm。

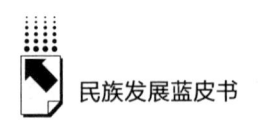

脱绝对贫困。

二是行动落实促发展。致贫原因是复杂且多元的，而民族地区的贫困状况与致贫原因往往被认为要更为严重、更为复杂。① 因此，针对民族地区的脱贫攻坚举措是一个系统性的工程，其具体行动落实可分为以下7个方面。

第一，政策倾斜和资金支持。中央财政设立专项资金，针对民族地区的发展弱势与资源禀赋，制定有针对性的扶贫政策，加大对民族地区的扶贫支持力度，确保资源的合理配置和优先使用。

第二，扶贫产业发展。各政府单位通过支持和培育适宜当地的农业、畜牧业、林业、旅游业等产业，提升民族地区贫困户的产业发展能力，确保农民有收、增收。

第三，教育扶贫。加大对民族地区教育的投入力度，通过提供义务教育、发放助学金、提高学校教育水平等举措提高民族地区的整体教育水平，培育可发展力量。

第四，基础设施建设。增加对民族地区基础设施的投入，改善道路、水电、通信等基础设施，提高民族地区的交通便利性并改善其生活条件。

第五，生态保护和环境治理。加强对民族地区的生态保护和环境治理，推动民族地区可持续发展，在保护当地生态环境的同时着重利用生态资源优势进行资源开发，推动生态产业发展。

第六，健康扶贫。加强对民族地区的医疗卫生服务，通过提供基本医疗保障、实施健康扶贫项目等，改善医疗条件并提升民众健康水平。

第七，公共服务改善。改善民族地区的公共服务，包括加强社会保障、加大体育设施建设、提升社区服务能力等。

（二）民族地区脱贫攻坚成效

2021年2月25日，习近平总书记在全国脱贫攻坚总结表彰大会上庄严

---

① 刘小珉：《农户满意度视角的民族地区农村扶贫开发绩效评价研究——基于2014年民族地区大调查数据的分析》，《民族研究》2016年第2期。

宣告："我国脱贫攻坚取得了全面胜利。"[①] 作为脱贫攻坚的"深水区""硬骨头"，我国民族地区的脱贫攻坚也取得巨大成效，以下对民族地区贫困人口减少规模、收入增长、基础设施改善、教育和健康水平提高以及生态环境保护五个方面的统计数据和相关典型案例进行梳理和分析，揭示我国民族地区脱贫攻坚取得的显著成就。

一是贫困人口减少规模。国家统计数据表明，截至2020年底，中国已经实现了在现行标准下9899万农村贫困人口全部脱贫，832个贫困县全部摘帽，12.8万个贫困村全部出列，区域性整体贫困得到解决，绝对贫困得以消除。[②] 2020年政府工作报告显示，农村贫困人口减少1109万，贫困发生率从2012年的10.2%下降至6%。[③] 在民族地区，贫困人口减少规模也取得了显著成效。例如，西藏自治区自脱贫攻坚以来62.8万建档立卡贫困人口全部脱贫，贫困发生率降低为"0"，实现了历史性消除绝对贫困的成就。[④]

二是收入增长。生计是农民的根本，脱贫攻坚工作的核心目标是提高贫困人口的收入水平。政府及社会各界通过扶持产业发展、开展就业培训和扶持创业等措施，使贫困民族地区的收入得到了显著增长。以云南省大理白族自治州为例，该地区通过发展当地特色农业、旅游业和手工艺品产业，促进了贫困户的收入增长。相关数据显示，云南大理州贫困地区农民人均可支配收入从2015年的8766元上升至2019年的12665元，年均增长9.81%，贫困人口年人均收入增长了近40%。[⑤]

[①] 习近平：《在全国脱贫攻坚总结表彰大会上的讲话（2021年2月25日）》，中国政府网，2021年2月25日，https://www.gov.cn/xinwen/2021-02/25/content_5588869.html。
[②] 《人类减贫的中国实践》，中国政府网，2021年4月6日，https://www.gov.cn/zhengce/2021-04/06/content_5597952.htm。
[③] 李克强：《2020年政府工作报告》，中国政府网，2020年5月22日，https://www.gov.cn/guowuyuan/2020zfgzbg.htm。
[④] 《西藏62.8万建档立卡贫困人口实现脱贫 脱贫攻坚全面转入巩固提升阶段》，央广网，2020年10月15日，http://china.cnr.cn/NewsFeeds/20201015/t20201015_525297467.shtml。
[⑤] 《云南网：大理贫困地区农民人均可支配收入升至12665元》，云南省人民政府网站，2020年7月17日，https://www.yn.gov.cn/ynxwfbt/html/2021/zuixinbaodao_0118/3594.html。

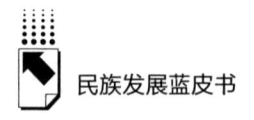

三是基础设施改善。基础设施建设是改善民族地区居民生活条件的重要举措。在脱贫攻坚过程中，加大了对民族地区基础设施建设的投入力度。例如，新疆维吾尔自治区通过修建公路、铁路和电力设施，改善了贫困地区的交通和能源供应。截至2020年底，新疆维吾尔自治区农村公路总里程达14.68万公里（不包含新疆生产建设兵团），南疆四地州农村公路等级以上里程和路面里程分别占农村公路总里程的92.3%和86.1%，拥有三级公路的乡镇比例达到80.8%，人口较多的自然村（组）拥有硬化道路的比例达到92.87%，形成了以县城为中心，以乡镇为节点，以建制村为网点的农村交通网，农村公路基本实现了"通村畅乡"。① 新疆深度贫困地区电网建设项目总投资42亿元，覆盖南疆四区33个贫困县2481个深度贫困村，惠及264万农户和891万农村居民，基本实现了南疆四州偏远贫困地区的大网电延伸覆盖。② 基础设施的改善达成了全区行政村通电、通水、通广播电视的目标，为民族地区居民提供了更便捷的交通和生活条件，推动了经济发展和脱贫进程。

四是教育和健康水平提高。教育和健康是民族地区脱贫攻坚的重要领域。通过加大对教育和健康事业的投入，民族地区的教育和健康水平得到了显著提高。例如，青海省涉藏工作区实施了一系列教育扶贫政策，包括落实国家学生资助政策、改善学校条件、加强师资培训、支持家庭经济困难高校毕业生就业，建立精准帮扶账户，开展技能培训和重点推荐，举办青海省困难群体高校毕业生就业专场招聘会等。截至2020年底，青海省贫困地区的义务教育巩固率达到了99.5%，家庭经济困难学生就业签约率达93.28%，高于青海省平均水平。③ 在健康扶贫方面，广西壮族自治区加强了基层医疗卫生服务能力，通过提供免费医疗救助以及出台健康扶贫政策，加大了对贫

---

① 新疆农村公路基本实现"通村畅乡"。
② 《新疆深度贫困地区通路、通电、通水——生活更便利 脱贫底气足》，《人民日报》2020年11月1日，第02版。
③ 《青海：阻断贫困代际传递 教育脱贫攻坚成效显著》，央广网，2020年12月25日，http://news.cnr.cn/native/city/20201225/t20201225_525374404.shtml。

困民族地区居民的健康保障。例如，贫困家庭可享受免费的医疗服务和医疗费用补助，有效提高了健康服务的可及性和质量。

五是生态环境保护。脱贫攻坚中注重实现经济发展与生态环境保护的协调，通过推动绿色发展和生态保护，民族地区的生态环境得到了有效保护和修复。例如，四川省阿坝藏族羌族自治州通过生态保护补偿机制，推动了退耕还林还草、水土保持等生态工程的实施。这些举措不仅改善了民族地区的生态环境，还为当地居民提供了更多的就业机会，实现了经济和生态的双赢。

（三）民族地区巩固脱贫攻坚成果的举措与成效

"脱贫摘帽不是终点，而是新生活、新奋斗的起点。打赢脱贫攻坚战、全面建成小康社会后，要在巩固拓展脱贫攻坚成果的基础上，做好乡村振兴这篇大文章，接续推进脱贫地区发展和群众生活改善。"① "稳定脱贫不返贫才是真脱贫。"② 民族地区是我国贫困问题的关键区域，脱贫攻坚的胜利成果更是来之不易，如何巩固好民族地区脱贫攻坚取得的成果，防止民族地区人口发生规模性返贫，实现同乡村振兴有效衔接将是后续工作的重点。习近平总书记指出："摘帽不摘责任，摘帽不摘政策，摘帽不摘帮扶，摘帽不摘监管。"③ 在这一核心思想的指导下，民族地区以"脱贫不脱政，摘帽不摘责"的工作思路确保针对脱贫户的政策延续，推动"两不愁"质量持续提升，持续改善贫困地区生产生活条件，确保脱贫户稳定增收。以下是民族地区巩固脱贫攻坚成果的关键举措与取得的成效。

一是建立防止返贫动态监测和帮扶机制。受多种原因的影响，一些已经

---

① 《中共中央 国务院关于实现巩固拓展脱贫攻坚成果同乡村振兴有效衔接的意见》，中国政府网，2021年3月22日，https://www.gov.cn/zhengce/2021-03/22/content_5594969.htm。
② 《人类减贫的中国实践》，中国政府网，2021年4月6日，https://www.gov.cn/zhengce/2021-04/06/content_5597952.htm。
③ 《摘帽"四不摘" 脱贫"成色足"》，人民网—中国共产党新闻网，2020年5月27日，http://dangjian.people.com.cn/n1/2020/0527/c117092-31725747.html。

脱贫的人群面临返贫的风险，一些被边缘化的人群面临致贫的风险，加之民族地区较为脆弱的经济社会基础，民族地区的各级政府在很长一段时间内将防止返贫、致贫放在优先的位置。例如，新疆维吾尔自治区持续发挥驻村工作队和基层政府工作人员的力量，制定"一户一策"的精准帮扶措施，以"动态监测、实时预警、未贫先防、突贫速扶、常态清零"的工作思路，形成了"一月一比对、一推送、一核实、一预警"的村、乡、县三级联动工作机制，实现了"主动发现、监测纳入、精准帮扶、风险消除"四个精准，[1] 将全地区所有乡村人口纳入防返贫致贫监测范围，坚持重点监测与常态预警相结合的工作方法，消除各类返贫、致贫风险，坚守不发生规模性返贫的底线。

二是确保农民持续稳定增收。经济发展是巩固民族地区脱贫攻坚成果的关键。相关数据显示，过去几年，民族地区的经济总量不断增长，2021年民族地区生产总值增长至11.8万亿元，生产总值全国占比也稳步提升，2021年全国占比为10.3%，人均收入也逐步提高。例如，在西部地区，特别是西藏自治区、新疆维吾尔自治区等民族地区通过发展农牧业、旅游业和特色产业，经济增长显著。以西藏自治区为例，该地区在巩固脱贫攻坚成果中实施了一系列措施，如扶持农牧业、推进农村电商、发展旅游业等。通过发展高寒特色农畜产品、开发旅游资源、推动农村电商，西藏自治区的农民收入明显增加。数据显示，2021年西藏自治区农牧民人均可支配收入增长16%，增速较2020年加快3.3%，高出全国平均水平5.5个百分点。[2]

三是持续提高教育和健康水平。"扶贫先扶智"，教育和健康关乎民族地区的人才储备和持续发展动力。在完成脱贫攻坚后，政府持续加大对民族地区教育和健康事业的投入，推动教育公平和健康事业的普及。在教育方

---

[1] 《地区落实防止返贫动态监测和帮扶机制成效显著》，《阿克苏日报数字报》2022年7月21日。

[2] 《西藏2021年城乡居民收入增速居全国首位》，西藏新闻网，2022年1月30日，https：//www.cnr.cn/xz/gstjxz/20220130/t20220130_525730191.shtml。

面，政府加大了对民族地区学校的政策支持和财政投入力度。例如，在西部地区，政府出台了一系列优惠政策，鼓励优秀教师到民族地区支教，以提高教育质量和教育资源的均衡分配。在健康方面，政府积极延续并推进民族地区健康事业的发展，通过完善建设健康机构、提供免费医疗服务、加强基层医疗卫生队伍建设等举措，有效改善了民族地区群众的健康状况。以青海省为例，该地区通过加强与民政、乡村振兴等部门的数据、信息共享，对脱贫人口和边缘贫困人口的大病及大病治疗情况进行监测，以全国健康扶贫动态管理系统为基础，建立因病返贫风险人群监测预警机制，并将其纳入国家卫生扶贫动态管理系统和国家防止返贫监测系统，加强对因病返贫风险人群的常态化扶贫，做好卫生服务工作，配合落实医疗保障、社会救助、慈善救助等措施，及时化解监测对象返贫风险。

四是推动产业发展。产业发展是民族地区巩固脱贫攻坚的关键举措之一。我国政府通过扶持农业、发展特色产业、推动乡村振兴等措施，促进了民族地区的产业发展，为当地群众增加就业机会和收入来源。以广西壮族自治区为例，该地区积极发展特色农业和特色工业，推动了当地产业的转型升级。通过发展壮乡柚、龙胆、丹木瓜等特色农产品，广西壮族自治区确保了当地农民稳收、增收。同时，该地区发展了纺织、木材加工等特色工业，为当地脱贫户及边缘易致贫户提供了大量的就业机会。

三 民族地区乡村振兴的进展、成效与挑战

乡村振兴战略作为党的十九大报告中的七大战略之一，是我国进入新发展阶段实现农业农村现代化的重大决策部署。2018年《中共中央 国务院关于实施乡村振兴战略的意见》指出，到2035年我国要实现乡村振兴的阶段性目标，就是要使农业农村的现代化基本能实现，乡村振兴要取得决定性的进展；2050年要全面实现农业强、农村美、农民富的目标，从而实现乡村振兴的全面振兴。其中，产业振兴、人才振兴、文化振兴、生态振兴、组织振兴五大任务与乡村振兴战略的产业兴旺、生态宜居、乡风文

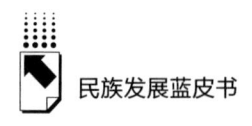

明、治理有效、生活富裕总要求一脉相承，是全面推进乡村振兴的行动指南。随着国家资源下乡和惠农政策实施力度的不断增强，乡村振兴战略在农业农村高质量发展中的重要位置不断凸显，既契合新时代乡村治理的基本思路，① 又展现农村现代化的真实意涵，② 更是以人为本发展思想的乡村实践。

当前，乡村振兴已取得阶段性成果，但依旧面临如何推进乡村社会实现内生发展的实践困境。其中，民族地区的乡村振兴是我国乡村振兴战略"补短板"的重要环节，③ 民族地区农村社会的内生发展问题仍然显著。例如，在中央农村工作领导小组办公室、国家乡村振兴局公布的160个乡村振兴重点帮扶县名单中，内蒙古、广西、贵州、云南、甘肃、青海、宁夏七个民族省区即占120个，乡村振兴重点帮扶县的分布在一定程度上体现出民族地区深入推进乡村振兴的现实挑战。可以说，民族地区的乡村振兴不单是民族地区经济社会发展的重要表征，也是检验脱贫攻坚与乡村振兴有效衔接的关键场域，更是在新时代共同富裕目标下体现乡村振兴科学内涵的关键途径。

由此，本节将从总体路径、具体成效、现实挑战三个方面梳理当前民族地区乡村振兴的基本情况。

（一）民族地区推进乡村振兴战略的总体路径

在城乡发展不平衡、农村发展不充分的大背景下，④ 要落实乡村振兴战略围绕农村现代化提出的发展要求，必须解决好农村社会的内生发展问题，凸显农村社会优先发展的主动性。对此，民族地区整合资源发展优势，探索

---

① 丁志刚、王杰：《中国乡村治理70年：历史演进与逻辑理路》，《中国农村观察》2019年第4期。
② 陆益龙：《乡村振兴中的农业农村现代化问题》，《中国农业大学学报》（社会科学版）2018年第3期。
③ 王志远、朱德全：《逻辑起点与价值机理：民族地区职业教育服务乡村振兴的行动观照》，《教育研究与实验》2022年第1期。
④ 熊小林：《聚焦乡村振兴战略 探究农业农村现代化方略》，《中国农村经济》2018年第1期。

出"自上而下"的外力扶助与"自下而上"的内力挖掘相结合的发展路径，引导民族地区外源性力量与内生性力量融合，以提升民族地区乡村社会的自主发展能力，深入推进乡村振兴战略。

依托外源性力量，着力搭建民族地区乡村振兴的发展引擎。在脱贫攻坚阶段，国家制定和实施了一系列扶持民族地区经济社会发展的政策，从社会整体发展的角度审视民族地区发展相对落后的问题，打通外部援助进入民族地区、助力民族地区发展的现实通道，积累了丰富的发展经验。在乡村振兴阶段，民族地区的高质量发展依旧与外部资源有效援助密切相关。一方面，国家继续通过制度支持解决民族地区在推进乡村振兴中面临的发展瓶颈。在宏观政策体系建构上，国家始终将民族地区扶贫与乡村振兴问题作为新时期民族地区发展的关键问题，[1] 通过税收调节、转移支付、普惠性兜底、实施国家重大区域振兴计划等一系列政策举措缩小地区间的发展差距。[2] 在地方性政策制定上，各地持续为民族地区发展提供专项资金支持。如浙江省每年安排5000万元支持景宁畲族自治县发展，支持当地加快基础设施建设、推进教育文化事业发展等。[3] 另一方面，社会帮扶力量不断增强，在巩固社会帮扶资源对民族地区发展带来正向效应的基础上，基于资金帮扶、产业帮扶模式，继续拓展多渠道、深层次的有效帮扶模式。比如，针对教育资源分配不均衡的问题，民族地区深入推进教育帮扶的"共建"模式[4]；针对民族地区城乡资源流动不对称的问题，民族地区通过构建城乡要素双向配置流动机制以凸显乡村社区的比较优势；等等。[5]

挖掘内生性力量，深入探索民族地区乡村振兴的赋能机制。民族地区

---

[1] 邢中先、张平：《民族地区70年扶贫政策回顾与展望》，《湖北民族学院学报》（哲学社会科学版）2019年第5期。
[2] 邢云文：《基于共同富裕逻辑的经济增长模式探索》，《上海交通大学学报》（哲学社会科学版）2022年第5期。
[3] 财政部国际财金合作司青年调研团：《利用多双边资源支持少数民族地区乡村振兴》，《中国财政》2019年第5期。
[4] 聂彩霞：《民族地区教育帮扶的"共建"模式》，《中国教育学刊》2023年第1期。
[5] 陈心想、蒲威东：《城乡资源有机循环与乡村振兴》，《北京工业大学学报》（社会科学版）2021年第4期。

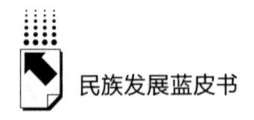

乡村社会的多样性决定了乡村战略推进模式的多样性，而多样性发展需求不仅要整合政府、市场、社会各方力量的帮扶资源，更需要民族地区自下而上凸显内生发展动力。对此，我们可以从参与主体和发展能力两个方面总结民族地区内生动力的培育经验。首先，在参与主体层面，民族地区大力发展新型农业经营主体，带动农民主体性培育，促进当地经济社会的高质量发展，着重体现民族地区在乡村振兴战略中的"民族性"特征。近年来，民族地区充分利用旅游业、特色产业等资源积极探索新型农业经营主体培育路径。如贵州雷山县以西江"千户苗寨"景区为依托，将乡村旅游与体验农业相结合，辐射带动周边村庄的农产业发展，发展具有民族特色体验感的新型农业经营主体。[1] 西藏则通过构建融合农村一二三产业的现代产业体系，积极转变农牧业发展方式，培育合作社、家庭农场、龙头企业等多元新型农业经营主体。[2] 其次，在发展能力层面，民族地区立足资源禀赋，提升区域自我发展能力。在脱贫攻坚阶段，民族地区是我国深度贫困的集中地带，亟须提高区域自我发展能力，改变相对落后局面。在一定程度上，民族地区的自我发展能力是衡量其高质量发展程度的重要指标，它既体现了民族地区资源禀赋、比较优势等现实发展条件，又反映出民族地区的发展理念、发展格局及其所处的发展阶段。对此，相关研究基于不同分析框架构建区域发展能力评价指标体系，从不同角度评估民族地区自我发展能力，并意识到民族地区内部在自我发展能力上的差异。例如，有研究从全国整体层面审视民族地区自我发展能力，指出民族地区自我发展能力在全国处于偏低位置，民族地区内部自我发展能力差异显著。[3] 也有研究聚焦民族地区中的特定区域，有研究者指出湘鄂渝黔毗邻民族地区的自我发展能力有较大幅

---

[1] 潘泽江、张焰翔：《民族地区新型农业经营主体：经营绩效、影响因素与培育策略》，《中南民族大学学报》（人文社会科学版）2020年第9期。

[2] 陈爱东：《大力发展新型农业经营主体 助力西藏乡村振兴战略实现》，中国西藏网，http://nynct.xizang.gov.cn/xwzx/xzsn/202304/t20230423_352189.html。

[3] 王秀艳：《区域自我发展能力理论分析框架下民族地区自我发展能力评价》，《中央民族大学学报》（哲学社会科学版）2019年第3期。

度提升等。①

　　整合"外源—内生"发展优势，以新内生发展模式构建民族地区乡村振兴的长效动力机制。乡村振兴是一个比精准扶贫更长期的战略，不仅需要外界的帮扶力量，更要依靠乡村自身的动力。② 新内生发展模式是对外源力量与内生发展潜力的整合与超越，即在依托外源力量帮扶、突出内生潜力，③ 以构建"上下联动、内外共生"发展新模式，以此应对民族地区在推进乡村振兴中面临的发展困境。在整体层面，新内生发展模式体现了民族地区从脱贫攻坚到乡村振兴的战略升级，是从任务型向发展型治理逻辑的转型，④ 本质是以外部力量催动民族地区转向新发展模式。从具体实践中，各民族地区围绕乡村振兴战略构建新的发展战略和规划，并逐步探索出因地制宜的特色发展模式。比如，黔东南民族地区以民族特色自然村寨为振兴单元，实行一村一特点、一寨一特色的差异化发展模式。⑤ 西江千户苗寨充分探索旅游开发模式，创建包容性旅游发展模式，⑥ 构建出"政府+企业+村民"共同参与的共生共融和共建共享模式。⑦ 四川省摩梭人聚居区以文化保护和城乡融合发展为中心，形成"摩梭家园"的发展模式。⑧ 具有民族特色的发展模式为民族地区乡村振兴提供有益启发，鼓励民族地区借助特色资源与比较优势，走出乡村振兴的内生路径。

---

① 郭媛丽、仪强：《跨区连片民族地区自我发展能力测度及时空演变——基于湘鄂渝黔毗邻民族地区研究》，《西北民族大学学报》（哲学社会科学版）2021年第5期。
② 王晓毅、梁昕、杨蓉蓉：《从脱贫攻坚到乡村振兴：内生动力的视角》，《学习与探索》2023年第1期。
③ 文军、刘雨航：《迈向新内生时代：乡村振兴的内生发展困境及其应对》，《贵州社会科学》2022年第5期。
④ 刘建生、邱俊柯：《从脱贫攻坚到乡村振兴：内生活力的政策体系与治理机制研究》，《农村经济》2022年第4期。
⑤ 王章基：《民族地区乡村振兴的"村寨模式"研究——以黔东南45个民族特色村寨为样本》，《广西大学学报》（哲学社会科学版）2019年第3期。
⑥ 吴忠军、宁永丽：《民族乡村振兴的"西江模式"》，《广西民族研究》2018年第6期。
⑦ 张洪昌、舒伯阳、孙琳：《民族旅游地区乡村振兴的"西江模式"：生成逻辑、演进机制与价值表征》，《贵州民族研究》2018年第9期。
⑧ 陈东：《民族地区乡村振兴的"摩梭家园"模式研究：以文化生态保护与城乡融合发展为中心》，《青海民族大学学报》（社会科学版）2019年第1期。

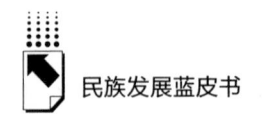

（二）民族地区推进乡村振兴战略的具体成效

1.产业振兴：以特色产业为乡村振兴赋能

在民族地区，乡村特色产业之"特"尤为凸显，其以特有的自然资源禀赋、产品和服务为著，具备不可替代性和市场竞争性特征。① 更重要的是，民族地区特色产业对于农民增收、产业结构升级的重要作用与乡村振兴战略现实目标之间具有内在统一性，蕴含了产业赋能乡村振兴的多重内在逻辑。在发展特色产业的过程中，民族地区的地理区位优势、资源禀赋优势、生态环境优势等成为发展特色产业的内生动力，市场需求和社会需求的多样化特征则成为支持其特色产业发展的重要外部条件。内外合力，为民族地区特色产业发展打造出一条高质量发展道路，并成为支持民族地区发展具有民族性、区域性且高端化的产业的重要力量。② 在此背景下，各民族地区以发展特色产业作为产业振兴的重要路径，挖掘乡村资源的生产价值、生活价值、生态价值与社会价值等多样化价值，并以此助力乡村产业结构优化升级。

具体来说，民族地区发展出类型多样、业态丰富的特色产业体系。从整体层面来看，民族地区特色产业类型多样，涵盖了特色种养业、特色食品加工业、特色手工业、特色文化产业及新兴产业等多种产业类型。自2018年以来，各民族地区特色产业逐步实现从产业扶贫到产业振兴的功能转变，并呈现出普遍性与差异性共存的发展特征。其一，各民族地区特色产业具备多业并存、多产融合的共性发展特征。比如，各民族省区都注重以传统种养业发展优势产业，以此优化产业发展环境，巩固强化乡村传统产业发展综合优势。其二，各民族地区在产业发展结构上存在差异（详见表5）。在发展传统优势产业之外，广西侧重新兴产业的发展导向，以知识技术相对密集、综

---

① 杨志良、姜安印：《小农户与乡村特色产业的包容性衔接及其路径研究》，《农林经济管理学报》2021年第2期。
② 郭京福、张晓庆、王亮：《民族地区特色产业发展对策研究》，《生态经济》2009年第12期。

合发展潜力大、综合效益好为特征，①发展现代农业、数字农业等农业新兴产业；内蒙古则相对侧重以产业融合助力特色产业发展，2023年以产业集群项目、现代农业产业园项目、农业产业强镇项目共获得中央财政7.5亿元资金支持，②深入推进一二三产业融合发展，通过多产业并举增强特色产业发展动力等。

表5 2018~2022年民族八省区发展特色产业的主要举措

省区	主要举措
内蒙古	以改善农牧业设施装备条件和提升耕地地力水平作为重点；以特色农畜产品生产、加工、流通、销售产业链为基础，科技创新、休闲观光、配套农资生产和制造融合发展的特色农牧业产业集群；做强做精向日葵产业、马铃薯产业，加快蒙中药材产业优化发展，大力发展杂粮杂豆产业，做优草原畜牧业，坚持"稳羊增牛"发展思路，推行水产健康养殖
广西	统筹"三区"建设，将粮食生产功能区和糖料蔗生产保护区作为重要农产品的核心产能载体；现代化特色农业产业三年提升行动，以粮食、糖料蔗、水果、蔬菜、茶叶、蚕桑、食用菌、罗非鱼、肉牛肉羊、生猪等种养产业和富硒农业、有机循环农业、休闲农业为重点，强化龙头带动，延长产业链，打造现代农业产业发展集群；现代特色农业示范区建设增点扩面提质升级三年行动。建设要素集中、产业集聚、技术集成、经营集约的现代特色农业示范区，把示范区打造成为实施乡村振兴战略的样板区、农业农村现代化的先行区
贵州	实施发展乡村产业五年行动，做好"土特产"文章；优化12个农业特色优势产业，集中力量打造茶叶、刺梨、辣椒等全国知名农产品区域公共品牌。加强基本烟田保护，稳定烤烟生产；对基础相对较差的特色产业，按照市场化方向，及时调整种养结构，提高农业发展质量效益；把优势产业做成致富产业；有序推进涉农国有平台公司市场化实体化转型
云南	聚焦"1+10+3"重点特色产业布局，培育富民产业；巩固提升云烟、云花、云茶、云药、云菜、云果、云胶等市场竞争力；以花卉、蔬菜等为重点，推动高效设施农业发展；立足高原特色现代农业这一云南特质，充分发挥资源禀赋、产业发展优势，围绕高原特色现代农业建设，打造世界一流"绿色食品牌"目标
西藏	继续大力发展青稞、牦牛、藏羊、蔬菜、奶业、饲草、藏猪、藏鸡、茶叶、葡萄十大高原特色农牧产业，通过采取申报认定龙头企业、开展农牧民合作社规范提升行动、实施家庭农牧场示范培育等方式，促进新型农业经营主体快速发展

---

① 杨亚东等：《乡村优势特色产业发展动力机制研究——基于系统分析的视角》，《农业经济问题》2020年第12期。
② 《中央7.5亿资金支持内蒙古农业产业融合发展》，新华网，2023年5月25日，http：//nmg.news.cn/xwzx/2023-05/25/c_1129643755.htm。

续表

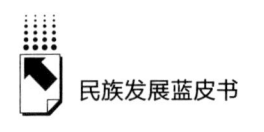

省区	主要举措
青海	做优做精牦牛、藏羊、青稞、油菜、马铃薯、冷凉蔬菜、饲草、枸杞、藜麦、冷水鱼等特色优势产业。启动实施食用菌产业发展行动计划。大力发展草产业，建设优质高产稳产饲草料生产基地。开展生态畜牧业合作社股份制改造，抓好泽库县、共和县草原畜牧业转型升级试点。扶持培育100个千头牦牛、千只藏羊标准化生产基地和生态牧场，推动农牧联动、西繁东育、自繁自育。扶持奶业、禽蛋发展。落实生猪生产保供省负总责，强化以能繁母猪为主的生猪产能调控。稳定冷水鱼生产，引导发展陆基养殖。
宁夏	围绕枸杞、葡萄酒、奶产业、肉牛和滩羊、电子信息、新型材料、绿色食品、能源清洁、文化旅游九大特色优势产业横向发展，形成了盐池滩羊、利通牛奶、海原牛肉、西吉马铃薯、中宁枸杞、固原冷凉蔬菜、酿酒葡萄等"一县一业"支柱产业和中药材、黄花菜、冷凉蔬菜、中蜂等"一村一品"富民产业纵向实施。特色产业发展目标任务明确到乡镇，大力发展高效种养业。特色产业实现了全覆盖、上规模、有效益。
新疆	从南北疆不同区域现代农业发展要求出发，围绕建设粮食生产功能区、重要农产品生产保护区和特色农产品优势区，加快提高农业综合生产能力，保障主要农产品有效供给。按照"稳粮、优棉、促畜、强果、兴特色"的要求，优化农业生产力布局，深入推进农业绿色化、优质化、特色化、品牌化，加快发展粮经饲统筹、种养加一体、农林牧渔结合的现代农业，推动农业由增产导向转向提质导向，提升农产品有效供给质量，促进农业结构不断优化升级。

资料来源：内蒙古、云南、广西、西藏、新疆"乡村振兴战略规划（2018~2022）"；贵州、青海"2018~2023年全面推进乡村振兴重点工作的实施意见"；宁夏"2021乡村振兴研究报告"、《宁夏回族自治区巩固拓展脱贫攻坚成果同乡村振兴有效衔接"十四五"规划》。

2. 人才振兴：以"挖人"和"用人"搭建人才发展体系

民族地区乡村振兴，人才是关键。各类人才是民族地区乡村振兴的重要支撑，各民族地区主要从"挖人"和"用人"两个方面深入拓展人才振兴的现实路径。

"挖人"，即以吸引、培养人才作为民族地区乡村振兴的根本。长期以来，在城乡非均衡发展的背景下，城市发展对农村人口产生了巨大的虹吸效应，乡村中大量的精英劳动力外流。[1] 与此同时，民族地区乡村发展对人才

---

[1] 唐丽霞：《乡村振兴战略的人才需求及解决之道的实践探索》，《贵州社会科学》2021年第1期。

的需求也在不断提高，乡村需要大量有文化、懂技术、会管理、善经营、爱农村的实用型人才。① 因此，民族地区不断拓展人才振兴的新思路，通过培育本土人才、促进城乡人才要素流动等现实举措，为民族地区乡村建设和发展争取更多人才支持。具体来说，在本土人才培育上，学界对于本土人才的定义尚未达成共识。在现实层面，本土人才多是指一直居住在本地农村，了解本地农村的发展状况，在村民中有一定的威信，在乡村建设、发展和治理中具有一定的潜力，经培育可以成为乡村振兴主体力量的人。② 对此，各民族地区将少数民族人才作为乡村振兴的中坚力量，③ 并不断完善少数民族高等教育人才培养机制，多渠道培养少数民族高层次人才。云南、内蒙古、贵州等地通过少数民族高层次骨干人才培养计划以改善当地少数民族人才的层级结构。新疆、西藏通过少数民族专业技术人才特殊培养工作，促进教育、医疗卫生、农牧科技等多个领域的高质量发展。④ 在城乡人才流动上，各民族地区在制定乡村振兴规划的基础上，陆续出台促进人才向基层流动的相关政策，比如宁夏于2020年出台《关于鼓励引导人才向基层流动的若干措施》，内蒙古、新疆、广西等地为鼓励人才向基层一线流动，出台《关于发挥市场作用促进人才顺畅有序流动的实施意见》，通过构建规范的人力资源市场体系，促进人才顺畅有序流动。

"用人"，即积极带动各类人才在乡村振兴中的具体实践，以实用型人才助力民族地区乡村建设和发展。从整体层面来看，各民族地区将农村实用型人才的培育与乡村发展充分融合，积极探索支持人才发展的新模式，不断深化"以村聚才、以才兴村"的发展路径。其一，各民族地区重视高校所

---

① 魏后凯：《人才是乡村振兴中最关键最活跃的因素》，《农村工作通讯》2018年第9期。
② 李卓、张森、李轶星、郭占峰，《"乐业"与"安居"：乡村人才振兴的动力机制研究——基于陕西省元村的个案分析》，《中国农业大学学报》（社会科学版）2021年第6期。
③ 马赛萍：《试论乡村振兴中民族地区人才培养和使用——以闽东畲族地区为例》，《福建省社会主义学院学报》2020年第6期。
④ 《凝聚逐梦复兴的创新力量》，中华人民共和国人力资源和社会保障部网站，2022年9月6日，http://www.mohrss.gov.cn/SYrlzyhshbzb/dongtaixinwen/buneiyaowen/rsxw/202209/t20220926_487798.html。

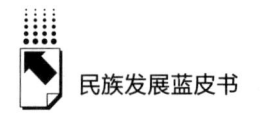

提供的乡村振兴人才发展平台,积极打造乡村发展带头人。比如,近来兴起的"农村职业经理人""乡村CEO计划""头雁"等项目,吸纳更多有能力的年轻人回到家乡、留在家乡、发展家乡,在培养民族地区新型乡村青年领袖上成效显著。其中,云南成立国内首家"中国乡村CEO学院",聚焦乡村经营性人才培育重点,为乡村培养具有农业产业规划能力、对接政府与市场能力、产品营销能力的乡村职业经理人,① 并取得了丰富的实践效果。其二,各民族地区充分借助人才交流平台,主动吸收乡村发展的优质经验。比如,贵州继续发挥东西部协作的发展优势,通过"走出去学"和"请进来教"模式,促进人才交流,吸收发展经验,拓展人才培养与实践空间,为乡村发展提供人才和智力支持。其三,民族地区针对基层一线人才结构性短缺等问题,以优惠政策鼓励人才扎根乡村。2022年,西藏339名定向生优先分配至基层单位,其中143名分配至边境县,同时公开招聘教师2303人,分配向农牧区和基层倾斜,选派148名副县级实职以上优秀干部担任74个县区驻村工作领队。②

3. 文化振兴:盘活民族特色文化资源,拓展民族文化空间

乡村文化是乡村振兴的精神动力之源,其中所蕴含的乡土情结是回应人民美好生活需求等现实诉求的优势内核。当前,民族地区文化振兴充分把握住文化产业与参与主体的双重驱动力,将文化振兴融入乡村建设的实践框架中,促进民族地区的高质量发展。

首先,借助文化产业发展,充分体现民族文化资源,彰显文化产业的"民族性"。文化产业的发展依赖于资金、人才、资源等各种生产要素的投入,其中文化要素是文化产业发展的核心要素。区别于国内其他地区,文化资源

---

① 《国内首家乡村CEO学院在昭通揭牌成立》,云南省农业农村厅网站,2023年2月27日,https://nync.yn.gov.cn/html/2023/yunnongkuanxun-new_0227/395051.html。
② 《西藏乡村振兴之人才振兴工作走笔:育好才 用好才 留住才》,西藏自治区农业农村厅网站,2023年4月18日,http://nynct.xizang.gov.cn/xwzx/xzsn/202304/t20230418_351407.html。

的独特性是少数民族地区文化产业发展的最大资源优势。[①] 在乡村振兴背景下，民族地区通过文化产业挖掘民族文化资源，将民族文化元素与文旅产业充分融合，构建具有地区特色的文化资源与文化产业相互依存的发展模式，努力将民族文化资源转化为文化产品，意在传扬、保护民族文化的过程中推动民族地区乡村振兴的高质量发展。

具体来说，各民族地区以当地特色文化资源作为文旅产业发展的核心要素，以文化产业发展不断增强民族文化资源在旅游市场中的竞争力。比如，广西依漓江水域打造大型山水实景演出剧《印象·刘三姐》，展示广西壮族、瑶族、苗族、侗族等少数民族风情。云南则通过新文化项目建设，加强对民族文化资源的挖掘与弘扬，如丽江古城打造"两剧"（"遇见·丽江"街头情景剧、《喜院故事》沉浸式话剧）、"一府"（流官府邸）等12个新文化项目，提炼民族传统文化元素融入旅游项目。除此之外，各民族地区还有更加丰富的、可开发利用的文化资源。其中，国家5A级旅游景区和世界遗产名录更加具体地呈现了民族地区文化旅游资源的独特性（详见表6）。这些项目既是展示民族文化包容性、开放性的重要窗口，也是支持文化产业高质量发展的独特资源。

表6 民族八省区国家5A级旅游景区及世界遗产名录项目

省区	国家5A级旅游景区	世界遗产名录项目
内蒙古	中俄边境旅游区、阿斯哈图石阵旅游区、阿尔山·柴河旅游景区、胡杨林旅游区、响沙湾旅游景区、成吉思汗陵旅游区6个景区	元上都遗址（文化遗产）
广西	青秀山旅游区、涠洲岛南湾鳄鱼山景区、德天跨国瀑布景区、百色起义纪念园景区、黄姚古镇景区、两江四湖·象山景区、乐满度假世界、丽江景区、独秀峰—王城景区9个景区	广西左江花山岩画艺术文化景观
贵州	黄果树大瀑布景区、龙宫景区、百里杜鹃景区、织金洞景区、花溪青岩古镇景区、赤水丹霞旅游区、梵净山旅游区、镇远古城旅游景区、荔波漳江景区9个景区	荔波喀斯特、赤水丹霞、施秉云台山土司遗址、梵净山（自然遗产、文化遗产）

[①] 陈丽芳、董蕾：《乡村振兴背景下少数民族地区文化产业高质量发展的路径》，《云南民族大学学报》（哲学社会科学版）2021年第4期。

续表

省区	国家5A级景区	世界遗产名录项目
云南	中国科学院西双版纳热带植物园、丽江古城景区、玉龙雪山景区、腾冲火山热海旅游区、普者黑旅游景区、昆明世博园景区、崇圣寺三塔文化旅游区、石林风景区、香格里拉普达措景区9个景区	丽江古城、三江并流保护区、中国南方喀斯特、澄江化石遗址、红河哈尼梯田文化景观,普洱景迈山古茶林文化景观(文化遗产、自然遗产、文化景观)
西藏	大昭寺、布达拉宫景区、扎什伦布寺景区、巴松措景区、雅鲁藏布大峡谷景区5个景区	布达拉宫历史建筑群(文化遗产)
青海	塔尔寺景区、互助土族故土园景区、阿咪东索景区、青海湖景区4个景区	青海可可西里(自然遗产)
宁夏	沙坡头旅游景区、北堡西部影视城、沙湖旅游景区、灵武水洞沟旅游区4个景区	无
新疆	天山大峡谷景区、葡萄沟风景区、喀什噶尔古城、泽普金湖杨景区、博斯腾湖景区、伊犁那拉提旅游风景区、天池风景名胜区、新疆生产建设兵团第十师白沙湖景区、世界魔鬼城景区等17个景区	新疆天山、丝绸之路:长安—天山走廊的路网(自然遗产、文化遗产)

资料来源:根据中华人民共和国文化和旅游部国家5A级景区名单、联合国教科文组织世界遗产目录整理。

其次,多主体、多路径拓展民族文化的发展与实践空间,将民族文化作为带动村民参与乡村文化建设的行动基础。近年来,民族地区围绕激活乡村文化活力,积极拓展具有本地特色的、多元主体参与的民族文化空间。具体来说,地方政府是引领民族地区文化发展的关键力量,能够为民族地区乡村文化建设带来丰富治理资源,[1] 通过文化项目培育和人才引进,建立和完善文化基础设施,以高度组织化的方式实现对民族地区文化资源的行政配置。例如,贵州以民俗文化激活乡村振兴,充分发挥民俗文化中的价值引领功能,多措并举,开发盘活侗锦、侗族大歌、三月三歌节、苗绣、土家族的哭嫁歌、彝族的火把节等优秀民族文化,培养乡村民间工艺传承人,根据村民个性需

---

[1] 崔盼盼:《乡村文化振兴的主体再造与路径创新——以"赣南新妇女"运动为例》,《湖北民族大学学报》(哲学社会科学版)2021年第3期。

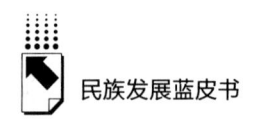

求，开展差异化、个性化的乡村民俗文化建设。① 例如，云南围绕文化强省建设的目标要求，加大优质文化产品服务供给，加快完善公共文化服务体系，建立健全少数民族民间文化传承组织，② 推进少数民族文化创新与传统的融合，提高人民群众的文化获得感与幸福感。③ 民间自组织、新乡贤等是支持民族地区文化发展的重要内生力量，在文化振兴中发挥示范带动和道德引领作用。④ 内蒙古深入探索以村民为主体的文化建设路径，构建出"村民自办文化"的文化振兴有效路径。⑤

4. 生态振兴：坚持生态保护，推动生态发展

在乡村振兴推进过程中，民族地区由浅及深构建生态振兴实践体系。

首先，民族地区坚持生态优先，将生态环境作为经济社会发展的底线，确保民族地区维持生态环境持续向好的发展局面。以广西为例，着重筑牢脱贫地区绿色发展基础，以增强脱贫地区可持续发展能力，在2022年，44个乡村振兴重点帮扶县完成植树造林150万亩、森林抚育500多万亩，下达乡村振兴重点帮扶县生态效益补偿资金9.5亿元，4500万亩公益林、5300万亩天然林得到有效保护。⑥ 除此之外，各民族地区将生态振兴充分融入地区发展规划的整体格局，并取得实际发展成效，2022年民族八省区的生态建设成果详见表7。

---

① 《民族特色文化赋能乡村振兴》，贵州省人民政府网站，2022年7月13日，https://www.guizhou.gov.cn/ztzl/xysdsscdh/gcddhxyesd/202207/t20220713_75518681.html。
② 《抓好少数民族文化保护开发助力乡村振兴》，云南网，2020年5月21日 https://news.yunnan.cn/system/2020/05/21/030680990.shtml。
③ 《云南省10项重点工作推进文化强省建设 加大优质文化产品服务供给》，人民网，2021年12月26日，http://yn.people.com.cn/n2/2021/1226/c378439-35067908.html。
④ 孙喜红、贾乐耀、陆卫明：《乡村振兴的文化发展困境及路径选择》，《山东大学学报》（哲学社会科学版）2019年第5期。
⑤ 刘继文、良警宇、辛媛媛：《主体再造与多元参与："村民自办文化"的实践机制——基于内蒙古邓村的田野考察》，《南京农业大学学报》（社会科学版）2022年第4期。
⑥ 《广西壮族自治区林业局在全国林草规财工作会上作巩固生态脱贫成果同乡村振兴幼小衔接交流发言》，广西壮族自治区林业局网站，2023年5月26日，http://lyj.gxzf.gov.cn/ztlm/gxlyfpzl/zxzx/t16564791.shtml。

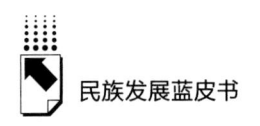

表7　2022年民族八省区生态环境建设基本成效

省区	生态环境建设基本成效
内蒙古	全区优良天数比例为92.9%，$PM_{2.5}$浓度为22微克/立方米，重污染天气比例为0.1%，优良水体比例为76.0%，劣Ⅴ类水体比例为3.3%
广西	全区城市空气质量优良天数比率95.1%（待生态环境部最终核定是否扣除臭氧因素），全国排名第8；细颗粒物（$PM_{2.5}$）浓度26.2微克/立方米，创有监测数据以来最优纪录，同比下降6.4%
贵州	森林覆盖率达62.81%，9个中心城市环境空气质量平均优良天数比率达99.0%，同比上升0.6%；119个地表水国控断面水质优良率达98.3%，继续保持良好；主要河流出境断面水质优良率和县级以上城市集中式饮用水水源地达标率稳定在100%。"世界自然遗产地"数量居全国第一，绿色经济占比超过45%
云南	全省地级城市空气质量优良天数比率连续多年稳定在98%以上，全省森林面积3.74亿、森林覆盖率65.04%、森林蓄积量20.67亿立方米，这几项指标均居全国前列
西藏	全区空气质量优良天数比率保持99%以上，主要江河湖泊水质达到或优于Ⅲ类标准，城镇集中式饮用水水源地水质达标率100%，受污染建设用地、耕地安全利用率分别达100%、90%以上，全区生态环境质量继续保持全国领先
青海	全省环境空气质量优良天数比例达96.4%，35个地表水国考断面水质优良率为100%，长江和黄河干流、澜沧江出省境断面水质达到Ⅱ类及以上，湟水河出省境断面年均水质达到Ⅲ类，青海湖等重点湖库水体优良
宁夏	宁夏地级城市环境空气质量平均优良天数比例为84.2%。"十三五"以来，宁夏环境空气质量优良天数比例已连续七年保持在83%以上
新疆	全疆平均优良天数比例为74.6%、细颗粒物$PM_{2.5}$平均浓度为32微克/立方米、重污染天数比例为1.2%。全疆实际监测的河流、湖库、水源地优良水质比例分别为98.8%、80.5%、96.7%

资料来源：根据民族八省区2022年国民经济和社会发展统计公报及与生态文明建设工作相关报告整理。

其次，民族地区将生态保护与产业发展充分融合，挖掘生态资源潜力，推动生态价值"变现"，探索民族地区生态经济的可持续发展模式。为此，各民族地区深入探索如何将生态环境优势转化为经济社会发展优势的实践路径，并取得了瞩目的发展成果。比如，2022年云南绿色食品认证数量居全国第七，"云系""滇牌"农产品销往全国150多个大中城市、110多个国家和地区，出口额连续多年位居西部省区第一。① 新疆则支持1000个村庄开展绿化美化10.49万亩，林果面积保持在1850万亩左右，产量预计达到870万吨，商品果率达到86%。② 贵州深入推进绿色食品一体化发展，通过龙头企业规模化经营、集约化生产、品牌化发展，引导绿色食品企业延长产业链。2022年，贵州新增绿色食品企业43家、产品72个，截至年底共有绿色食品企业263家。③

5. 组织振兴：夯实农村基层党组织的引领力量，推动农民经济合作组织的高质量发展

组织振兴在激发村民内生动力、增强乡村社会活力、完善乡村治理机制等方面具有重要作用。结合民族地区乡村基层组织发展的实际情况，主要可从农村基层党组织、农民经济合作组织总结民族地区组织振兴的现实成效。

锚定民族地区农村基层党组织建设，凸显其在乡村振兴中发挥战斗堡垒作用。各民族地区结合乡村治理实际情况，将基层党组织作为社会治理的神经末梢，从典型引路到整体推进，深入拓展党建引领基层治理的具体实践。一方面，民族地区注重党支部之间的协调发展，推动形成机关带基层、先进带后进的发展局面。比如2022年12月云南通过创建"云岭先锋红旗党支部"，带动"五强五好"基层党组织的涌现，并积极推进先进党支部与中间、后进支部结对共建，以使党支部实现"扩先、提中、治软"的发展目标。④ 另一方面，民族地区将基层党支部的规范化建设，推动基层党支部全面进步、创新提质。比如从2019年到2022年，贵州顺利实现9.2万余个党支部标准化规范化建设全面达标，达标率97%，为全省经济社会高质量发

---

① 《中国这十年·今天看云南——生态文明建设篇》，微信公众号"云南发布"，2022年7月22日。
② 《新疆：擦亮生态底色 书写绿色诗篇》，中国绿色碳汇网，2023年1月15日，http://www.zglsth.com/news/shownews.php?id=2368&lang=cn。
③ 《贵州15人入选绿色食品优秀监督管理员检查员》，贵州省农业农村厅网站，2023年3月28日，http://nynct.guizhou.gov.cn/xwzx/zwdt/202303/t20230328_78786238.html。
④ 《云南基层党组织如何做到"五强五好"》，云岭先锋网，2023年3月17日，http://ylxf.1237125.cn/Html/News/2023/3/17/409566.html。

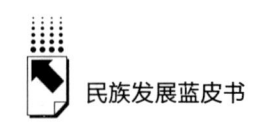

展提供坚强组织保证。① 广西深入推进数字赋能行动，探索"党建+网格+大数据"模式，推动党建信息化平台与政务服务，建成覆盖了市、区、县三级的一体化平台矩阵和覆盖1251个乡镇（街道）、16453个村（社区）的乡村两级党员教育终端站点。②

民族地区农民经济合作组织实现数量与质量的"双提升"。近年来，民族地区农民专业合作社有力带动农户参与产业发展，让农户通过合作经营方式实现增收。整体上，在2022年，贵州、广西等民族八省区的农民合作社数量都有明显增加，其带来的经济收益也有显著提升。以广西为例，2022年，广西有10家农民专业合作社示范社获财政资金支持，重点支持专业合作社发展农业产业化经营项目、专业合作社实施的规模性特色农产品基地项目。③ 与此同时，广西通过支持农民合作社发展，始终以稳固、提升农民发展权益为核心目标。比如在2021年桂林一家罗汉果深加工企业到乡村振兴重点帮扶县——龙胜各族自治县发展罗汉果全产业链。同年，龙胜罗汉果产业带动专业合作社25家，受益人口5.4万多人，直接带动当地一产经济收入超过4亿元。④ 从现实层面来看，民族地区农民经济合作组织的有效发展，进一步凸显了村民自组织在乡村振兴过程中的重要角色，有助于让村民更深入地感受自身在乡村振兴中的主体性地位。

（三）民族地区推进乡村振兴的现实挑战

相较于脱贫攻坚阶段，乡村振兴比脱贫攻坚覆盖的人口更多，标准更高，要求也更全面，不仅要提高农民收入，还要实现社会、经济、生态、文

---

① 《贵州省党支部标准化规范化建设达标率97%》，贵州省人民政府网站，2022年8月10日，https://www.guizhou.gov.cn/home/gzyw/202208/t20220810_76036936.html。
② 《广西加强基层党组织标准化、规范化、信息化建设》，共产党员网，2023年4月3日，https://www.12371.cn/2023/04/03/ARTI1680486517443922.shtml。
③ 《2022年广西10家农民专业合作社示范社获财政资金扶持》，广西壮族自治区财政厅网站，http://czt.gxzf.gov.cn/xwdt/tjgdt/t12991940.shtml。
④ 《广西农业龙头企业数量创新高》，人民网，2022年8月25日，http://gx.people.com.cn/n2/2022/0819/c179430-40087347.html。

化和乡村政治的全面振兴。① 在乡村振兴阶段，面对更加艰巨的发展任务，民族地区依旧需要外界帮扶推动乡村发展，同时更需要进一步激发乡村发展的内生动力，其所面临的困难主要集中于以下五个方面。

第一，民族地区产业结构发展不均衡、不充分问题仍然突出，在一定程度上限制了民族地区内生发展动力和活力。随着乡村振兴战略的深入推进，民族地区产业积累了丰富的发展经验，但由于民族地区地理空间禀赋不足、要素配置低下等原因，民族地区乡村振兴战略与高质量发展的融合力度不够，②难以实现产业结构的高质量发展。就民族地区产业结构发展不均衡的问题，从2022年民族八省区产业发展的相关数据来看，民族地区第一产业增加值占地区生产总值的比重均高于全国的7.3%的水平，广西甚至高达16.2%，贵州、新疆的第一产业增加值在地区生产总值中的占比也相对较高，分别为14.2%、14.1%。与此同时，民族地区第三产业增加值占地区生产总值的比重多低于全国的52.8%的水平。其中，民族八省区中仅有新疆第三产业增加值比重略高于全国水平，为53.8%。民族地区产业结构发展不均衡造成的影响，更加具体地表现在民族经济社会发展的各个方面。以贵州为例，该省城乡居民消费总体水平较低，搭建消费平台、创新消费模式、改善消费环境、挖掘消费潜力等任务繁重艰巨，且全省外贸主体市场小散弱、结构不优、产业支撑能力不足，限制了产业对区域经济的带动作用。③

第二，民族地区人才振兴面临如何让人才"留得住""靠得住"等难题，亟须拓展各类人才扎根民族地区乡村、带动民族地区乡村发展的新局面。在整体层面，民族地区的人才体系面临人才流失与人才结构失衡的双重困境。首先，民族地区人才外流直接导致民族地区本土人才数量不足。近年

---

① 王晓毅、梁昕、杨蓉蓉：《从脱贫攻坚到乡村振兴：内生动力的视角》，《学习与探索》2023年第1期。
② 向琳、郑长德：《乡村振兴与民族地区高质量发展》，《广西民族研究》2021年第1期。
③ 贵州省商务厅：《贵州省"十四五"商务发展规划》，贵州省商务厅网站，2021年9月30日，http://swt.guizhou.gov.cn/zwgk/zfxxgk/fdzdgknr/ghjh/202109/t20210930_70675612.html。

来，民族地区本土人才外流情况比较严重，尤其是青海、宁夏等地区较为突出。① 加之全国各地"抢人大战"的影响，国内经济发达省份通过薪酬待遇、工作环境等优势不断吸引人才，这在一定程度上加剧了民族地区人才流失问题。对此，我们可以通过对比民族地区与北京、上海等经济发达地区在受过高等教育的人口②占常住总人口比例上的差异，更加具体地认识民族地区人才流失的程度。通过表8可以看到，与北京、上海相比，民族省区常住人口中受过高等教育人口占比较低，这在一定程度上体现了民族地区高学历人才的稀缺性。从现实层面来看，民族地区高学历人才的稀缺性加之乡村发展的局限性，在一定程度上体现了民族地区面临"在外人才"的回乡意愿不强、"在乡人才"发挥作用有限的发展困境。在此基础上，民族地区人才流失问题也会阻碍人才结构的发展与完善，进而出现人才结构发展不均衡的问题。以西部民族地区为例，本土人才多集中在第一产业的种养殖业，从事二、三产业的精深加工、经营管理等精英管理型人才偏少。③

表8 2020年民族八省区与北京、上海受高等教育人口占比情况

省(区、市)	全省(区、市)常住人口(人)	拥有大学(大专及以上)文化程度的人口(人)	拥有大学(大专及以上)文化程度的人口占比(%)
北京	21893095	9190783	42
上海	24870895	8424214	34
内蒙古	24049155	4494308	19
广西	50126804	5416558	11
贵州	38562148	4223271	11
云南	47209277	5476730	12
西藏	3648100	401980	11

① 许纯洁：《民族地区高校新型乡土人才培养：时代使命和实现路径》，《广西民族研究》2019年第2期。
② 根据各省份第七次全国人口普查公报，"受过高等教育的人口"是指在全省常住人口中，拥有大学（指大专及以上）文化程度的人口；常住人口是普查登记的2020年11月1日零时的常住人口。
③ 张军成：《困境与突破：西北民族地区本土人才推动乡村振兴研究——基于G省T县的实践调查》，《兰州学刊》2022年第7期。

续表

省(区、市)	全省(区、市)常住人口(人)	拥有大学(大专及以上)文化程度的人口(人)	拥有大学(大专及以上)文化程度的人口占比(%)
青海	5626722	484794	9
宁夏	7202654	1248938	17
新疆	25852345	4274826	17

资料来源：根据北京、上海及民族八省区第七次全国人口普查公报相关数据整理。

第三，民族地区文化振兴面临传统村落消逝、传统文化流失变异等问题。自然村落是民族地区乡村文化建设与发展的重要载体，但在当前面临无法充分发挥文化传承功能的挑战。调查显示，古村落数量从2000年的360万个，减少到2010年的270万个，相当于每天消失300个自然村落。[1]截至2018年1月，广西共有654个传统村落，其中161个传统村落被列入中国传统村落名录。从具体情况来看，除了被列入文物保护单位的历史古迹得到一定保护之外，其他历史古迹成为"非紧急事项"。[2]除此之外，随着城镇化的快速推进，民族地区传统文化存在流失和变异的风险。以西北民族地区为例，近年来大量农村青壮年进入城市，流出人口对乡村传统文化的归属与认同逐步淡化。例如，一项在对民族村外出农民工的调查中显示，他们对家乡传统文化的认同度较低，在"您现在追随家乡的各种节俗文化吗"的问题中，38%的人选择"部分追随"，40.5%的人选择"甚少追随"。[3]

第四，民族地区生态振兴整体发展格局的构建还面临较大挑战。首先，部分地区对新发展理念缺乏深入理解，对生态安全战略地位的重要性认识不足。以内蒙古为例，巴彦淖尔市乌拉特前旗乌拉山山脉和东北部荒漠草原生

---

[1] 詹勇：《让古村落融入现代文明的风景》，中国文明网，2014年11月28日，https://www.wenming.cn/wmpl_pd/zmgd/201411/t20141128_2315869.shtml。
[2] 李玉雄、李静：《壮族乡村文化振兴的现实境遇与路径选择》，《广西民族研究》2019年第4期。
[3] 吕蕾莉：《文化振兴视角下西北民族地区村民自治的内在需求》，《华南农业大学学报》(社会科学版)2019年第2期。

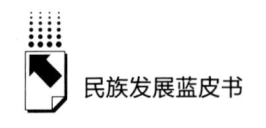

态脆弱，但当地仍存在大量违法违规开采行为。乌拉特前旗62个采矿项目违法侵占荒漠草原近3万亩，当地还违反自治区矿产资源总体规划，大量开采超贫磁铁矿，生态破坏严重。① 其次，民族地区面临众多自然生态保护领域问题。以西藏为例，色林措环湖还有320.5公里网围栏没有彻底拆除，影响自然生态系统完整性，干扰藏羚羊等国家重点保护野生动物的正常迁徙和生存繁衍；西藏草原面积占青藏高寒草原区面积的六成以上，但仅完成国家规划提出的人工种草保留面积、草原改良面积任务的3.5%和0.9%。② 最后，部分民族地区存在较为严峻的生态环境损害问题。2022年3月，贵州省5起生态环境损害问题被第二轮中央生态环境保护督察点名追究，其中包括大量生活污水长期直排问题、"两高"企业违法问题、矿山违法违规开采问题、工业污水违法排放问题等。③

第五，民族地区组织振兴面临乡村基层组织建设弱化的问题，并主要体现在两个方面。其一，基层党组织未能在民族地区乡村社区中充分发挥构建乡村治理体系的核心作用，农村基层党组织软弱涣散、政治功能弱化等问题是阻碍民族地区组织振兴的重要因素。以云南为例，2020年以来，云南对全省181870个党组织开展全覆盖排查，共排查出2128个软弱涣散基层党组织，存在组织动员力弱、带领致富能力不强、组织制度形同虚设等问题。④ 其二，民族地区乡村基层组织发展缺少人才支撑。以青海省为例，2020年青海省农村实用人才约占农村总人口的4.5%，其中既有技术又懂管理的复合型实用人才约占0.25%，远低于国家2%的平均水平。⑤ 除此之外，我们

---

① 《中央第三生态环境保护督察组向内蒙古自治区反馈督查情况》，内蒙古自治区人民政府网站，2022年6月2日，https://www.nmg.gov.cn/ztzl/zyhjbhdcfkyjzglszt/qktb/202206/t20220602_2065940.html?slb=true。
② 《藏羚羊正常迁徙受干扰 督察组指西藏自然生态保护领域问题较多》，中国新闻网，2022年6月1日，https://www.chinanews.com.cn/cj/2022/06-01/9769344.shtml。
③ 《贵州省通报第二轮中央生态环境保护督察移交问题追责问责情况》，中华人民共和国生态环境部网站，2023年2月20日，https://www.mee.gov.cn/ywgz/zysthjbhdc/dcjl/202302/t20230220_1016792.shtml。
④ 《做强"火车头"云南整顿2128个软弱涣散基层党组织》，云南网，2021年1月12日，https://m.yunnan.cn/system/2021/01/12/031229871.shtml。
⑤ 《乡村振兴急需破解复合型人才难题》，青海新闻网，2020年1月20日，https://www.qhnews.com/newscenter/system/2020/01/20/013060474.shtml。

可以从当前各民族地区乡村振兴战略的整体规划中发现，解决乡村后备人才不足的问题是扭转乡村发展困境的关键。例如，《云南省"十四五"期间抓党建促乡村振兴规划》中明确指出要由乡镇党委牵头，逐村摸排回引对象，大力支持致富带头人、外出经商和务工人员、高校毕业生、退役军人等优秀人才返乡发展，以此逐步优化乡村人才队伍结构，为乡村振兴注入"源头活水"。[1]

四 民族地区深入推进乡村振兴的政策建议

当前，民族地区正值脱贫攻坚与乡村振兴衔接过渡的关键阶段，结合民族地区在乡村建设中所积累的丰富经验，为确保政策延续和乡村建设、发展的稳步推进，需要继续围绕乡村振兴的主要任务，从产业、人才、文化、生态、组织五个方面，推进民族地区乡村振兴的进一步发展。

（一）进一步优化民族地区产业结构

民族地区要以区域发展优势为主导，从"带、融、创"三个层面优化民族地区产业结构，构建民族地区现代化乡村产业体系。具体而言，"带"即稳定、提高龙头企业的主导作用，凸显区域特色产业对于乡村发展的带动功能，积极培育企业、合作社、农民三位一体的产业发展模式，拓展农民以产业增收的渠道，以此增强产业与经济社会发展之间的联系程度。"融"，一方面需要重视农业产业的高质量发展，促进农产品的产销融合；另一方面，要推动一二三产业融合发展，聚焦农村产业门类与类型齐全、产业功能多样的现代乡村产业体系构建以及乡村各产业的协同发展与全面兴旺。[2] 比如，旅游业为民族地区乡村社会转型提供了重要渠道，民族地区可基于旅游业构建乡村旅游、乡村文化、乡村生态为一体的融合发展模式，以此促进旅游、农牧渔

---

[1] 《云南全链条加强基层人才队伍建设"人才引擎"赋能乡村振兴》，云南省人民政府网站，2022年8月18日，https://www.yn.gov.cn/ztgg/jjdytpgjz/xwjj/202208/t20220818_245912.html。

[2] 肖卫东：《特色产业赋能乡村振兴的内在逻辑与行动路径》，《理论学刊》2023年第1期。

业、文化等产业的融合发展。"创"即在一二三产业融合、做精做强民族地区特色优势产业的基础上，将发展新业态和新模式作为拓展产业赋能空间的创新途径，有效拓展产业发展的多种功能、充分挖掘民族地区乡村社会的多元价值。比如，民族地区可以通过推动农业科技创新升级，为农村产业发展搭建创新平台，逐步将农村创业创新园和孵化培训基地作为农村产业发展的主阵地。

（二）继续强化民族地区乡村振兴人才支撑

《乡村振兴战略规划（2018—2022年）》已经明确指出要强化乡村振兴人才支撑，培养新一代爱农业、懂技术、善经营的新型职业农民，加强农村专业人才队伍建设，鼓励社会人才投身乡村建设。强化人才支撑是民族地区实现高质量发展的长远目标，需要继续在引进人才、培育人才、重用人才等方面多下功夫、下苦功夫。对此，民族地区需要继续深入弥补人才缺口的实践探索。其一，民族地区要引进乡村振兴所需要的专业型和技术型人才。当前，随着民族地区农村产业发展需求的提升，村两委班子成员难以胜任产业专业化发展的任务，需要拓展外界专业人才进入乡村社会发展的渠道。比如，可以通过临时聘用、联合聘用等方式缓解乡村社会在专业人才上的缺口。其二，重视培育、选拔乡村管理人才，吸引更多管理人才扎根乡村、建设乡村。比如，在现实层面，民族地区的部分村庄无法推选出可以同时胜任三个岗位（村党支部书记、村委会主任和村集体经济合作组织负责人）的候选人。对此，一些地方出台了相关政策文件鼓励机关企业事业单位干部和优秀人才到村庄任职，或者通过"乡编村用""乡招村用"等正式考聘方式将新聘用人才安排到村中工作。[1] 同时，也需要注重打通村干部的上升发展空间，以此激活乡村管理人才的流动系统，破解管理人才"留不住"的问题。

---

[1] 唐丽霞：《乡村振兴战略的人才需求及解决之道的实践探索》，《贵州社会科学》2021年第1期。

（三）努力构建民族地区乡村文化高质量发展机制，发挥民族特色文化在乡村振兴中的关键作用

民族地区乡村文化振兴需要多方助力，更需要自主发展。因此，民族地区乡村文化的高质量发展需要逐步打破以政府驱动为主的发展模式，即政府在乡村文化建设中担任多重角色，如主导者、引领者等，而村民等其他参与主体却处于被动地位。相应的，民族地区需要基于政府为乡村文化发展投入的资源，将多元主体合作的发展思路引入文化建设，提高乡村文化的可持续发展能力。与此同时，尤其需要注重彰显民族地区的乡村特色文化，避免在发展过程中出现"多村一面"等现象，要将民族地区特色文化的辨识度充分呈现出来，以拓展民族地区乡村文化的发展空间。

（四）始终将生态文明作为民族地区乡村振兴的底线，多层次构建生态文明的实践体系

生态文明为民族地区发展环境友好型、可持续型产业结构指明了发展方向。对此，民族地区需要从生态问题预防、生态问题治理、生态环境高质量发展三个层面构建生态支持乡村发展的实践体系。在生态问题预防上，民族地区要进一步完善地方性生态规制政策，细化生态环境保护的工作方案和责任体系，并进一步健全民族地区生态环境保障体制。在生态问题治理上，民族地区既要保持地方性政府主导的生态治理体系，又要构建多元主体参与的生态治理机制，尤其要进一步发挥民众作为生态振兴主体的力量，带动、吸引、鼓励民众参与生态振兴的过程，引导民众践行绿色、低碳的生活方式，推动各项生态保护措施的落地落实。在生态环境高质量发展上，民族地区需要充分将生态文明融入产业发展的整体结构，结合民族地区独有的生态资源，努力构建"生态+"的开放型发展格局，为民族地区生态环境的高质量发展注入更多支持资源。

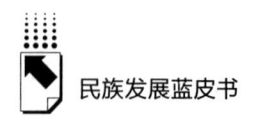

（五）以组织建设为民族地区乡村振兴提供行动保障

党的十八大以来，民族地区高度重视农村基层自治组织、经济组织、社会组织在提升农民组织化程度上的重要作用。结合当前民族地区在农村基层组织建设中所取得的丰硕成果，在全面推进乡村振兴的时代背景下，以乡村基层党组织、合作经济组织推动组织振兴的实践仍需要注意以下方面。其一，要进一步凸显组织建设的规范性特征，凸显其在带动村民参与乡村建设行动上的引领功能。以民族地区农民专业合作社为例，需要推动合作社的市场机制建设，加快推动合作社建立市场信息服务体系，支持合作社开展农产品深加工，增强对小农户的带动作用。[①] 其二，要进一步彰显组织建设的"社区性"特征，本质上要凸显农民是乡村振兴最基本的实施和受益主体。民族地区乡村基层组织需要多维度、多面向地拓展本地乡村社区资源，充分发挥普通村民、各类乡村精英在组织振兴中的能动作用，进而整合乡村发展要素，进一步提升乡村建设与高质量发展的可行性。

结　语

民族地区的乡村振兴是一项长期的艰巨任务，是民族地区实现城乡协调发展、共同繁荣的关键。当前，乡村振兴战略的实施在民族地区已经取得了重要进展。在政策层面上，民族地区深入推进落实以乡村振兴为核心的各项政策、行动方案，成为民族地区在巩固脱贫攻坚成果的基础上全面推进乡村振兴的基石；在振兴领域，民族地区在乡村产业振兴、人才振兴、文化振兴、生态振兴与组织振兴上的探索，有力促进了民族地区乡村社会的全面发展。可以认为，民族地区推进乡村振兴的制度框架与政策体

[①] 孔祥智、魏广成：《组织重构：乡村振兴的行动保障》，《华南师范大学学报》（社会科学版）2021年第5期。

系已基本形成。在新发展阶段，随着发展阶段和目标任务的变化，民族地区需要以高质量发展为主题，以农业农村现代化为目标，实现从构建制度框架与政策体系到全面推进实施的转变，以进一步提高民族地区乡村社会的发展能力，全面激发民族地区乡村振兴的内生动力，探索以内生型发展为主导的乡村振兴之路。

B.11 民族地区文旅产业助推乡村振兴与现代化发展：问题与建议

丰晓旭*

摘　要： 文旅产业已经成为民族地区脱贫攻坚产业扶贫的重要发展内容，在推进乡村振兴的新阶段，需要从政策层面关注战略任务与政策导向的新变化。尽管民族地区尤其是乡村地区的文旅产业发展已经有了一定积累，但仍普遍存在自主发展能力弱、区域竞争激烈、融合深度不够、分配机制不健全、与民族工作融合不紧密等方面的问题，应在产品定位、衔接组织、要素支撑、资产管理、协作机制等方面有所应对。未来通过发展文旅产业助推民族地区乡村振兴与现代化进程，应从发展效益、项目定位、要素建设、分配机制、职能融合等方面加强和改进。

关键词： 文旅产业　民族地区　乡村振兴　产业影响

根据文化和旅游部公布的数据，脱贫攻坚期间旅游产业参与脱贫减贫任务的份额达到了17%至20%，已有研究结果显示，适合发展旅游业的脱贫攻坚县高达442个。[1] 科学合理发展文旅产业也为民族地区实实在在地带来了可观的综合效益。可以说，在脱贫攻坚阶段，文化和旅游扶贫已经成为民族地区脱贫攻坚的重要手段，在接续推进乡村振兴的新阶段，以前期积累的

---

* 丰晓旭，中国社会科学院民族学与人类学研究所民族经济研究室助理研究员，研究方向为民族经济、文旅产业发展。
[1] 保继刚、杨兵：《旅游开发中旅游吸引物权的制度化路径与实践效应——以"阿者科计划"减贫试验为例》，《旅游学刊》2022年第1期；徐藜丹、邓祥征、姜群鸥等：《中国县域多维贫困与相对贫困识别及扶贫路径研究》，《地理学报》2021年第6期。

扶贫资产为基础，文化和旅游仍然能为民族地区乡村产业的可持续兴旺提供赋能动力。

总体来看，在民族地区尤其是在其乡村地区发展文旅产业，具备以下五个方面的特征：一是文化和旅游产业的关联带动性强，具备十分明显的融合特征，能很好地成为民族地区农村产业的有效补充形式与重要融合内容；二是文旅产业所具备的在地消费属性可以更好地将产业发展效果落地到乡村，进而为民族地区乡村振兴贡献更多的收益与就业；三是文旅产业项目的发展越来越趋于成熟理性，其背后存在因地制宜和绿色发展的生产实践逻辑，理性的市场行为趋势可为民族地区乡村振兴项目规避掉一些不必要的风险；四是文化和旅游自带 IP 属性和引流属性，民族地区的文旅产业具有很大的创新空间，科学开发乡村文旅资源能够激活民族地区农村经济的市场潜力；五是发展文旅产业可为民族地区的乡村带来产业要素的集聚与人财物的流动，这些经济活动可为更加有效地开展新时代党的民族工作提供有力抓手。

在发展方向与现实效果上，民族地区文旅产业这五个方面的突出特征与国家乡村振兴战略中提出的基本发展原则是高度一致的。文旅产业助推民族地区乡村振兴，既能很好地彰显地域特色、承载乡村价值、体现乡土气息，又能健全全产业链的利益联结机制，引导形成以农民为主体、企业带动和社会参与相结合的绿色乡村产业发展格局。

一　文旅产业在脱贫攻坚和助推乡村振兴中的政策导向

自 2020 年《中共中央　国务院关于实现巩固拓展脱贫攻坚成果同乡村振兴有效衔接的意见》颁布以来，我国脱贫地区的工作重点就开始逐步从集中资源支持脱贫攻坚转向巩固拓展脱贫攻坚成果和全面推进乡村振兴，具体的工作任务也开始有针对性地转向。随后，国家层面连续出台了一系列政策文件，用以支持全面乡村振兴工作。

随后，党中央、国务院作出一系列重要部署，文旅产业在乡村振兴中发

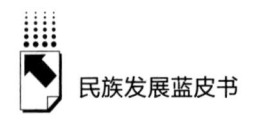

挥的作用与影响也越来越受重视。例如，《中共中央　国务院关于全面推进乡村振兴加快农业农村现代化的意见》，即强调了全面推进乡村振兴的部署中产业振兴的地位与作用，并从产业支撑的角度给出了相应的指导；《中华人民共和国乡村振兴促进法》正式颁布实施，指出促进乡村振兴要统筹推进农村经济建设、政治建设、文化建设、社会建设、生态文明建设和党的建设，并提出要有计划地建设特色鲜明、优势突出的农业文化展示区、文化产业特色村落，发展乡村特色文化体育产业，推动乡村地区传统工艺振兴，积极推动智慧广电乡村建设，活跃繁荣农村文化市场；国务院出台《关于促进乡村产业振兴的指导意见》，指出产业兴旺是乡村振兴的重要基础，是解决农村一切问题的前提，并提出要促进乡村特色文化产业发展；党的十九届五中全会则对全面推进乡村振兴做出了部署。

《中共中央　国务院关于做好2022年全面推进乡村振兴重点工作的意见》提出"启动实施文化产业赋能乡村振兴计划"。随后，在2023年，文化和旅游部联合5个部门印发了《关于推动文化产业赋能乡村振兴的意见》，足以说明文化产业在乡村振兴整体发展格局中的重要地位，可以为乡村带来可持续的发展动力。该《意见》指出了文化产业参与乡村振兴亟须关注的重点领域，并从市场主体、项目设计、人才支撑、用地规范等方面给出了具体的指导意见，同时也强调了外力引入的重要作用。乡村文化产业繁荣，在功能上可与产业质量、管理效果、民生福祉等多方面对接，所体现的综合带动效应，有助于进一步巩固拓展脱贫攻坚成果，促进相关地区有效衔接乡村振兴事业。

《关于推动文化产业赋能乡村振兴的意见》已经具体指出了需要关注的八大重点领域，这八个领域同属文化发展范畴，而每个领域又都具备与旅游业深度融合的可能性。例如，创意设计有助于乡村文旅资源的创造性转化创新性发展，演出产业、美术产业、手工艺与音乐产业则能为乡村文旅产业提供更多有价值的发展内容。值得重视的是，在文旅融合领域，政策层面也开始注意到了一个基本现状，即经过较长一段时期的积累，许多乡村地区的文旅产业已经开始有了一定的发展基础。于是在政策导向上开始偏向于强调提质增效，例如，提出要强化乡村旅游业态的深度融合，要强化文化消费与旅游消费的有机结合，强化艺术设计开发、非物质文化遗产融入、农耕文化传承等深度 IP 导入工作在乡村文旅产业开发中的突出地位。

从乡村文旅产业发展的客观规律与目标任务的视角看，传统民族地区和非民族地区在发展乡村文旅产业上并没有本质的区别。在尊重产业发展规律的前提下，二者的不同主要体现在以下三点。

一是资源禀赋上的区域差异。从文旅产业资源开发的视角看，在自然资源上，民族地区往往具备先天的区位优势；在文化资源上，民族地区的这种文化感受与差异体验，与"十里不同俗"的客观规律是一致的。而二者的有机融合进一步强化了民族地区在资源禀赋差异上的吸引力与发展优势。

二是发展条件上的基础差异。具体表现在交通基础设施、投资发展主体、人才体系供给等多方面的制约与限制。但从某种程度上说，这些基础差异也被动地为民族地区留下了宝贵的生态经济资源，而文旅产业开发与其密切相关。

三是发展效果上的内涵差异。从民族工作的角度检视民族地区的文旅产业开发问题，往往会衍生出更多社会、文化和心理等方面的意涵，在具体的产业实践与政策导向上也逐渐受到重视。例如，2022 年 6 月，文化和旅游部、国家民族事务委员会、国家发展和改革委员会印发了《关于实施旅游促进各民族交往交流交融计划的意见》。可以说，旅游活动与旅游业在经济、社会、文化与心理等方面的多重影响机制与促进各民族交往交流交融工作的具体要求之间存在天然的联系。这一计划在全国的推广，对于从产业角度探索践行民族工作主线、实现各民族共同现代化都有着至关重要的现实意义。

对于民族地区来说，在脱贫攻坚阶段，基于文旅资源的开发潜力，许多乡村扶贫产业体系的规划中或多或少都有文旅产业的影子。在当时的规划设计中，文旅项目被赋予了激活当地经济发展活力、拓展一二三产融合发展空间的功能定位，占据着非常重要的角色和地位。民族乡村地区也因此积累了与文旅产业相关的扶贫资产,这些资产的管理与运营是未来政策层面需要持续关注的重点。

二 民族地区发展乡村文旅产业的关注重点

从发挥文旅产业积极影响的角度看,文旅产业项目在脱贫攻坚阶段和乡村振兴进程中担负的角色与定位是一脉相承的。从文旅项目自身的生命周期看,在脱贫攻坚阶段多处于萌芽期,而在乡村振兴阶段,理想状态下则相应进入增长期。因此,保证相关项目按照既定目标稳定发挥综合效益,是民族地区发展乡村文旅产业需要持续关注的核心工作目标。

(一)文旅产业在乡村产业中的地位与作用

孙九霞等提出,旅游发展与乡村振兴之间存在多元内在关系,在经济层面,发展乡村旅游可以通过重聚发展主体、注入生产要素的手段来实现乡村在经济层面的产业结构多元化和空间多功能化;在精神文化层面,有利于物质文化的保存修复和精神文化的调适再造;在治理探索层面,乡村旅游的发展过程有助于乡村的自组织治理和网络治理,可以有效激活乡村居民的自主性,进而构建地方和外部力量的可持续互动场域。[1]

经过这些年产业扶贫的不断实践与探索,文旅产业可以说在发展乡村产业中发挥了举足轻重的作用。在各地的脱贫经验总结中,或多或少都可以看到文旅产业的影子。当然,出现这种局面存在多重因素,例如市场需求的客观存在、地方政府的积极性、追求产业影响的目的性等。

在文旅产业发展效应方面,一般认为,激活和增强乡村经济发展动力、维护和促进民族地区社会民生持续改善、推动和落实优秀传统文化创造性转化和创新性发展、延续和彰显乡村地区绿色发展优势是几个较为突

---

[1] 孙九霞、黄凯洁、王学基:《基于地方实践的旅游发展与乡村振兴:逻辑与案例》,《旅游学刊》2020年第3期。

出的效应。当然，我们不能一味地关注和宣传文旅产业发展带来的积极效应，也要冷静客观地认识可能存在的负面影响，从而尽可能规避或消除负面影响。

（二）乡村产业的融合特征及其深度应用

郭俊华、卢京宇从产业扶贫中的问题与经验入手，提出未来做好产业兴旺需要关注"生态+""文化+""旅游+""金融+""互联网+"五大发展模式，并提出要用好"两只手"、"三产"融合、"四化"发展、"五方"联动等优化对策，以巩固和拓展产业扶贫成果，实现产业扶贫到产业振兴的转变。

具体调研过程中发现，上述这些发展模式在现实中又都是相互融合的，往往呈现"生态+农文旅+金融+互联网"的大融合模式，基于原有的生态优势与绿色发展要求，农文旅融合发展往往成为主要的产业发展突破口。[①]

在农村地区发展乡村产业，存在许多现实的基础性前提与资源约束。在发展基础上，乡村产业的可选择空间往往较为有限，一般情况下，农业仍然是主要内容；在资源约束上，诸如用地、技术、资本等方面的现实困难是客观存在的。以上两点在民族地区的乡村产业发展中表现得更为明显，在国情调研过程中发现，部分地方发展会受到生态红线的影响，这就更加考验发展智慧。

总之，因地制宜地探索产业发展方向，理性客观地制定可实现的发展目标，是挖掘乡村产业可开发空间的基本原则。一般认为，乡村产业中更适合走一二三产融合发展的道路，提升农业发展效率与质量，将部分特色农产品与特色工艺品的价值附加值尽量留在当地，进一步拓展文旅产业等服务业业态的发展空间。在发展过程中，注重彰显生态价值的同时，也须关注新技术、新应用带来的发展机遇。

[①] 郭俊华、卢京宇：《产业兴旺推动乡村振兴的模式选择与路径》，《西北大学学报》（哲学社会科学版）2021 年第 6 期。

（三）相关产业人才的回流逻辑及其可行性对策

促进乡村振兴，人才支撑是关键。既往研究已注意到乡村人口流失的现状以及乡村振兴人力资本缺乏的问题，随着中国总体人口结构的不断演进和城镇化进程的不断发展，这一问题显得越发突出且紧迫。

实际上，乡村振兴、乡村产业以及乡村人力资本等问题看似不是同一个层面的问题，但如果把各维度视作独立变量，各变量在发展过程与最终结果上是呈现正向关联的，其关系可以用"一荣俱荣、密切关联、互为影响"来概括。

李卓等从动力机制的视角对"安居乐业"和"乐业安居"两种不同的人口流动类型进行了分析。在村庄个案中，作者对人才回流实践的阶段进行了具体解构，从返乡精英到关系型的生长拓展，最后是制度化层面的发展内容。先有"城归精英"的返乡创业和产业培育，才能吸引更多技能型和管理型人才返乡参与乡村建设，乡村人力资本的回流带来了乡村经济资本和社会资本的回流。乡村人才回流的关键在于，乡村产业在发展内容上要与之相对应，只有这样返乡人才才有用武之地，二者之间良性的发展关系是相互融合、互促共进的，这也是可持续发展要求下的应有之义。①

（四）乡村文旅产业高质量发展的任务转向

我国的乡村旅游发展一直处在农村改革的大背景中，随着农村工作的不断向好，乡村旅游工作也开始从数量发展迈向高质量发展。在新发展阶段，乡村旅游也面临新的发展环境与机会，关注产业发展要素的发展活力，持续促进乡村旅游发展提质增效，才能实实在在地为扎实推进共同富裕奠定物质基础。要在巩固拓展脱贫攻坚成果方面提供可靠的支撑内容，要为农民农村增加更多的财产性收入；要深化拓展农村产业的

---

① 李卓、张森、李轶星等：《"乐业"与"安居"：乡村人才振兴的动力机制研究——基于陕西省元村的个案分析》，《中国农业大学学报》（社会科学版）2021年第6期。

联动内容，创造更多发展机会，同步带动农村人居环境的综合改善。[①]

发展到现阶段，我国尤其是民族地区的乡村文旅产业都有了较为长足的进步与发展。已有项目须在开发规模与深度上进一步拓展，资源基础好但原来没有相关产业的，也正在被挖掘发展潜力或已初具雏形。未来的乡村文旅产业发展需要更加关注细节短板提高，在优化发展目标时，既要重视产业发展质量与效率的提升，还要重视对产业发展效果与影响的跟踪，进而深化和完善乡村文旅产业发展与全面乡村振兴战略的可持续良性互动关系。

三 民族地区乡村文旅产业发展的问题和原因

经历脱贫攻坚阶段的产业扶贫红利后，民族地区的乡村文旅产业在相关设施投入、文旅资源挖掘、初期项目开发等方面有了一定的积累。在巩固脱贫攻坚成效、接续推进乡村振兴的过渡阶段，通过在民族八省区开展国情调研，我们发现了民族地区乡村旅游产业普遍存在的问题，这些问题能否解决将关系乡村文旅产业功效的进一步发挥。同时，针对这些普遍问题，本文也尝试分析原因，并提出可讨论的对策建议。

（一）普遍存在的问题

民族地区的许多乡村文旅资源已被挖掘利用，其开发价值受到重视，围绕这些资源已经进行了或快或慢、或多或少的开发投入。具备开发基础的传统乡村文旅项目，随着市场需求偏好的变化，开启了优化升级之路。原来未被开发但具备发展潜力的乡村文旅资源也开始受到重视，逐步探索产业化的可行路径。可以说，脱贫攻坚为民族地区的乡村文旅产业带来了发展机遇，其普遍存在的问题可归为如下五点。

---

① 丰晓旭：《共同富裕目标下的乡村旅游资源开发逻辑及关键问题分析》，《自然资源学报》2023年第2期。

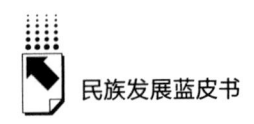

一是大多处于起步阶段，自主发展能力较弱。在脱贫攻坚阶段，民族地区的许多文旅项目是通过多元化的帮扶援助才得以上马，项目运转依赖多方支持，产品大多处于萌芽阶段。2020~2022年各地的旅游业都受到了较为严重的影响，尽管2023年国庆中秋黄金周的统计数据比较亮眼，在接待人数与旅游收入上实现了迅速恢复，但对处于起步阶段且自主发展能力较弱的民族地区文旅项目来说，近三年能否保持良性运转，是极其考验项目管理综合能力的。调研过程中发现，有的民族地区乡村文旅项目没能正常运转已被迫停业，甚至部分项目因管理缺失、遭到破坏等原因完全丧失了接待能力。

二是同类型产品之间的区域竞争日趋激烈。近些年，乡村文旅产业项目的开发都遵循相似的策划与发展路径，在资源转化、产品体系、发展模式等方面趋于雷同的情况比较常见。在位置相邻、资源相似的地区，实现错位发展是避免恶性竞争与吸引力缺失的关键。调研过程中发现，乡村文旅项目会因为同质化严重、市场客源定位不清等原因，难以形成适应自身实际发展情况的市场竞争力。

三是涉及一二三产联动发展的内容，但融合带动的效果有待提升。许多文旅产业项目在规划时，都会联动特色农副产品种养殖及其深加工、当地手工非遗商品制作、相关接待业态填充等方面的内容，以此给当地带来人财物的流动繁荣与产业链价值。但实际操作过程中，融合带动效果往往并不符合预期。调研过程中发现，不少民族地区文旅产业项目未能抓住联动发展机遇，例如有些地区在第一产业的发展思路上，偏好大规模种植某经济作物，却面临市场波动的风险，而旅游接待所需的农产品却只能依靠外部输入。

四是大多涉及多元化的合作关系，运转后的分配效果需要关注。基于乡村旅游资源开发的约束特点与扶贫任务的政策要求，乡村文旅项目走的是各利益相关主体共同参与的合作开发模式，在此基础上建立起的利益分配关系与运营秩序需要持续关注。脱贫攻坚期间，民族地区这种涉及多元参与主体的文旅项目很多，能否持续健康运转直接影响民族地区巩固脱贫攻坚成果的成效。

五是存在重经济效益而轻其他工作的情况，与民族工作挂钩不够紧密。文旅项目带来的经济效益是民族地区产业扶贫过程的关注重点，这也是项目能够持续推动的核心动力。发展文旅产业对社会、文化、生态、心理等方面有积极影响，如何将这些综合影响放大，仍然需要强化认识，并将其付诸行动。此外，在与民族工作融合发展方面，普遍存在形式大于内容、浮于表面的情况。

（二）造成问题的主要原因

以上五点是当前民族地区发展乡村文旅产业普遍存在的问题，而造成这些情况的原因可归为如下五点。

一是产品设计与市场定位盲目。在具体的产业项目实践中，产品设计与市场定位是紧密联系的，一些乡村旅游项目在发展定位上缺少对市场竞合关系的清晰认识，在具体操作时盲目复制和照搬已有案例，却忽视了自身所在区域的实际情况与发展条件，进而出现了项目方案在本地"水土不服"的情况。对某些发展基础较弱的民族乡村地区来说，沉下心来发展一些较为初级的旅游消费内容，可能在操作层面更具可行性。等这些文旅项目有了一定的发展基础与市场积累之后，才能谋求产业项目的可持续演进升级。

二是业态衔接组织力度不够。随着市场需求偏好的不断多元化，所对应的旅游产品也在不断创新，旅游产业的融合创新边界也在不断突破。乡村旅游更多的是一个空间范畴的概念，这决定了其核心问题是旅游开发和"三农"工作的有机融合与互动转化。在融合实践中，不少民族地区的引导组织能力有待加强，前文列举的问题之所以出现，当地的第一产业规划与文旅产业规划衔接不够紧密是主要原因。

三是本地相关发展要素成长缓慢。一般认为，乡村文旅产业的发展要素可以分为两类，一类是农村现有文旅资源与劳动力，另一类是文旅开发所欠缺的要素，例如资金、技术与急缺人才等。其中，民族地区当地劳动力的参与和发展问题是重中之重。只有在文旅项目中广泛吸纳本地人参与，经过较

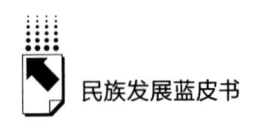

长时间的适应与积淀，才能凸显出农村自我发展能力。这既是当下亟须重视的工作，也是未来需要长期坚持的工作。

四是相关资产的管理工作亟待规范。脱贫攻坚为乡村地区留下了大量的扶贫资产，分类摸清各类扶贫项目形成的资产底数是保证项目前期投入效率与后期可持续发展的基础性工作。在此基础上，强化资产管理和监督工作，才能充分保证资产收益与分配的方向与效率。在规范民族地区文旅项目发展利益分配的问题上，做好集体经济所占份额的管理工作至关重要。其中，把握好集体资源入股前的量化方法和规范集体经济组织内部的增值收益分配制度问题是核心工作抓手。

五是多元工作目标协作机制有待加强。从文旅产业自身的高关联度特征看，文旅产业的高质量发展也需要且完全可以为铸牢中华民族共同体意识的民族工作主线贡献力量。长期以来，产业发展和民族工作归属的管理部门不同，由此引发的观念意识、职能协作、制度建设等问题需要有针对性地探索优化。

四 文旅产业助推民族地区乡村振兴与现代化的发展建议

基于上述分析，本文从民族地区文旅产业可持续发展的角度，建议从发展效益、项目定位、要素建设、分配机制、职能融合等方面加强和改进相关工作。

（一）立足民族地区需求，提升多元联动效益

长期以来，乡村文旅项目对农村发展的贡献是多元的，处于民族地区的乡村同样也在文旅产业探索发展中获益。在接续全面推进乡村振兴的阶段，需要更加聚焦民族地区的发展需求，多元化地拓展产业联动空间。

一是注重文旅项目对民族地区乡村产业发展活力的注入作用，放大可行的联动效果。从项目细节入手，强化对传统农牧产业的关联，从食、住、

行、游、娱、购等方面的基本市场机会寻求增量空间。在理想的产业融合框架之下，客观分析自身的可行性基础条件和客观市场形势，精打细算投入产出账，综合判定产业项目的延伸方向。

二是强化文旅项目对民族乡村社会事业共建共享的协同作用，同步提升社会治理水平。文旅项目的注入，可为民族地区的乡村社会发展带来多方面的积极影响。从硬件上看，相关设施的建设细节要兼顾多元功能，提高使用效率；从软件上看，要从态度观念转变、文化建设积累、生产生活方式、治理管理习惯等方面形成引导带动关系，真正体现"促进各民族共建美好家园、共创美好未来"的政策要求，推进各民族共同现代化发展进程。

三是珍惜文旅项目对民族地区优秀传统文化"两创"的承载机会。随着我国现代化进程的稳步推进，许多有价值的传统文化资源可能存在代际间的传承困难与损耗，这在民族地区体现得更为明显。而文旅项目则是传统文化资源传承发展的绝佳载体。在具体执行时，要始终坚持创造性转化、创新性发展的要求，探索文化为核、旅游为形的价值转化链，强化互促共进、互惠共赢的利益分配链。

四是利用文旅项目转化和彰显民族地区绿色发展优势。当前我国正在稳步探索适合中国发展国情的"国家公园"建设路径，"国家公园"将成为中国生态文明建设对外展示的窗口。根据国际发展经验，许多国家的国家公园旅游市场规模在旅游市场总规模中占比很高，在发展效益上并不输于传统模式，这就为民族地区发展文旅产业指明了一条能够绕开传统发展模式限制的新路子。因此，需要主动转变工作思路，强调生态旅游发展理念，避开传统文旅项目开发中遇到的限制因素，挤掉传统思路下旅游用地需求水分，灵活探索具备生态保护、科研教育、自然游憩等功能的生态旅游产品，拓展生态旅游系列产品的附加值。

（二）理性定位项目内容，客观实现错位发展

如前文所述，民族地区需要结合自身发展实际条件，理性推动乡村文旅项目的发展，可以从时间和空间两个方面的发展差异理解并把握发展方向。

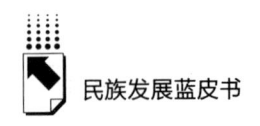

一是客观分析产业项目所处的综合环境，把握项目演进周期的质量与效率。从整体上看，不同地区的文旅项目可能处在演进周期的不同阶段，项目内容与客源定位各不相同，但只要符合所在地的综合实际情况，就能发挥其应有价值。对于原本发展基础好的地区，如何进一步深化内容创新，促进产业高质量发展是核心工作；而在脱贫攻坚阶段才刚刚起步的地区，则需要进一步厘清帮扶与自我发展之间的关系，全力保障项目在接续阶段的发展走向。

二是梳理所在区域的竞合关系格局，因地制宜地实现错位发展。对于民族乡村地区来说，雷同文旅资源在一定区域范围内的竞争问题客观存在。一方面，在资源要素和旅游产品层面，要加大区域整合与协调力度。基于我国在推进乡村振兴过程中体现的行政层级行动特点，县级层面的统筹协调往往更具灵活性与直接性，这既关系县域内的产业分工效率与有机发展格局，也关系县城与乡村在客源与要素等方面的有序支撑问题。另一方面，在探索具体的乡村文旅项目发展时，相关市场主体更要主动融入大区域的发展格局与分工体系，找准自身定位，实现错位发展，既要抓住可行的市场机会，也要避免资源配置上的不必要浪费。

（三）培育本地要素体系，提升自主发展能力

提升自主发展能力，实现从"输血"到"造血"的转变，是民族地区接续推进乡村振兴阶段的重点任务。从产业经济发展的角度看，项目的可持续运转，重点在于产业发展要素体系的支撑力度与培育情况。当前民族地区乡村文旅产业仍然可以利用政策支持上的缓冲时机，尽快完善支撑自主发展能力的要素体系。

一是灵活提升产业用地效率。发展乡村旅游，在用地上必须遵循国土空间规划与环境保护的相关要求。乡村旅游的核心资源就是"三农"，发展乡村旅游项目，必须同步考虑当地的长远发展。在内容设计上，须认识并认真分析多重功能与操作问题。在具体实践中，散点复合用地的探索普遍存在。值得强调的是，在民族地区探索相关设施用地的多元功能叠加工作，具有更

强的战略发展意义。

二是做好人才培育长期计划。从产业发展逻辑与人才吸引力的双向角度分析，人才要素的培育是存在良性循环发展的可能性的。对很多刚脱贫的民族地区来说，产业人才支撑依靠帮扶的情况比较多，人才建设才刚刚起步。通过产业实践储备并培育人才需要从长计议，将工作周期扩展至代际间的变化幅度，扎实稳步地做好教育培训、供需对接、流动影响、政策配套等方面的工作。

三是尊重市场规律多元配置资金。民族地区发展文旅产业项目的可持续运转，离不开发展资金。在筹措发展资金方面，需要灵活多样的渠道。首先，要强化产业项目市场投资价值的可行性论证，实现项目自主运转的底层逻辑必然要回归市场规律。其次，才是解决产业项目建设运营主体融资难与融资成本高的问题，需要注重金融融资服务平台建设，多渠道筹措资金，提升资金使用效率。

四是善于运用新技术创新发展空间。新技术应用正在深刻影响着旅游业的供需格局。从供给端看，产品内容与表现形式的创新经验值得总结；从需求端来看，消费偏好与行为特征也在发生深刻变化。在此背景下，乡村旅游核心内容的定位需要打开思路，短视频与直播的内容创作已经囊括了乡村生产生活的方方面面。研究现代消费偏好和平台传播的规律，有助于提高项目的共情影响力和消费转化率。

（四）规范项目分配机制，巩固良性合作关系

关注乡村文旅产业发展成效，需要进一步理顺合作模式中的责权利关系，在规范项目的分配机制时引导和监管尤为重要。稳固明确的多方参与主体的责权利关系框架是乡村文旅合作开发得以有序展开的前提。一个必要的原则是在产业链上形成"优势互补、分工合作"的格局，"农户能干的尽量让农户干，企业干自己擅长的事，让农民更多分享产业增值收益"。

从管理学的角度分析，文旅项目合作开发的分配问题在本质上属于典型的委托代理问题。需要在具体项目实践中，探索规范的监管激励制度，提升

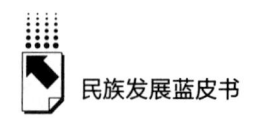

相关信息的透明度，提高项目开发全过程中的寻租和违约成本。其中，地方政府的作用至关重要，需要从乡村振兴与民族地区现代化的视角，积累乡村文旅项目的监管经验，提升专项治理能力。

（五）融合"铸牢"主线要求，全程贯穿民族工作

既将改革发展成果赋予民族工作主线的应有意义，又将高质量推动新时代党的民族工作同步纳入民族地区的经济社会发展之中，是民族地区贯彻落实中央民族工作会议精神的重要使命。文旅产业对民族地区特别是民族乡村地区的综合关联影响，体现在空间、文化、经济、社会、心理等多方面，能够有效融合和助推民族工作。

2022年实施的《旅游促进各民族交往交流交融计划》，对深入贯彻新时代党的民族工作主线，有着非常实际的积极意义。民族地区是该项计划的主要执行空间，民族地区文旅产业的繁荣有助于进一步深化各民族在空间、文化、经济、社会、心理等方面嵌入的程度。在民族地区推动文旅产业高质量发展的实践过程中，许多细节性的工作待进一步讨论，例如如何创新推出兼具功能性和市场性的文旅产品、如何通过整合区域文旅资源提升联动共享能力、如何通过完善管理服务内容提升民族交往交流交融效果等。

参考文献

[1] 北京师范大学中国乡村振兴与发展研究中心：《全面推进乡村振兴——理论与实践》，人民出版社，2021。

[2] 陈明：《农业农村现代化的世界进程与国际比较》，《经济体制改革》2022年第4期。

[3] 陈锡文：《实施乡村振兴战略、推进农业农村现代化》，《中国农业大学学报》（社会科学版）2018年第1期。

[4] 陈学云、程长明：《乡村振兴战略的三产融合路径：逻辑必然与实证判定》，《农业经济问题》2018年第11期。

[5] 陈秧分、刘玉、李裕瑞：《中国乡村振兴背景下的农业发展状态与产业兴旺途径》，《地理研究》2019年第3期。

[6] 陈秧分、王国刚、孙炜琳：《乡村振兴战略中的农业地位与农业发展》，《农业经济问题》2018年第1期。

[7] 董志勇、沈博：《百年中国共产党经济现代化思想的形成渊源与演进逻辑》，《经济科学》2021年第4期。

[8] 郭晓鸣、张克俊、虞洪、高杰、周小娟、苏艺：《实施乡村振兴战略的系统认识与道路选择》，《农村经济》2018年第1期。

[9] 郭珍、郭继台：《乡村产业振兴的生产要素配置与治理结构选择》，《湖南科技大学学报》（社会科学版）2019年第6期。

[10] 贺雪峰：《乡村振兴与农村集体经济》，《武汉大学学报》（哲学社会科学版）2019年第4期。

[11] 贺雪峰：《关于实施乡村振兴战略的几个问题》，《南京农业大学学

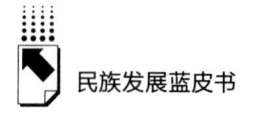

报》（社会科学版）2018年第3期。

[12] 胡书东：《中国经济现代化透视：经济与未来》，格致出版社，2010。

[13] 黄承伟：《论乡村振兴与共同富裕的内在逻辑及理论议题》，《南京农业大学学报》（社会科学版）2021年第6期。

[14] 黄群慧：《新发展格局的理论逻辑、战略内涵与政策体系——基于经济现代化的视角》，《经济研究》2021年第4期。

[15] 黄群慧、贺俊、倪红福：《新征程两个阶段的中国新型工业化目标及战略研究》，《南京社会科学》2021年第1期。

[16] 黄祖辉、傅琳琳：《建设农业强国：内涵、关键与路径》，《求索》2023年第1期。

[17] 姜长云：《新发展格局、共同富裕与乡村产业振兴》，《南京农业大学学报》（社会科学版）2018年第1期。

[18] 姜长云：《推进产业兴旺是实施乡村振兴战略的首要任务》，《学术界》2018年第7期。

[19] 孔祥利、夏金梅：《乡村振兴战略与农村三产融合发展的价值逻辑关联及协同路径选择》，《西北大学学报》（哲学社会科学版）2019年第2期。

[20] 李江帆：《产业结构高级化与第三产业现代化》，《中山大学学报》（社会科学版）2005年第4期。

[21] 李乾、芦千文、王玉斌：《农村一二三产业融合发展与农民增收的互动机制研究》，《经济体制改革》2018年第4期。

[22] 李实、陈基平、滕阳川：《共同富裕路上的乡村振兴：问题、挑战与建议》，《兰州大学学报》（社会科学版）2021年第3期。

[23] 廉昌、双传学：《新中国成立以来中国共产党推进经济现代化的历史考察》，《学海》2022年第6期。

[24] 刘戈非、任保平：《新时代中国省域地方经济现代化产业体系的构建》，《经济问题探索》2020年第7期。

[25] 刘海洋：《乡村产业振兴路径：优化升级与三产融合》，《经济纵横》

2018年第11期。

[26] 刘明月、汪三贵：《以乡村振兴促进共同富裕：破解难点与实现路径》，《贵州社会科学》2018年第1期。

[27] 陆益龙：《乡村振兴中的农业农村现代化问题》，《中国农业大学学报》（社会科学版）2018年第3期。

[28] 申云、陈慧、陈晓娟：《乡村产业振兴评价指标体系构建与实证分析》，《世界农业》2020年第2期。

[29] 沈昊驹：《现代化经济体系理论与实证研究》，华中科技大学出版社，2023。

[30] 盛朝迅：《推进我国产业链现代化的思路与方略》，《改革》2019年第10期。

[31] 宋华、杨雨东：《中国产业链供应链现代化的内涵与发展路径探析》，《中国人民大学学报》2022年第1期。

[32] 唐家龙：《经济现代化与现代产业体系的内涵与特征》，《天津经济》2011年第5期。

[33] 王春光：《关于乡村振兴中农民主体性问题的思考》，《社会发展研究》2018年第1期。

[34] 魏后凯：《如何走好新时代乡村振兴之路》，《人民论坛·学术前沿》2018年第3期。

[35] 魏后凯、崔凯：《建设农业强国的中国道路：基本逻辑、进程研判与战略支撑》，《中国农村经济》2022年第1期。

[36] 温铁军：《农民现代化是中国式现代化的关键》，《中国合作经济》2023年第2期。

[37] 温铁军、杨洲、张俊娜：《乡村振兴战略中产业兴旺的实现方式》，《行政管理改革》2018年第8期。

[38] 习近平：《论"三农"工作》，中央文献出版社，2022。

[39] 习近平：《加快建设农业强国 推进农业农村现代化》，《求是》2023年第6期。

［40］夏杰长、肖宇:《生产性服务业:发展态势、存在的问题及高质量发展政策思路》,《北京工商大学学报》(社会科学版)2019年第4期。

［41］严瑞珍:《农业产业化是我国农村经济现代化的必由之路》,《经济研究》1997年第10期。

［42］叶兴庆:《以提高乡村振兴的包容性促进农民农村共同富裕》,《中国农村经济》2022年第2期。

［43］叶兴庆:《新时代中国乡村振兴战略论纲》,《改革》2018年第1期。

［44］张军:《乡村价值定位与乡村振兴》,《中国农村经济》2018年第1期。

［45］张培刚:《农业与工业化》,商务印书馆,2019。

［46］张琦、庄甲坤、李顺强、孔梅:《共同富裕目标下乡村振兴的科学内涵、内在关系与战略要点》,《西北大学学报》(哲学社会科学版)2022年第3期。

［47］张元洁、田云刚:《马克思的产业理论对乡村产业振兴的指导意义》,《中国农村经济》2020年第10期。

［48］赵培、郭俊华:《产业振兴促进农民农村共同富裕:时代挑战、内在机理与实现路径》,《经济问题探索》2022年第9期。

［49］中共中央国务院:《中共中央国务院关于做好2023年全面推进乡村振兴重点工作的意见》,人民出版社,2023。

［50］中国科学院中国现代化研究中心:《中国经济现代化的新路径》,科学出版社,2010。

［51］周立、李彦岩、罗建章:《合纵连横:乡村产业振兴的价值增值路径——基于一二三产业融合的多案例分析》,《新疆师范大学学报》(哲学社会科学版)2020年第1期。

［52］周立、李彦岩、王彩虹:《乡村振兴战略中的产业融合和六次产业发展》,《新疆师范大学学报》(哲学社会科学版)2018年第3期。

Abstract

The report to the Party's 20th National Congress pointed out that "from now on, the central task of the Communist Party of China is to unite and lead the Chinese people of all ethnic groups in comprehensively building a great modern socialist country, realizing the second centenary goal, and comprehensively promoting the great rejuvenation of the Chinese nation through Chinese-style modernization." The Chinese-style modernization is the socialist modernization led by the Communist Party of China. It has the common features of modernization of other countries, and more importantly, it has Chinese characteristics based on its own national conditions. Development is the top priority of the CPC in governing and rejuvenating the country, and it is also the key to solving all problems in ethnic minority areas. The modernization of ethnic areas is reflected in various fields such as economic construction, political construction, cultural construction, social construction and ecological civilization construction. As one of the main features of modernization, the economic modernization of ethnic areas is not the ultimate goal of modernization, but it is very important to realize the comprehensive goals of modernization such as society, culture and education. To firmly build the sense of community of the Chinese nation is the main line of the Party's ethnic work in the new era, and it is also the main line of all work in ethnic areas. The economic modernization of ethnic areas is the economic foundation of the Chinese national community, and is also reflected in the common modernization.

The 14th Five-Year Plan is a crucial period for ethnic minority areas to grasp the new development stage, implement the new development concept, build a new development pattern, and promote the modernization process. From 2020 to 2022, the achievements of agricultural modernization in the eight ethnic minority provinces and regions are mainly reflected in the following: implementing food security projects, building high-standard farmland, and coordinating the construction of food industry chain, value chain, and supply chain; Actively promote the high-quality development of characteristic agriculture and animal husbandry, and build a modern green agricultural industrial cluster; We will accelerate innovation in agricultural science and technology and the transformation of achievements, and constantly upgrade the modernization of agricultural machinery and equipment. The eight ethnic minority provinces and autonomous regions have vigorously promoted the process of industrial modernization, promoted the industrial industry to a high-level foundation, the modernization of industrial chain, high-end, green and intensive industrial development direction. The achievements include: ethnic minority areas strengthen the construction of energy bases, forming a comprehensive energy system with clean energy as the main; Promote the construction of digital infrastructure in ethnic minority areas, and accelerate the digital industrialization and digitalization of industry; Ethnic minority areas give full play to their comparative advantages to undertake industrial transfer, focusing on the development of new material industries and high-end manufacturing. The achievements of upgrading and developing modern service industry in ethnic minority areas are as follows: Increase the capacity and expansion of producer service industry in ethnic minority areas, accelerate the deep integration of service industry and manufacturing industry; Ethnic-minority areas will accelerate the diversification and upgrading of the quality of life services.

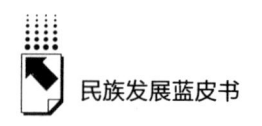

In the process of promoting economic modernization, ethnic minority areas should not only alleviate the overall structural, institutional and cyclical constraints at the provincial level as soon as possible, but also complete the arduous task of reform, development and stability. We must also face the low level of the manufacturing industry, the lack of distinctive advantages, the insufficient support of science and technology, education and human resources for industrial development, the weak market players, the low level of market-oriented operation of the development of short links, as well as some industries and enterprises still exist in many business difficulties, insufficient industrial investment, and the difficulty of maintaining stable economic growth. The debt risk level of some local governments is still high, and the contradiction between government revenue and expenditure is prominent. As far as the countermeasures and suggestions are concerned, they mainly include: strengthening the cultivation of market players; Promote the formation of a modern industrial system with distinctive advantages; Actively integrate into the construction of the Belt and Road, and cultivate and develop an open economy by strengthening the open platform; Alleviate the problem of unbalanced and inadequate development in ethnic minority areas; We will improve policies and systems for green and low-carbon development and promote green and low-carbon economic and social development in an all-round way.

The regional reports and special reports in this book provide a detailed analysis of the effectiveness, experience, problems and challenges of economic modernization in the relevant areas of the eight ethnic provinces and autonomous regions, and provide an important reference for accelerating the high-quality development of ethnic areas.

Keywords: Rural vitalization; Economic modernization; Agriculture modernization; Services sector modernization; Industrialization; Common prosperity

Contents

I General Report

B.1 Rural Revitalization and Economic Modernization

in Minority Areas　　　　　　　　　　　　　*Ding Sai* / 001

Abstract: The modernization of ethnic areas is an important part of the Chinese-style modernization road, and it is also the process of consolidating the economic foundation of the Chinese national community. As one of the main features of modernization, the economic modernization of ethnic areas is not the ultimate goal of modernization, but it is very important to realize the comprehensive goal of social, cultural and educational modernization in ethnic areas. This chapter analyzes the key measures and practical results of promoting economic modernization in ethnic areas from 2021 − 2023 from three aspects: comprehensively implementing rural revitalization to promote agricultural modernization, combining the comparative advantages of ethnic areas to accelerate industrial modernization and upgrade and develop modern service industries according to local conditions. At last, it explains the key points of promoting modernization in minority areas from five aspects, namely: strengthening the cultivation of market subjects; Promote the formation of a modern industrial system with distinctive advantages; Actively integrate into the construction of the Belt and Road, and cultivate and develop an open economy by strengthening the open platform; Alleviate the problem of unbalanced and inadequate development in ethnic minority areas; We will improve policies and systems for green and low-carbon development and promote green and low-carbon economic and social development in an all-round way.

Keywords: Economic Modernization; Agricultural Modernization; Service Modernization; Industrialization

Ⅱ Region Reports

B.2 The Effect and Future Prospect of High-quality Development of Agriculture and Animal Husbandry in Qinghai Province under the Background of Rural Revitalization

Wei Zhen, Du Qinghua / 027

Abstract: "Industrial prosperity" is the basis of rural revitalization and the premise of solving the problem of rural development. Industry prosperity must be based on high Quality development, only the high-quality development of the industry, there is a comprehensive revitalization of the countryside. In recent years, Qinghai Province has achieved remarkable results in promoting the high-quality development of agriculture and animal husbandry, especially the mutual promotion of industrial prosperity and integrated development, and the construction of green organic agricultural and animal products export areas. However, in the long run, the development of agriculture and animal husbandry is still faced with the problems of insufficient endogenous development power, insufficient talent support, not deep industrial integration and development, and not high level, which affect the sustainable development of rural industrial revitalization to a certain extent. This paper analyzes the existing challenges and constraints on the effect and present situation of promoting the high-quality development of agriculture and animal husbandry in Qinghai. In order to further promote the efficient implementation of rural revitalization strategy, this paper puts forward the following suggestions: optimize the industrial layout, stimulate the vitality of industrial revitalization production factors; Extending the value chain of agricultural industry and enlarging the "brand" economy; The development of digital economy enables the modernization of agriculture and promotes the output of green organic agricultural and livestock products; Strengthen the cultivation and introduction of talents, and enhance the core strength of industrial development.

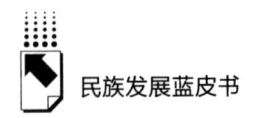

Keywords: Rural Revitalization; Green Organic Agricultural and Livestock Products; Agriculture and Animal Husbandry High-quality Development

B.3 Ningxia Accelerated the Construction of Rural Revitalization Model Areas to Promote Agricultural and Rural Modernization

Li Wenqing, Shi Donghui / 039

Abstract: The Party's 20th National Congress put forward the grand blueprint of comprehensively building a socialist modern country, comprehensively promoting the strategy of rural revitalization and accelerating the construction of an agricultural power. Ningxia Hui Autonomous Region will accelerate the construction of rural revitalization model areas as a guide, with the development of "six special" industries as a starting point, coordinated rural industry revitalization, talent revitalization, cultural revitalization, ecological revitalization and organizational revitalization, and accelerate agricultural and rural modernization. The main methods of promoting agricultural and rural modernization by rural revitalization in Ningxia are as follows: strengthening the Party's leadership over agricultural and rural work, providing organizational guarantee for the construction of rural revitalization model areas; Prevent the return to poverty, promote farmers' income, and keep the bottom line of rural revitalization tasks; Innovate the development model, and vigorously develop characteristic and advantageous industries; Improve rural social governance, do a good job of rural culture revitalization; Promote the development of model areas for rural revitalization through reform and innovation. The difficulties faced by Ningxia in promoting agricultural and rural modernization through rural revitalization are reflected in five aspects: the governance of relative poverty is a long way to go, the development momentum of agricultural industry is insufficient, the shortage of talents in rural revitalization, the agricultural and rural infrastructure is not perfect, and the construction of rural culture needs to be further optimized. Around the requirements of economic modernization, this paper puts forward five suggestions, namely: strengthen the leadership of the Party, provide guarantee for the strategy of rural revitalization and agricultural and rural modernization; Innovate the development model and promote the development of industries with distinctive advantages; Improve rural social governance and promote rural civilization; Strengthen the construction of infrastructure and strengthen the construction of beautiful villages; Attach importance to the construction of human resources and strengthen the construction of rural talents.

Keywords: Ningxia; Rural Revitalization Model areas; Agricultural and Rural Modernization

B.4 The Effect and Experience of Rural Industry Revitalization and Economic Modernization in Xizang　　　*Ning Yafang* / 058

Abstract: The revitalization of rural industries in Xizang is the basis for the overall revitalization of rural areas, and strengthening the revitalization of agricultural and pastoral areas is an important focus for promoting the socialist modernization of Xizang with Chinese characteristics. Centering on the Party's strategy for the governance of Xizang in the new era, Xizang has integrated rural revitalization into the four major tasks of "stability, development, ecology, and strong border", identified the comparative advantages of rural industry revitalization, given priority to the development of agriculture and animal husbandry, consolidated and expanded industrial poverty alleviation projects in line with rural industry revitalization, accelerated the cultivation of agricultural modernization market players, and improved the supporting service system for the development of agricultural and animal husbandry industries. By strengthening the driving role of cultural tourism industry in agriculture and animal husbandry, the revitalization of rural industry in Xizang has achieved a series of results in promoting economic modernization. Comprehensive analysis shows that the main experiences of the revitalization of rural industries in Xizang can promote economic modernization are as follows: Always adhere to the overall leadership of the Communist Party of China in the revitalization of rural industries; Scientifically understand and grasp the focus of rural industry revitalization; Make full use of the comprehensive benefits of industrial revitalization with the aim of promoting common prosperity; Make full use of modern science and technology to improve the efficiency of agriculture and animal husbandry development; Make good use of the resources of assist Xizang by forging a strong sense of community of the Chinese nation.

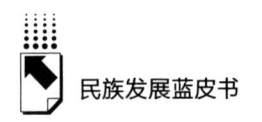

Keywords: Xizang; Rural Revitalization; Industrial Revitalization; Economic Modernization; High-quality Development

B.5 The Progress and Effect of Rural Revitalization Strategy and Agricultural and Rural Modernization in Yunnan Province

Song Yuan, Tan Zheng / 083

Abstract: Since the 19th CPC National Congress, Yunnan Province has implemented the rural revitalization strategy, made innovative exploration in promoting rural development, rural construction and rural governance, and accumulated some good practices and experience. Compared with developed provinces (municipalities), Yunnan is still faced with difficulties and challenges such as low quality of agricultural development, lagging agricultural and rural infrastructure, prominent shortcomings in rural public services, greater pressure to consolidate and expand the achievements of poverty alleviation, and difficulties in the integration of urban and rural development. It is still a long way to go to build a province with strong agricultural characteristics and realize agricultural and rural modernization. In the coming period of time, Yunnan Province should insist on consolidating and expanding the achievements of poverty alleviation as the foundation, focusing on the integrated development of urban and rural areas as the key, improving infrastructure and public services as the foundation, promoting the quality and upgrading of rural industries as the core, strengthening the construction of rural talent team as the support, giving play to the role of Party building as the bastion of fighting is the development path of guarantee, and comprehensively promoting rural revitalization. We will accelerate the modernization of agriculture and rural areas.

Keywords: Yunnan; Rural Revitalization; Agriculture and Rural modernization

B.6 Progress and Effect of Rural Revitalization Strategy and Agricultural Modernization in Inner Mongolia

Zhang Min / 135

Abstract: The development of agriculture, animal husbandry and rural and pastoral areas in the whole region has achieved new results, and we should focus on the work of agriculture and pastoral areas, develop agriculture and animal husbandry well, accelerate the modernization of agriculture and animal husbandry, and contribute Inner Mongolia's strength to comprehensively promote rural revitalization and accelerate the construction of an agricultural power in the new era and a new journey.

Keywords: Rural Revitalization; Agriculture and Animal Husbandry Modernization; Common Prosperity

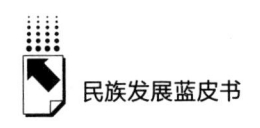

B.7 The Latest Development and Experience Summary of Big

Data in Guizhou *Zhou Zhengang et al.* / 146

Abstract: In the context of the rapid development of information technology, big data came into being. The gradual expansion of the Internet, the Internet of Things, cloud computing, and 5G systems, and the continuous increase of data scale have led to the arrival of the cloud era. Guizhou uses the advantages of natural environment, current social demand, and policy support to seize the opportunity of big data development and integrate big data technology into daily life. Today, the rapidly developing big data industry has become an important driving force for rural revitalization and economic modernization. Guizhou's big data development has contributed innovative solutions in infrastructure construction, open and shared roads, combined with actual conditions, and integrated transformation practices.

Keywords: Guizhou; Big Data; Digital Economy; Industrial Revitalization

Ⅲ Special Reports

B.8 Policy and Practice of Ecological Civilization Construction

in Ethnic Minority Areas *Jiang Wei* / 165

Abstract: From the perspective of carbon peak carbon neutral practice, the specific path of ecological construction in eight ethnic provinces covers two aspects, namely the four traditional macro layout and the construction of clean energy base in recent years. Specifically, the four traditional macro layout paths include: first, gradually fade out of traditional energy, vigorously develop renewable energy, and build a low-carbon clean energy system. Second, low carbonization of industrial structure and industrial operation; Third, improve the leadership capacity of ecological construction, and further strengthen the policy guarantee of green and low-carbon development; Fourth, market construction and the cultivation of public ecological consciousness. The path of clean energy base construction includes: strengthening power grid construction; Encourage and promote technological innovation; Optimize the spatial planning of clean energy and integrate it with common prosperity. The ecological suggestions and economic development of ethnic areas should not be separated from the positioning of national ecological function zoning, and should take the most suitable ecological construction path according to local conditions in combination with their own energy and resource endowments.

Keywords: Ethnic Areas Eight Provinces; Ecological Civilization; "Double Carbon"; Renewable Energy

B.9 Economic Development Status, Problems and Countermeasures in Ethnic Enclaves

Cao Daming, Zhang Yu / 202

Abstract: The economy of ethnic enclave has experienced the incipient stage of reform and opening up, the exploration stage, the mature stage, and the current deepening stage. As a special mode of regional economic cooperation, the economic development modes of ethnic enclaves are gradually diversified, the industrial chain is constantly improved, and the development results are more and more remarkable. This chapter also analyzes three major problems in the economic development of ethnic enclaves, namely: difficulty in raising funds for economic construction and development of enclaves, unscientific planning, imperfect mechanism, inadequate government coordination and market regulation. The corresponding policy suggestions are as follows: broaden financing channels, increase infrastructure construction, scientifically plan projects, and realize sustainable development of the park; Reasonable allocation of resources and establishment of effective operation mechanism; We will give play to the role of an effective market and an enabling government, and coordinate efforts to shape a new development pattern.

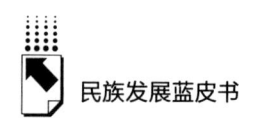

Keywords: Enclave Economy; Regional Economy; Industrial Chain

B.10 Progress and Effectiveness in Consolidating the Achievements of Poverty Alleviation and Rural Revitalization in Ethnic Areas

Liu Xiaomin, Zhang Di, Wang Lu and Wu Sui / 220

Abstract: This paper makes a comprehensive analysis of the policy evolution of China's poverty alleviation and rural revitalization, the achievements of consolidating the achievements of poverty alleviation in minority areas, the progress, achievements and challenges of rural revitalization in minority areas. The main conclusion is that the central government and provinces (autonomous regions) in ethnic minority areas have issued a series of policies for poverty alleviation and rural revitalization, and timely adjustments have been made according to the national macroeconomic development situation. With the policy support of the Party Central Committee and governments at all levels, ethnic minority areas have not only successfully completed the task of poverty alleviation, but also promoted the continuous improvement of the quality of "two worries and three guarantees" in line with the work idea of "poverty alleviation without removing policies and responsibilities". Even when confronted with the sudden "novel coronavirus epidemic", ethnic minority areas have not experienced large-scale poverty return. Smooth progress was made in consolidating the achievements of poverty alleviation and rural revitalization. Of course, ethnic minority areas also face some difficulties and challenges when promoting the effective connection between the achievements of consolidating poverty alleviation and rural revitalization. To this end, we need to continue to focus on the main tasks of rural revitalization, and further promote the development of rural areas in ethnic minority areas from five aspects: industry, organization, talent, ecology and culture.

Keywords: Ethnic Minority Areas; Consolidate Poverty Alleviation Achievements; Rural Revitalization

B.11 Cultural and Tourism Industry Boosts Rural Revitalization and Modernization Development in Ethnic Ereas: Problems and Suggestions *Feng Xiaoxu / 264*

Abstract: In the stage of poverty alleviation, cultural tourism industry has become an important development content of poverty alleviation industry in ethnic areas. Entering a new stage of continuing to promote rural revitalization, it is necessary to pay attention to the new changes in strategic tasks and policy orientation from the policy level. At the research level, the impact of cultural and tourism industry in ethnic areas, integration and application, talent support, quality and efficiency improvement and other topics are worthy of further study. Although the cultural and tourism industry in ethnic minority areas, especially in rural areas, has accumulated to a certain extent, there are still some common problems such as weak capacity for independent development, insufficient depth of integration, fierce regional competition, imperfect distribution mechanism, and inadequate integration with ethnic work. The corresponding main reasons are reflected in product positioning, connecting organization, element support, asset management, cooperation mechanism and so on. In the future, through the development of cultural tourism industry to promote the process of rural revitalization and modernization in minority areas, we should strengthen and improve the relevant work from the aspects of development benefits, project positioning, factor construction, distribution mechanism, and functional integration.

Keywords: Cultural Tourism Industry; Ethnic Areas; Rural Revitalization; Industrial Impact

社会科学文献出版社

皮 书
智库成果出版与传播平台

❖ 皮书定义 ❖

皮书是对中国与世界发展状况和热点问题进行年度监测，以专业的角度、专家的视野和实证研究方法，针对某一领域或区域现状与发展态势展开分析和预测，具备前沿性、原创性、实证性、连续性、时效性等特点的公开出版物，由一系列权威研究报告组成。

❖ 皮书作者 ❖

皮书系列报告作者以国内外一流研究机构、知名高校等重点智库的研究人员为主，多为相关领域一流专家学者，他们的观点代表了当下学界对中国与世界的现实和未来最高水平的解读与分析。

❖ 皮书荣誉 ❖

皮书作为中国社会科学院基础理论研究与应用对策研究融合发展的代表性成果，不仅是哲学社会科学工作者服务中国特色社会主义现代化建设的重要成果，更是助力中国特色新型智库建设、构建中国特色哲学社会科学"三大体系"的重要平台。皮书系列先后被列入"十二五""十三五""十四五"时期国家重点出版物出版专项规划项目；自2013年起，重点皮书被列入中国社会科学院国家哲学社会科学创新工程项目。

权威报告・连续出版・独家资源

皮书数据库
ANNUAL REPORT(YEARBOOK) DATABASE

分析解读当下中国发展变迁的高端智库平台

所获荣誉

- 2022年，入选技术赋能"新闻+"推荐案例
- 2020年，入选全国新闻出版深度融合发展创新案例
- 2019年，入选国家新闻出版署数字出版精品遴选推荐计划
- 2016年，入选"十三五"国家重点电子出版物出版规划骨干工程
- 2013年，荣获"中国出版政府奖・网络出版物奖"提名奖

皮书数据库　　"社科数托邦"微信公众号

成为用户

登录网址www.pishu.com.cn访问皮书数据库网站或下载皮书数据库APP，通过手机号码验证或邮箱验证即可成为皮书数据库用户。

用户福利

- 已注册用户购书后可免费获赠100元皮书数据库充值卡。刮开充值卡涂层获取充值密码，登录并进入"会员中心"—"在线充值"—"充值卡充值"，充值成功即可购买和查看数据库内容。
- 用户福利最终解释权归社会科学文献出版社所有。

数据库服务热线：010-59367265
数据库服务QQ：2475522410
数据库服务邮箱：database@ssap.cn
图书销售热线：010-59367070/7028
图书服务QQ：1265056568
图书服务邮箱：duzhe@ssap.cn

社会科学文献出版社　皮书系列
卡号：928238577289
密码：

基本子库 SUB DATABASE

中国社会发展数据库（下设12个专题子库）

紧扣人口、政治、外交、法律、教育、医疗卫生、资源环境等12个社会发展领域的前沿和热点，全面整合专业著作、智库报告、学术资讯、调研数据等类型资源，帮助用户追踪中国社会发展动态、研究社会发展战略与政策、了解社会热点问题、分析社会发展趋势。

中国经济发展数据库（下设12专题子库）

内容涵盖宏观经济、产业经济、工业经济、农业经济、财政金融、房地产经济、城市经济、商业贸易等12个重点经济领域，为把握经济运行态势、洞察经济发展规律、研判经济发展趋势、进行经济调控决策提供参考和依据。

中国行业发展数据库（下设17个专题子库）

以中国国民经济行业分类为依据，覆盖金融业、旅游业、交通运输业、能源矿产业、制造业等100多个行业，跟踪分析国民经济相关行业市场运行状况和政策导向，汇集行业发展前沿资讯，为投资、从业及各种经济决策提供理论支撑和实践指导。

中国区域发展数据库（下设4个专题子库）

对中国特定区域内的经济、社会、文化等领域现状与发展情况进行深度分析和预测，涉及省级行政区、城市群、城市、农村等不同维度，研究层级至县及县以下行政区，为学者研究地方经济社会宏观态势、经验模式、发展案例提供支撑，为地方政府决策提供参考。

中国文化传媒数据库（下设18个专题子库）

内容覆盖文化产业、新闻传播、电影娱乐、文学艺术、群众文化、图书情报等18个重点研究领域，聚焦文化传媒领域发展前沿、热点话题、行业实践，服务用户的教学科研、文化投资、企业规划等需要。

世界经济与国际关系数据库（下设6个专题子库）

整合世界经济、国际政治、世界文化与科技、全球性问题、国际组织与国际法、区域研究6大领域研究成果，对世界经济形势、国际形势进行连续性深度分析，对年度热点问题进行专题解读，为研判全球发展趋势提供事实和数据支持。

法律声明

"皮书系列"（含蓝皮书、绿皮书、黄皮书）之品牌由社会科学文献出版社最早使用并持续至今，现已被中国图书行业所熟知。"皮书系列"的相关商标已在国家商标管理部门商标局注册，包括但不限于LOGO（ ）、皮书、Pishu、经济蓝皮书、社会蓝皮书等。"皮书系列"图书的注册商标专用权及封面设计、版式设计的著作权均为社会科学文献出版社所有。未经社会科学文献出版社书面授权许可，任何使用与"皮书系列"图书注册商标、封面设计、版式设计相同或者近似的文字、图形或其组合的行为均系侵权行为。

经作者授权，本书的专有出版权及信息网络传播权等为社会科学文献出版社享有。未经社会科学文献出版社书面授权许可，任何就本书内容的复制、发行或以数字形式进行网络传播的行为均系侵权行为。

社会科学文献出版社将通过法律途径追究上述侵权行为的法律责任，维护自身合法权益。

欢迎社会各界人士对侵犯社会科学文献出版社上述权利的侵权行为进行举报。电话：010-59367121，电子邮箱：fawubu@ssap.cn。

社会科学文献出版社